本书系重庆工商大学高层次人才科研启动项目
（项目批准号：2255039）之研究成果

中国影子银行
监管套利行为研究

郑建华◎著

西南财经大学出版社

中国·成都

图书在版编目(CIP)数据

中国影子银行监管套利行为研究/郑建华著.

成都:西南财经大学出版社,2024.11. --ISBN 978-7-5504-6475-9

Ⅰ.F832.39

中国国家版本馆 CIP 数据核字第 2024W53K21 号

中国影子银行监管套利行为研究

ZHONGGUO YINGZI YINHANG JIANGUAN TAOLI XINGWEI YANJIU

郑建华　著

策划编辑:林伶

责任编辑:林伶

责任校对:李琼

封面设计:墨创文化

责任印制:朱曼丽

出版发行	西南财经大学出版社(四川省成都市光华村街 55 号)
网　　址	http://cbs.swufe.edu.cn
电子邮件	bookcj@swufe.edu.cn
邮政编码	610074
电　　话	028-87353785
照　　排	四川胜翔数码印务设计有限公司
印　　刷	成都市新都华兴印务有限公司
成品尺寸	170 mm×240 mm
印　　张	14.75
字　　数	253 千字
版　　次	2024 年 11 月第 1 版
印　　次	2024 年 11 月第 1 次印刷
书　　号	ISBN 978-7-5504-6475-9
定　　价	78.00 元

前　言

随着 2008 年国际金融危机的爆发，中国经济也受到影响，其金融体系在危机之后经历了显著的变化。其中，中国影子银行体系的兴起尤为引人注目，开始受到广泛关注。尽管社会各界对于影子银行的定义尚未达成一致，但普遍认同商业银行通过绕开传统信贷科目进行放贷的业务模式是构成影子银行的关键组成部分。金融机构利用创新业务规避监管并实现盈利，其实为监管套利行为。2008—2015 年，影子银行历经了发展期和规范期，其监管套利的发展变化高度显性，为此，本书主要研究落脚点放在该时期，以监管套利作为研究影子银行的主要视角，对其监管套利行为进行较为详细的分析，具体包括套利模式、套利模式与金融监管的博弈变化，并进一步分析了其引发套利行为的内在机理，之后站在客观立场，就影子银行监管套利对中国经济运行的影响加以分析，最后对影子银行监管套利行为的未来发展变化做出探讨。本书大致结构如下：

第 1 章导论。该部分包含了研究背景、研究意义以及研究结构。

第 2 章文献综述以及中国影子银行的定义。在回顾和分析文献后，本书对中国影子银行做出了定义，认为其是从事类传统银行业务，但业务缺乏透明度，具有期限转换、信用转换和流动性转换等功能，属于因未受监管或监管不足而开展一系列监管套利行为的一类机构或业务活动。

第 3 章阐述了中国影子银行监管套利行为的具体运作模式。为避免重复性梳理，本书以银行为主线来梳理影子银行的套利模式。因此，依据参与方分类，将近年来围绕银行所展开的各类影子银行业务划分为银信合作、银证合作、银银合作、银行承兑汇票和委托贷款等，就其运作方式、业务特点和套利机制进行了分析。

第 4 章以监管博弈视角分析中国影子银行监管套利模式的演变。书中依据套利方式在每一时期的主要表现特征，通过判断套利业务资产端和负债端是否对接了多个标的，将中国影子银行业务的演变路径划分为以下两个阶段：单一通道模式阶段与多重通道模式阶段。在分析单一通道模式时，主要以基础类银信合作的发展规模变化去看待监管政策对相关业务的冲击；对于多重通道模式，依据投资通道在每一时期的主要表现形式，将其进一步细分为银行承兑汇票、同业代付、买入返售和委托贷款，结合相关套利业务数据变化和监管文件，较为直接地说明了监管套利模式的演变历程。

第5章基于制度经济学角度，分析了中国影子银行监管套利行为产生的内在机理。关于中国影子银行监管套利行为的委托代理理论分析，书中以监管机构为委托人，金融机构为代理人，并基于金融监管层角度，构建金融机构与监管机构的最优激励合同，以防范高风险影子银行业务的产生；同时基于信贷配给视角，认为信息不对称所造成的融资缺口问题给予了影子银行套利机会。关于中国影子银行监管套利的金融约束理论分析，书中认为中国过去长期性存在金融约束政策，分析了金融约束理论中的利率管制，在阐述利率管制的利弊之后，认为中国影子银行体系利用利率管制开展了监管套利。

第6章基于现实经济运行状况，分析了中国影子银行监管套利行为产生的内在机理，并从现实市场资本供需缺口以及金融机构逐利两个角度阐述了资本存在强烈的需求和供给愿望。第一，书中从货币政策调整和市场融资需求角度分析了现实情况中的资本供需缺口；第二，站在金融机构角度，分析了在一个较长的时间段内，金融机构监管资本套利、存贷比套利、信贷额度及投向套型三种套利行为的内在需求。

第7章探讨了中国影子银行监管套利行为对经济的影响，并从正面和负面影响进行了相关分析。本书以充实文献研究的角度，主要从正面角度分析相关影响，并就两方面进行阐述：第一，以直接金融和间接金融资产规模的占比情况，结合美国相关数据，分析了中国失衡的融资结构，再结合影子银行套利流程情况，阐述了监管套利行为对融资结构的影响。第二，本书认为其监管套利行为是中国自下而上金融改革的一股重要推动力量。通过回顾美国以及中国利率市场化进程，并结合货币市场中债券回购市场、同业拆借市场和票据市场数据变化，说明了影子银行的套利行为与中国利率市场化进程是相互作用的；商业银行利用理财业务以及同业业务等套利业务推动了同业业务利息收入和整体性的非利息收入等收入结构变化，进而可以理解为从某种意义上看，监管套利行为在推动商业银行转型方面起到了关键作用。对于负面影响，主要集中在期限错配、流动性风险、弱化金融监管和货币政策，以及加大金融传染面等。

第8章是对中国影子银行套利行为的发展转变做出的思考，包括理财业务部门独立性、对资产证券化发展以及货币市场基金发展的分析。第一，依据对银行理财业务的监管回顾，发现监管措施使得银行理财业务部门日趋独立，书中认为理财业务部门在具备法人地位后会更好实现风险隔离及打破刚性兑付。第二，通过对商业银行不良率、资本充足率等监管指标分析，试图说明中国信贷资产证券化的发展动力，并结合资产证券化发展历程以及资产证券化对中国金融市场的意义，对其发展做出探讨。第三，以天弘增利宝货币市场基金为例，分析其收益率情况以及投资结构，并与美国货币市场基金相比较，认为中国货币市场目前发育不足，随着资产证券化等金融深化的不断推进，中国货币市场基金这类影子银行将会得到发展。

全书在一定程度上分析了中国影子银行监管套利行为，并得出以下结论：

（1）通过对具体套利模式的分析，可以看到，在套利资金的来源端，商业银行理财资金等通过套利业务进入了中国影子银行体系。从套利业务实质看，中国影子银行监管套利模式以类信贷业务为主，利用"过桥"企业规避现有金融监管，从而最终实现信贷投放目的。这与发达经济体影子银行以开展资产证券化及证券回购业务性质的监管套利不同，也从侧面表明中国的金融市场，特别是资本市场仍处于发展阶段，尚未形成一个较为成熟、发达的金融运行体系。

（2）通过回顾中国银监会对银行表外业务的监管历程，以及相关监管套利模式的业务数据变化，发现中国影子银行业务模式的不断创新其实是银行不断突破政策限制，追逐利润与监管跟进之间持续博弈的结果。

（3）从制度经济学角度看，中国影子银行业务受到市场经济内在运行以及中国经济体制的影响，如委托代理问题、金融约束问题成了中国影子银行监管套利的重要推手。可以说，中国影子银行参与的实体经济融资行为是金融制度上的监管套利，而这个监管套利行为可以理解为重塑利益分配的过程，局部金融市场出现了影子银行、企业以及投资者共同分享租金的现象。

（4）在现实状况中，一方面，金融危机之后，货币政策的转变以及信贷的相关限制造成的融资缺口，使得市场局部存在极为强烈的融资需求；另一方面，中国金融机构存在逐利需求，除与国外影子银行存在一样的动机——规避监管资本的要求外，更源于中国存贷比监管以及对商业银行信贷规模和投向的限制。特别地，对于存贷比限制，通过对大、中小型商业银行存贷比的走势分析，得到中小型银行的存贷比在下降，而大型银行的存贷比在不断上升的结论。这反映出中国中小商业银行可能借道大型银行资产负债表而进一步追逐利润的现象。

（5）中国影子银行的监管套利行为存在许多负面影响，如增加了流动性风险、弱化了金融监管及货币政策调控、加大了金融风险传染广度等，而其在带来风险的同时，也带来了一定的积极作用。中国影子银行在一定程度上是发展直接融资的渠道；其是正规金融体系的有益补充；通过对中国影子银行、货币市场、利率市场化三者的分析，本书认为中国影子银行的监管套利行为推动了中国利率市场化进程；通过中国影子银行与商业银行收入结构的分析，认为其也推动着商业银行发展转型。因此本书认为，中国影子银行的监管套利行为为金融体系带来了诸多风险，但也是中国自下而上金融改革的推动力量。

本书撰写多年，中国影子银行业务从发展繁荣到被规范，再到目前规模相对萎缩的历程。笔者从高校金融学博士毕业，再到金融行业从事一线投融资业务，工作期间深感影子银行业务已深入金融体系，它或是主动管理业务，或是通道业务，跨机构、跨行业开展交叉业务已是常态（后随着监管而规范化）。书中部分内容有西南财经大学万晓莉老师的贡献。相信本书可为金融从业者和相关研究人员提供一定的帮助。书中研究对象涉及时间段为 2006—2015 年，期间正是中国影子银行从发生、发展到繁荣再到规范的阶段，虽后续对中国影子银行也有众多研究，但自从 2012—2014 年的强力监管后，影子银行业务已逐渐被规范。因此，本书所阐述和研究的也为中国影子银行最为关键的核心阶段，对该段时期的影子银行进行详细分析有益于对文献的补充以及方便相关研究人员查阅。

眷写期间，亦有研究之困惑，亦有收获之喜悦。书中根据研究成果进行展望，彼时展望未来，预测中国理财部门将逐渐独立，资产证券化将会得到大力推进，货币市场基金也将得到有利发展。从现实层面看，笔者展望的部分内容已成为现实，以此也说明了本书研究成果有一定的现实意义。本书的研究目的是发现问题、提出问题以及找到解决问题的方法，若能做到点滴，也算有些许意义。

感谢中国金融研究中心诸多专家学者对本书的指导，师恩永难忘！

笔者

2024 年 10 月

目　录

1 导　论

1.1　研究背景

2008 年的金融危机给予全球经济重创，金融监管成为各界探讨的重点，影子银行由于对危机的产生和扩散扮演关键角色而受到广泛关注。美联储（Federal Reserve System，Fed）（2009，2012）、金融稳定理事会（Financial Stability Board，FSB）（2011，2012，2013）等纷纷开始讨论影子银行的运行、风险以及监管等。而国际货币基金组织（International Monetary Fund，IMF）在其发布的《全球金融稳定报告》（2012，2014）里提出了对中国影子银行风险的警示。自金融危机爆发以来，中国实施的刺激计划在货币领域直接表现为国内信贷的超常规增长。据世界银行 WDI 数据库提供的数据，2007—2012 年，中国新增的国内信贷占 GDP 比例的变化处于全球最高水平，而伴随信贷扩张，更引人注目的是其间中国影子银行业的快速膨胀，影子银行问题成为国内外关注的焦点之一。2013 年 6 月，中国央行打破往常的操作惯例，收紧流动性，抬高银行间市场利率[①]，想借此增大银行表外贷款业务和其他影子业务融资成本，打压高速膨胀和风险累积的影子银行相关业务。虽然这次央行的行动很快以重新释放维稳信号收尾，但中国影子银行已引起监管层的足够重视是不争的事实。

虽然目前尚未有对中国影子银行范畴的一致界定——不同学者使用宽窄不同的口径来定义它，但一般都认同中国商业银行通过绕科目放贷等形成的体系是影子银行的关键组成部分（高善文，2014），其部分行使着商

[①]　2013 年 6 月 20 日，银行间隔夜拆借利率一度冲高至 30%，7 天质押式回购利率最高成交于 28%。

业银行职能（何平 等，2017；朱慈蕴，2017）。影子银行信贷的超常发展（2008—2014 年）甚至已打破了中国过去几十年来以银行贷款为绝对主体的融资结构。图 1.1 是依据中国人民银行公布的社会融资变量计算的人民币表内信贷和银行总信贷①在 2008—2018 年的变化。从中，可清晰看到，银行表内外总信贷占传统的表内人民币贷款的比例从 2006 年开始呈现趋势性的上升，直到 2014 年后，比例呈现震荡回落状态。

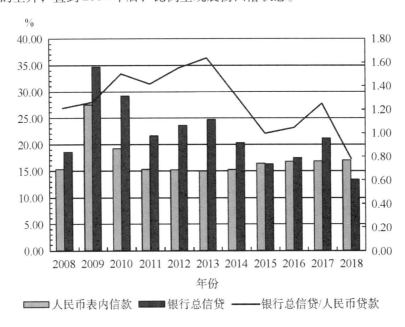

图 1.1 影子银行信贷规模及其对表内信贷占比

数据来源：Wind 和作者计算。

当然，影子银行信贷增量也呈现明显的波动性。如图 1.1 所示，影子银行相对规模在 2013 年后有着一定程度的震荡下降。图 1.2 着重描绘了2007—2014 年中国银行业表内和表外流动性月度增量的同比变化：两者表现出一定的互补性，如在表内信贷增幅下降时，表外流动性增加（如 2009年年中至 2010 年），反之亦然（如 2008 年年末至 2009 年年中，2012 年上半年），当然也有两者同步的情况，如 2013 年下半年表内外信贷均呈现出增长减速的态势。

---

① 此处银行总信贷定义为通过银行表内外业务发放的总信贷，在计算时以社会融资变量中的银行本外币贷款+信托贷款+委托贷款+未贴现银行承兑汇票近似代替。

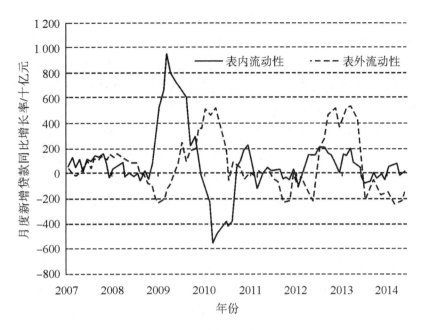

图 1.2　表内外信贷月度增量同比变化（3 月移动平均）

数据来源：CEIC 和作者计算。

是什么导致了中国影子银行的发展，尤其在 2008—2014 年？其增量变化背后蕴含了影子业务怎样的演变路径？驱动中国影子银行发展及演变的内在机理又是什么？本书以其监管套利视角对上述问题进行研究，就中国影子银行发展过程中涉及的监管套利行为进行系统性分析，并对其发展做出探讨。

1.2　研究意义

中国影子银行业务引起了中国金融体系的深刻变化，尤其体现在资本流动、金融机构的经营模式转变等方面。在总体上，以监管套利作为研究角度，系统探讨中国影子银行监管套利的行为机制，为影子银行的研究提供了较为特别的视角，丰富了研究文献。详细分析和研究影子银行监管套利的运作模式及演变、内在机理、未来的发展转变，有助于各界更为客观地认识、理解中国影子银行监管套利行为。

第一，对影子银行监管套利主要模式进行分析，有利于进一步有效认识和理解中国影子银行的运作思路、结果以及风险，也有利于从侧面了解中国金融深化的实际程度。中国影子银行从事的业务大多是类信贷业务，影子资金最后的落脚点在于实体经济，而在越来越严格的监管之下，套利过程可能演变得更加复杂、不透明。因此，详细分析中国影子银行监管套利的主要模式，有助于理解影子银行的套利思路、其在套利运作过程中将产生什么样的风险，以及其行为背后体现了一个怎样的经济结构。从套利业务实质看，中国影子银行监管套利行为模式主要以开展通道类业务为主，利用"过桥"企业规避金融监管，从而最终实现信贷投放目的。这与发达经济体影子银行以开展资产证券化及证券回购业务性质的监管套利不同，也从侧面表明中国的金融市场，特别是资本市场处于发展阶段，尚未形成一个较为成熟、发达的金融运行体系。

第二，利用监管博弈，结合相关套利模式及数据的变化，较为生动地证实了中国影子银行存在监管套利行为，其业务随着金融监管变化而变化，这也体现了中国金融机构的金融创新。将监管套利具体行为与监管文件相结合，并利用相关套利业务的数据变化说明金融监管措施对监管套利行为的规范，以及金融机构的再套利行为。结果较为显性地说明了在影子银行发展过程中，监管套利运行模式不断演变，背后主要推动因素是中国金融监管措施的持续调整和完善。

第三，书中分别从理论角度和现实经济状况两方面出发，探讨了中国影子银行进行监管套利的内在机理，一定程度上扩展了影子银行的理论深度和广度。一方面，建立在制度经济学角度之上，以委托代理理论分析金融监管机构与金融机构之间如何能形成有效的最优激励合同以避免金融机构开展监管套利；也在委托代理理论中提出信贷配给问题，认为信贷配给造成的融资缺口给予影子银行以监管套利机会；以金融约束理论论述了金融管制，尤其指出利率管制是造成中国融资结构失衡的一个原因，且也是影子银行出现监管套利的原因之一。另一方面，基于现实经济运行状况，分析中国影子银行监管套利行为的内在机理，有助于认识和理解相关政策，包括货币财政政策、金融行政调控等，对中国社会融资所造成的影响以及对中国金融机构的影响。特别是在金融制度以及行政调控的影响下，中国金融机构常常通过金融创新来实现盈利，其中部分创新表现为监管套利，包含监管资本套利、存贷比套利、信贷额度和投向套利等。这些做法为大众提供了规范监管套利的参考思路。

第四，由于对影子银行负面文献分析较多，书中简要阐述了影子银行监管套利的负面影响，主要以影子银行的监管套利行为对中国经济的积极作用作为分析落脚点，丰富了文献研究，也方便各界更进一步客观认识中国影子银行的监管套利行为。一方面，书中以改善中国融资结构和为市场提供更多有效流动性两个方面，阐述了监管套利行为在某种程度上为改善融资效率提供可能；另一方面，通过相关分析，认为中国影子银行的监管套利行为不仅加速了利率市场化进程，还促进了商业银行的转型发展，成为推动中国自下而上金融改革的重要力量。

此外，借鉴发达经济体影子银行特征，结合中国经济实际情况，本书以客观角度对影子银行业务套利的发展变化做了探讨，如银行理财业务、货币基金业务和资产证券化业务等，为有效看待以及研究影子银行的发展提供了一定思路，对金融机构开展实质性的金融活动也具有一定的借鉴意义。

1.3　研究结构

本书用 8 章来进行分析和阐述。技术路线为：由第 1 章导论引入研究的问题；第 2 章是对相关研究对象的文献回顾以及对中国影子银行做出定义；第 3 章以商业银行为轴心，对中国影子银行监管套利模式进行具体分析；第 4 章利用监管博弈视角，结合金融监管措施和相关业务数据的变化，分析中国影子银行监管套利运作模式的演变；第 5、6 章分别站在制度经济学角度和现实经济运行状况，分析了中国影子银行监管套利行为的内在机理；第 7 章考虑到影子银行监管套利行为的相关影响，本书分别对其对经济的正面和负面影响做出了分析；第 8 章结合中国经济和影子银行的发展现状，就未来中国影子银行发展变化的相关问题进行了探讨。

全书技术路线见图 1.3：

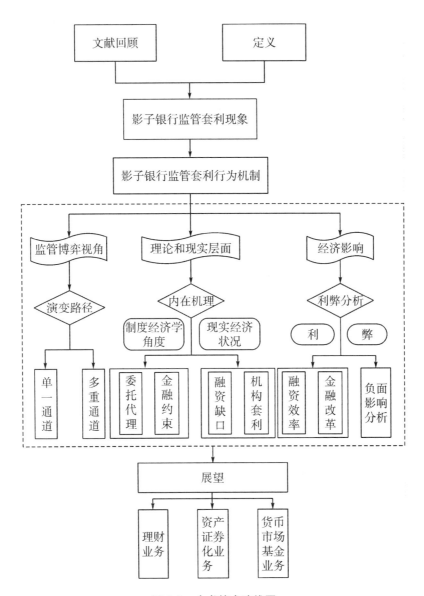

图 1.3　全书技术路线图

2 文献综述以及中国影子银行的定义

2.1 影子银行的文献综述

（1）影子银行内涵的界定

由于目前中国业界、学术界和监管层对于影子银行业务范围存有一定争论，为能更为全面理解影子银行，本书用较长篇幅回顾影子银行内涵相关文献。

国外文献研究情况。"影子银行"一词最早出现于 2007 年，Paul Mc-Culley 在美联储年度金融研讨会上提出"shadow banking"，其整个体系是非银行投资渠道、工具和结构性产品杠杆化的组合（McCulley，2007），并粗略地描述了特殊目的载体（Special Purpose Vehicles，SPVs）这种类型的结构性金融产品。Pozsar and Adrian（2010）等认为影子银行作为一种金融中介机构，具有期限转换、信用转换和流动性转换功能，但其不能直接获得央行所提供的流动性或私人部门信用担保支持。在以市场为主导的金融体系中，影子银行尤其关键，在可预见的未来将会成为金融体系的重要组成部分。杜克大学教授 Schwarz（2012）认为影子银行体系由影子银行和金融市场同时所提供的金融产品和服务共同构成，包括 SPVs、金融公司、套利基金、货币基金、投资银行和政府支持企业（Government-Sponsored Enterprises，GSEs）。美联储主席伯南克（Bernanke，2012）认为影子银行是在受监管的传统存款机构体系之外执行传统银行功能的一些机构和市场行为。根据金融危机调查委员会（Financial Crisis Inquiry Commission，FCIC）（2010）的观点，其在传统商业银行体系之外，从事类银行金融活动，许多业务活动不受监管或存在较弱监管。金融稳定委员会（Financial Stability Board，FSB）（2011）认为其为常规银行体系之外的由金融实体和金融活动构成的信用中介，特别的，其期限转换、流动性转换、信用转换、杠杆率等性质以及监管套利问题是引起系统性风险的重要来源。世界银行学者 Ghosh 等（2012）给出的定义是：影子银行由一系列金融活动、市场、合约和机构构成，它们部分或全部游离在传统商业银行体系之外，受到较少的或完全不受监管，体系参与者大多是进行各种金融行为的非银行金融中介，在发达金融体系中，其参与者包括货币市场基金、信贷对冲基金、投资基金、交易所交易基金、SPV 以及金融、保险、租赁公司，但在新兴市场中，影子银行体系较为简单，参与者主要包括金融公司、租赁公司、投资和股票基金、保险公司以及地下实体。

国内研究文献情况。中国影子银行业务和发达市场国家影子银行存在较大差别，其产生背景在于利率双轨制和信贷资源存在稀缺性，是对传统银行信用扩张渠道的变相替代或补充（肖立强 等，2013）。影子银行规模和风险的迅速扩大已是共识，而业界、学术界以及监管层在关于影子银行范围的界定方面存在着不同的理解。周小川（2011）认为"影子银行是指行使商业银行功能却基本不受监管或仅受较少监管的非银行金融机构"，中国的影子银行构成与发达国家影子银行存在较大区别，主要参与主体为"私募股权基金、私募投资基金，以及开展隐形合作的投资公司，民间借贷结构等"。肖刚（2012）[①] 指出影子银行即为由常规银行系统以外的实体和活动所构成的信用中介所组成的系统，在中国表现为理财产品、地下金融以及表外贷款等，定义与 FSB 对影子银行的定义一致。其中银行理财业务是影子银行业务的核心业务，有类似庞氏骗局性质。根据 FSB（2011）精神，中国人民银行调查统计司课题组（2012）曾将中国影子银行定义为："从事金融中介活动，具有与传统银行类似的信用、期限或流动性转换功能，但未受巴塞尔Ⅲ协议或同等监管程度的实体或准实体"，主要包括商业银行表外理财、证券公司集合理财、基金公司专户理财、证券投资基金、投连险中的投资账户、产业投资基金、创业投资基金、私募股权基金、企业年金、住房年金、住房公积金、小额贷款公司、非银行系融资租赁公司、专业保理公司、金融控股公司、典当行、担保公司、票据公司、具有储值和预付机制的第三方支付公司、贫困村资金互助社、有组织的民间借贷等融资性机构。曾刚（2013a）从监管的角度出发，将影子

---

① http://www.chinadaily.com.cn/opinion/2012-10/12/content_15812305.htm.

银行体系分为三部分：银行体系内部，主要指与资产证券化相关的产品；正规银行体系外，主要为民间借贷；银行体系内外结合，包括委托贷款和银信合作。巴曙松（2013）以宽窄口径对影子银行的具体业务做了界定：最窄口径，影子银行仅包括银行理财业务和信托公司两类；较窄口径，包括银行理财业务和信托公司、财务公司、汽车金融公司、金融租赁公司、消费金融公司等非银行金融机构；较宽口径，包括较窄口径、银行同业业务、委托贷款等表外业务、融资担保公司、小额贷款公司和典当行等非银行金融机构；最宽口径，包括较宽口径和民间借贷。何平等（2017）将中国背景下影子银行定义为：行使商业银行职能，但是没有按照商业银行的标准进行监管，甚至是不受监管的金融机构和金融产品。陈和、陈增欢（2019）认为中国式影子银行是在正规银行体系以外，具有"类银行"特点、发挥债务融资功能的信用中介机构与业务活动。

针对影子银行问题，官方多次提及。随着影子银行讨论度的逐渐升温，中国银监会借鉴 FSB 的定义，在《中国银行业监督委员会 2012 年报》（2013）里明确表明，其"所监管的六类非银行金融机构①及其业务、商业银行理财等表外业务不属于影子银行"。2013 年 12 月，中国国务院办公厅发布《国务院办公厅关于加强影子银行监管有关问题的通知》（国发办〔2013〕107 号），将国内影子银行分为三类：一是不持有金融牌照，完全无监管的信用中介机构，包括新型网络金融公司、第三方理财机构等；二是不持有金融牌照、存在监管不足的信用中介机构，包括融资性担保公司、小额贷款公司等；三是机构持有金融牌照但存在监管不足或规避监管的业务，包括货币市场基金、资产证券化、部分理财业务等。在一直由银行主宰的金融体系中，影子银行在资金配置方面引入了更多市场力量，对于正在考虑利率市场化的中国具有正面意义，而其对国家经济发展的贡献，监管层予以了肯定：国发办〔2013〕107 号文中指出影子银行是金融市场改革、金融发展和金融创新的结果，其满足了"经济社会多层次、多样化的融资需求"。此外，易纲②（2018）也认为影子银行需规范经营，但其也是金融体系的必要补充。

根据以上国外和国内有关文献可以看出，关于影子银行定义的共性表

---

① 六类非银行金融机构是指信托公司、企业集团财务公司、金融租赁公司、货币经纪公司、汽车金融公司和消费金融公司。

② 2018 年 12 月，易纲在"新浪·长安讲坛"对影子银行的说明。

现为具备部分的传统银行功能，其业务存在监管缺失；而中国学术界与监管层对影子银行的具体业务出现了争议，对于影子银行界定的困惑体现在对监管强度的理解不同。传统银行在资本充足率、信贷规模等指标方面有着严格要求，而传统银行之外的、具有类银行职能的金融中介却没有受到监管或者如此之强的监管，如信托公司、商业银行理财业务等，是否应当将其纳入影子银行体系仍值得探讨。作者认为对于影子银行，不仅要关注其类银行功能性质，还应当对其业务的透明度以及是否存在监管套利进行考证。在研究影子银行这个事物之前，如何有效界定其具体业务是首要任务。

（2）影子银行的信用创造与运作模式

现有文献一直认为信用创造功能是影子银行的固有属性之一（Pozsar, et al., 2010；FCIC, 2010；Bernanke, 2012；Ricks, 2010；Schwarcz, 2012；Tarullo, 2013；Jeffers and Baicu, 2013；肖刚, 2012；巴曙松, 2012；孙国峰 等, 2015），而其较为系统性的研究出现在 20 世纪 60 年代，Gurley and Shaw（1960）已经开始关注非银行金融机构的货币创造行为，并用内在货币-外在货币框架论述了这一过程。Gorton and Metrick（2010b）描述了一个以回购协议运行为中心的影子银行的信用创造机制，高度抽象了影子银行的货币供给机制。影子银行系统将信贷过程分解成了一个证券化与批量融资的链条，对于影子信贷操作的具体过程，美联储学者（Pozsar, et al., 2010）将其细化为 7 个阶段：信贷公司发放贷款→贷款仓库通过发行商业支持票据（Asset-Backed Commercial Paper, ABCP）进行融资→结构化演变为资产担保证券（Asset-Backed Securities, ABS）→通过回购、掉期交易等进行融资，构建 ABS 资产池→进一步结构化演变为债务抵押凭证（Collateralized-Debt Obligations, CDOs）→由结构化投资工具（Structured Investment Vehicles, SIVs）、对冲基金等构成 ABS 中介→批量融资市场上，受监管、不受监管的货币中介机构以及直接融资市场的投资者都参与以上活动。国内学者李波和伍戈（2011）将流程概括化，认为影子银行进入信贷市场的运作机制为：购买并接受商业银行的贷款资产包，"持有长期信用资产或者将其进行结构组合"，之后为商业银行提供信用违约风险工具如 CDOs，并将自身资产负债表与信用市场联系起来，然后"通过发行各种形式的信托理财产品分流储蓄资金，并用募集的资金来购买各种信用等级的证券化产品，或用来提供给回购交易的资金需求方（银行）间接为企业贷款融资"。笔者借鉴存款派生原理，将抵押资产价值与存款价值的差值视为"存款准备金"，从而创造货币信用。李建军（2012）认为其信用扩张基础机制主要有三个：第一，ARS（auction rate security）机制，ARS是一种借贷期较长的债券，由于境外交易可通过 ARS 机制完成，因此 ARS 机制使得金融机构可以在没有中央银行的环境下存续；第二，SPVs 机制，通常影子银行在发行产品时，会通过 SPVs 进行风险隔离设计，以达到破产隔离目的，但其本质上是通过 SPVs 增加信用总量；第三，交易保障机制，通过各种产品创新增加可贷资金的信用总量。周莉萍（2011）从货币乘数角度出发，认为影子银行体系的存在意味着一个新的货币创造机制存在，传统的信贷渠道被弱化和扭曲，货币当局已不能通过调控商业银行的存款准备金有效影响实体经济变量，传统货币乘数论失去了作用，变成了一个事实上已经扩大化的货币乘数。周莉萍（2012）将影子银行体系的信用扩张能力等价为"原始存款+派生存款"，或者为"（客户原始抵押品+影子银行机构自有的抵押品）×1/预留扣减率"，信用扩张强化了商业银行的货币供给能力，腐蚀了中央银行在货币市场进行调控的基础。胡志鹏（2016）通过构建 DSGE 模型，说明了影子银行的发展提供了广义货币和信贷的稳态水平。何平等（2017）将影子银行引入传统货币乘数模型，并基于动态时间序列框架，以实证分析得到的结论为：中国影子银行会降低货币乘数及单位社会融资对应的流动性比例，从而影响社会总信贷规模。部分研究（中国人民银行长春中心支行课题组，2018；连飞，2018）利用中国相关现实数据，结合运用 BVAR 模型分析得出：中国影子银行规模的增长减少了整个宏观层面的货币供给。

在运作模式上，中国与国际的（尤其是美国）影子银行的运作模式有着较大的不同。中国影子银行从事的业务多类似于吸收存款和发放贷款，直接融资的成分较低，与西方发达市场的以批发融资和资产抵押证券为代表的业务模式有很大差别。有代表性的是社科院公布的《中国影子银行体系发展状况研究报告之一——人民币理财产品分析》（肖立晟，2013）和《中国影子银行体系发展状况研究报告之二——中国信托业的特征和风险》（陈思翀，2013），指出中国理财产品的运作模式主要包括一对一模式和"资金池-资产池"模式，信托业以银信合作信托贷款、房地产信托、资金池信托等模式为主。胡雪琴（2011）认为中国影子银行业务典型的有理财业务的表外化模式，一般情形下，理财业务都是由银行的多个部门合作完成的。其中，资金交易部门负责设计和交易产品；前台部门，如个人金融部、私人银行部和公司业务部等部门负责销售产品；风险管理部门负责制定风险政策和限额；法律事务部门负责文本和产品的合规性等问题。

（3）对宏观货币政策的挑战

金融创新不断发展，各种证券化产品和衍生品工具层出不穷，由此对宏观货币政策有效性构成冲击（Panageas，2009）。在金融危机之前，Bollard（2007）对由各类衍生品创造的流动性进行了估算，其规模约占全球广义流动性的78%，为世界 GDP 总值的 9.64 倍。对于影子银行产品货币化的研究，Gorton and Metrikc（2010）认为，影子银行体系的三项核心制度是货币市场共同基金（MMMFs）对储蓄资金的分流、资产证券化将银行资产移到表外、回购协议使证券化产品成为一种"货币"，这些都严重影响着货币政策的有效性。李波和伍戈（2011）认为 Gorton and Metrikc 所表述的上述制度都依赖于现代破产法对回购协议的特殊待遇，这种特殊待遇使得证券化产品成为一种"私人制造的货币"，而由影子银行体系所创造的"广义流动性"大幅拓宽了传统意义上的流动性概念，对货币政策的理论和实践形成诸多挑战。易宪容（2009）认为影子银行大量采取金融产品创新及批发的模式造成了信用过度扩张。王增武（2010）认为影子银行体系的诞生模糊了中央银行货币政策的窗口指导口径，放大了货币供应量。曾刚（2013b）认为中国影子银行业务导致信贷总量过度膨胀，削弱了传统货币政策操作的有效性。李新功（2013）、李小开（2013）运用VAR 模型实证研究了中国影子银行规模与广义货币供应量之间的动态关系，并给出了相关政策建议。裘翔和周强龙（2014）则在影子银行与货币政策传导方面作出了实证分析：将金融中介体系视为垄断竞争性市场，将企业分为高风险与低风险两类，商业银行对应低风险，影子银行对应高风险，并构建了高风险企业与影子银行、低风险企业与商业银行、家庭部门五个部门的 DSGE 模型，结合中国经济相关数据，得到利率冲击与商业银行呈现负相关，影子银行在加息时扩张，其体系影响了货币政策传导的有效性的结论。此后，诸多文献（如胡志鹏，2016；马亚明和徐洋，2017）也基于 DSGE 模型研究了影子银行对货币政策的冲击。

影子银行体系对货币政策的挑战的文献观点较为一致：影子银行体系给传统货币政策带来有效性冲击，弱化了货币政策有效性。

（4）影子银行的效率与成本优势

Schwarcz（2011；2012）认为影子银行的去中介化让企业可通过 SPVs 融资，免去传统银行所赚的利差，使经济变得更有效率，且影子银行带来了融资分散化。Allen and Gale（1994）认为融资分散化，有利于投资者不断调整投资组合，并带来不同类型的金融产品，提高资源配置效率。Gorton and Metrick（2010b）认为鉴于公司董事的受托权义务，以及股东、董事和经理之间的委托代理问题，债券持有人对道德风险的担忧将是一个潜在问题。由于 MMMFs、垃圾债券的竞争，银行特许权价值下降而促使其减少资本并进行高风险业务，这使得债券持有人增加了道德风险成本，从侧面给影子银行业务提供了成本优势。此外，Langevoort（2010）、Schwarcz（2012）认为相对于传统银行，影子银行能够以较低成本、较快速度提供多样化的、更具创新性的金融产品来满足投资者需求。

（5）影子银行体系的潜在风险

DD 模型（Diamond and Dybvig，1983）开启了大量关于银行挤兑方面的文献研究，并表明任何利用短期负债为长期性的非流动性资产融资的金融企业都存在不稳定性质和挤兑行为。部分学者（Ricks，2010；Krugman，2009；Pozsar，et al.，2010）的研究也认为挤兑并不只是传统商业银行才可能面临的风险，影子银行其内部存在与传统银行相似的脆弱性，因此也存在挤兑问题。Gorton and Metrick（2010a；2010b）认为影子银行融资活动的短期性，如回购贷款，一旦价值急速缩水，将造成相当大面积的银行挤兑，挤兑引起的流动性恐慌将引起系统性金融风险。影子银行将金融市场分散化，使得市场参与者不能有效而及时地获得信息，导致风险被无视和累积。当这些隐藏的风险暴露时，市场将出现恐慌，致使市场失灵（Awrey，2012；Danielsson，et al.，2013）。Anabtawi and Schwarcz（2011）、Schwarcz（2012）认为相比系统性风险触发机制，影子银行的系统性风险传导机制更不透明，并进一步对该机制的影响进行了描述分析。Shin（2009）指出影子银行与金融机构具备很强互联性，在一定程度上扩大了系统性风险的传导；Jedffers and Baicu（2013）持同样观点，认为两者之间越来越深的互联性是金融危机产生的原因之一，这种关系促使风险蔓延并引发系统性风险，同时对欧元区数据进行了实证分析。而 Pozsar et al.（2010）却认为影子银行催生了许多金融机构并使它们的功能多样化，这在一定程度上减少了机构之间的关联性，从而降低了系统性风险。国内学者曾刚（2013a，2013b）认为中国银行产生的大量表外业务使得银行信用风险被低估，加剧了银行体系的流动性风险。此外，影子银行的信用风险、流动性风险、高杠杆率、期限错配、信息不透明等特点是国内学者讨论的主要方面（肖刚，2012；巴曙松，2013；林晶和张昆，2013；程琳和孟超，2013；张慧毅和蒋玉洁，2013；何平 等，2017；杨新兰，2018）。

2.2 监管套利的文献综述

虽中外影子银行表现形式有所不同，但其共性仍为缺乏监管或监管不足，或者说其发展目标本身即为监管套利。

（1）监管套利理论研究

所谓监管套利，是指监管、法律制度不同或信息不对称所导致的交易主体潜在的经济行为不能被有效监督，为减少成本或捕获盈利机会所设计的一系列金融交易，其为高昂的法律成本的副产品（Partnoy，1997；Fleischer，2010）。对于市场而言，监管即为税收的一种形式——监管税收（Regulatory Tax），而市场参与者存在规避或最小化税收的动机（Donahoo and Shaffer，1991），由此引发监管套利。范希文（2017）认为虽监管套利形式众多，但基本都始于监管差异，监管套利的问题在于其造成监管成本在市场参与者中的分配不公，致使金融资源从监管严格向监管松散领域流动。杨新兰（2018）认为监管套利行为影响了监管的目标和水平，须认清监管套利的生成机理和负外部性，以采取措施缓解监管套利行为。

银行体系的严格监管是引发监管套利的重要原因，银行监管套利实质也是一种影子银行行为，目前大多数文献以银行为研究对象探讨其监管套利行为。监管套利与银行行为关系紧密。对经营特种风险的银行来讲，其受监管程度一直较为严格，特别是巴塞尔协议将资本充足率作为重点监管指标后，银行资产规模受到限制，为规避不利影响，以较少监管资本支撑较大的资产规模，发达国家银行大量开展了以资产证券化为核心的金融业务，由此产生监管资本套利（Regulatory Capital Arbitrage，RCA）。RCA是监管套利的一种，其使银行能够更为容易地人为粉饰其资本金实力，在几乎不降低自身实际风险的前提下提高资本充足率，进而扩充其资产规模（Jones，2000；João，2000；刘百花，2005；张桥云 等，2012）；宋永明

（2009）认为 RCA 的核心在于开发资本监管的缺陷和漏洞，通过人为降低风险加权资产"虚抬"银行资本充足率，使部分风险游离于资本监管之外，以此为银行提供较低资本成本情况下追求较高风险的套利机会，而银行资本类型的差别化管理为银行从事监管资本套利提供了"良好"的理论解释。对于 RCA 的操作方式，Jones（2000）、宋永明（2009）等将其分为三类："摘樱桃"（cherry-picking）模式，是指银行通过资产换购等方式向风险权重相对较低、收益相对较高的资产转移，以相对较少的监管资本获取相对较高的利润；直接增信（direct credit enhancements）模式，是指通过证券结构化，或利用不同信用评级资产的不同追索权来降低资本支出，或通过远程发起交易以来规避追索权的方式；间接增信（indirect credit enhancements）模式，是指发起银行对 SPVs 进行非正式的信用担保，属于资本监管的灰色地带，银行不需要提供任何资本金。鉴于其强大的资本节约效果，间接增信已成为国际市场上最常见的资产证券化增信手段（Viral and Philipp，2009）。张桥云等（2012）将银行 RCA 分为两类：一类为"异质资产置换"套利，即将自身贷款证券化以降低相应资产风险权重，释放监管资本；另一类为"同质资产替代"套利，指银行将贷款出售给SPVs，SPVs 以贷款收益为担保发行证券，银行再对回收的现金进行新的贷款发放。黄国平（2014）从商业银行资本金角度出发，认为监管资本和经济资本的背离会造成监管套利，当监管资本与经济资本趋同时，金融监管的强制性约束被消除，有利于商业银行追求股东利益最大化。此外，肖琦（2006）、徐宝林等（2006）、张玉喜（2008）和沈庆劼（2010b，2012，2013）等对商业银行 RCA 的动因、模式和影响等也进行了讨论，并就如何降低 RCA 给出了相应建议，如完善相关法律及会计制度、风险计量技术，缩小制度性差异等。

（2）监管套利实证研究

关于实证方面，国外文献在监管套利方面的实证较多偏向于对监管资本套利的分析。Ambrose 等（2005）利用美国抵押贷款数据，分析了资产证券化潜在的三大原因：信息不对称、资本监管和对声誉的关注。其构建了多个 Logit 模型实证，结论为由于资本套利以及声誉扩张，银行会进行资产证券化且保留一小部分比例的高风险资产。而 Koehn and Santomero（1980）、Kim and Santomero（1988）、Shrieves and Dahl（1992）、Aggarwal and Jacques（1998）、Rime（2001）、江曙霞和任婕茹（2009）等通过实证分析了监管压力与银行资本水平的关系或银行资本与风险激励的关系，在一定程度上也分析了银行的监管资本套利。这种分析大都借鉴了 Shrieves and Dahl（1992）的分析方法，以资本变化和风险变化为因变量，寻求一系列解释变量和控制变量，构建联立方程来进行实证分析。如 Aggarwal and Jacques（1998）为验证美国联邦存款保险修正法案的有效性，分别以银行资本与投资组合风险变化为因变量，以银行规模、收入、风险变化、资本变化等为解释变量构建模型，以 1990—1993 年相关数据为支撑，结果表明在 1992—1993 年资本压力较大的银行增加了其资本充足率以符合监管标准，同时法案也能有效减小银行投资组合的风险。Rime（2001）以银行资本与风险层级为因变量，利用同样建模思路，对 154 家瑞士银行关于 1989—1995 年的数据进行了分析，研究发现资本监管压力会使瑞士银行增加资本，但并不会影响其风险程度。而国内学者，如江曙霞和任婕茹（2009）以资本变化和风险变化为因变量，构建局部调整的联立方程组模型，并以 1998—2007 年美国商业银行的相关数据为证，得到结论：资本充足率监管对资本和风险调整有显著的正向影响。他们进一步区分构建"宽"与"窄"两种资本缓冲带。在窄时，由于面临较强监管压力，监管措施表现出一定的正面作用。此外，表外规模对资本调整呈现负相关，对风险调整呈现正相关。

特别地，有关学者对严格的商业银行监管套利问题也进行了实证研究。Hosono and Sakuragawa（2014）通过构建 OLS 与 GMM 模型，用差企业贷款作为因变量，用会计变量作为解释变量（分解为资本充足率、市场价值资本率、会计自由度、次级信贷），再结合其他变量，通过 20 世纪 90 年代日本数据验证，得到在 90 年代日本银行业存在的不正当激励使得其可以通过监管套利向差企业进行信贷。Acharya 等（2013）、Boyson 等（2014）实证结果表明银行会因受资本约束进行监管套利。特别的，Acharya 等（2013）以 ABCP 为对象，利用历史数据相关走势说明了资本充足要求是发起通道类业务的一大主因，通过构建面板模型，发现资本约束越强，ABCP 发行越高，虽 ABCP 在名义上可减少资本计提，但实际上 ABCP 的发行并未将风险转移至表外。Boyson 等（2014）以 TPS（trust preferred securities）为主要分析对象，认为特许权价值越少、一级资本越不充足的银行，常为了满足资本要求而进行监管套利，在更大程度上发行 TPS；该类银行在利用 TPS 增大一级资本分子的同时，也利用 ABCP 方式减少一级资本分母，他们通过实证也证实了银行通过 ABCP 进行监管套利的行为。

也有学者以中国国情为立足点，以实证分析方式探讨中国资本监管与监管套利问题。霍光宇和陈剑（2011）从核心资本充足结构出发，认为若银行的股东权益/总资产的比率偏低，而该银行的核心资本充足率却非常高，则意味着该银行很可能进行了监管资本套利，利用 14 家上市银行数据，得出资产规模越大的银行进行监管资本套利的可能性越大的结论。霍光宇（2013）以贷款损失准备/总资产为因变量，存贷比为解释变量，构建面板数据，发现无论是全样本数据还是国有商业银行及股份制商业银行，存贷比与因变量均不显著为正相关关系，说明商业银行不存在存贷比上的监管套利行为。沈庆劼（2014）以监管资本套利为因变量，资本压力、股权结构、垄断程度、信息披露、货币政策、银行类型等为解释变量，构建混合面板模型，并利用总资产作为真实风险加权资产的代理变量，得到资本压力越大监管套利程度越高，股权结构中具有中央背景的国有比例与监管套利呈现负相关［这与霍光宇和陈剑（2011）结论相反］。此外，表外业务常常是商业银行进行监管套利的"落脚点"，研究资本充足率与表外业务的关系有助于理解银行监管套利行为。对此，黄洁莉、汤佩和夏喆（2013）以商业银行表外业务为主要分析因素，构建了多个多元回归模型，得出中国上市商业银行核心资本充足率对表外业务有显著的抑制作用，资产减值损失与表外业务呈现显著正相关，表外业务与不良率呈现正相关。

这些文献总体上认为资本监管给银行带来了资金压力而迫使其采取较为激进的方式去扩充其资本水平，或者通过从事高风险业务来获取利润。

2.3　影子银行监管套利的文献综述

传统银行体系受严格监管，影子银行的出现在一定程度上是对银行监管模式的挑战。对于影子银行的监管缺失，有大量文献进行了说明（Bernanke，2009；Pozsar，et al.，2010；Ghosh，et al.，2012；Schwarcz，2011；李扬，2010；周小川，2011；肖刚，2012）。Halstrick（2011）、Schwarcz（2012）指出相对于传统银行，影子银行体系受到的监管较少，使得监管套利成为可能，越是加强对传统体系的监管越会促进影子业务的发展。从监管具体要求方面看，美联储学者（Pozsar, et al., 2013）认为随着对资本和流动性标准要求的不断加强，存款机构更加倾向于从事影子银行活动来增加自身回报率。其与传统银行业规模进行了对比：20 世纪 90 年代初美国传统银行和影子银行的规模分别约为 5 万亿美元和 3 万亿美元，到 2007 年，传统银行规模约为 12.5 万亿美元，而影子银行规模约为 21 万亿美元。2012 年，FSB（2012）发布的监管报告测算了全球影子银行规模，其从 2002 年的 26 万亿美元迅速扩展到 2007 年的 62 万亿美元。这些数据虽不能直接说明金融监管与影子银行发展呈对应关系，但两者之间存在的相关关系仍值得关注。金融危机调查委员会（Financial Crisis Inquiry Commission, FCIC）（2010）认为，过去非银行金融机构的监管倾向于投资者保护方面，而没有实质性地落在相关机构的运行活动上，从而形成了金融监管缺失。传统银行业务活动遭受严格监管，导致非银行金融机构业务发展迅速；而对资本的监管也促使银行将资产与业务转移至表外。这些都是影子银行体系扩大的原因。2011 年，FSB 首次发布对影子银行的研究报告《影子银行体系：范围的界定》，认为虽然影子银行为市场参与者开辟了一条融资与流动性途径，但从金融危机看，其直接或间接与传统银行体系相连，是系统性风险的重要来源，且其能够在现有银行监管体制下进行套利行为，加强对产生系统性风险和监管套利领域的监管尤为重要。金融危机爆发后，美国开始全面反思现有的金融体系及监管体制，在弥合市场及两党分歧的情况下推出了《多德-弗兰克法》（Dodd-Frank Act）①。该法案从多个方面加强了对影子银行的监管，例如提出了沃尔克规则、互换剥离规则、强制清算要求及交易报告要求等，主要目的是加强对影子银行体系的监管，解决"大而不能倒"问题，提高影子银行体系的透明度以及加强对投资者的保护。另外，《多德-弗兰克法》对美国金融监管体系进行了调整，成立了金融稳定监管委员会（其主要职能是防范系统性风险），加强了美联储的监管职能，并将缺乏监管的场外衍生品交易纳入监管视野，增强了商品期货交易委员会（Commodity Futures Trading Commission, CFTC）的监管职能等。传统银行在政策层面存有部分特权，如获取中央银行流动性支持与存款保险制度等，Tucker（2010）将其视为一种社会契约（social contract），其也包含着一系列义务性，如审慎监管、资本要求、存款保险

① 内容源自于：http://www.cftc.gov/lawregulation/doddfrankact/index.htm

费用等。Ricks（2010）认为这种社会契约能较为有效地防范道德风险从而保护纳税人利益。然而危机发生时，美国金融监管层并未将该种社会契约扩展用于影子银行体系，而是采取更加严格的监管措施，这种做法具有一定的缺陷。从效率角度看，监管成本昂贵；此外，这些已经采取的监管措施不一定能确保金融稳定。监管应将目光放置于短期债权人可能导致的风险方面。Schwarcz（2009；2011）、Avgouleas（2012）认为监管不能仅停留在限制影子银行体系上，而更应该致力于关注效率最大化与影子银行潜在风险最小化方面。对于监管改革的结果，有学者（Pozsar，2011）认为一系列新的金融变革将很难阻止大型机构（特别是持有大量现金的机构）演变成为影子银行。

对于国内文献，马轶群和崔伦刚（2016）分析了中国交叉金融创新的监管套利表现，包括银信合作的监管套利、银证合作的监管套利和银保合作的监管套利；齐淼（2011）认为中国不仅不存在美国那种完全脱离监管的影子银行机构，而且存在着一定的监管过度，导致金融创新能力被削弱。但大部分学者仍然认为对中国影子银行的监管还存在缺位，如胡雪琴（2011）、原清青（2012）、周卫江（2012）、彭文生（2013）、范希文（2017）、杨新兰（2019）等，认为未来需要进一步认清监管套利形成机理，合理完善金融监管制度，强化信息披露，明确相关方的法律关系等。此外，关于影子银行的监管套利的实证方面：祝继高等（2016）利用2006—2012年中国商业银行买入返售数据，分析了商业银行从事中国影子银行套利业务的动机和经济后果；马亚明等（2018）从监管套利角度，实证检验了影子银行对房地产的影响。

2.4 总体文献评述

通过影子银行的文献回顾，可以看到，对影子银行的研究较多体现在对影子银行内涵以及其所产生的信用创造、风险、效率以及监管问题等方面，在研究影子银行的这类问题时，一般也采用规范分析方法，实证研究较少，而且研究大多集中于国外文献。在回顾监管套利文献时，可以知晓监管套利是一个比较新颖的提法，因此关于监管套利的研究文献总体较少，Partnoy、Fleischer、Jones 等的成果推广了监管套利领域的研究，尤其在 2000 年之后。在发达经济体，由于监管套利一般体现在商业银行，由商业银行引发监管资本套利，因而绝大多数国外文献以商业银行为研究对象进行监管资本套利的研究，同时在研究中一般结合的是资产证券化或者证券回购业务。对于该项研究主要集中在监管资本套利的原因、模式、风险等，而实证方面在真正意义上对监管资本套利的分析较少，Boyson 等（2014）的实证较有代表性，其以 ABCP 业务为数据支撑，证明了银行通过 ABCP 通道类业务开展了监管资本套利行为。近年来中国也开始利用监管套利的视角来分析国内金融体系的问题，文献基本也以商业银行为研究对象，对其监管套利的动因、风险以及相关法律制度进行探讨。金融监管与影子银行套利的研究文献大多以规范分析方法进行分析，认为金融监管触发了影子银行监管套利：相对传统商业银行，影子银行监管较少甚至存在监管缺失，因而对传统商业银行的严格监管将进一步促进影子银行及套利行为的发展。有部分文献提出在考虑效率情况下，需规范影子银行监管套利行为以防范金融风险。

结合以上文献回顾，笔者发现研究影子银行的方向较多，文献中也涉及监管方面，而这些以监管套利为视角的文献基本停留在商业银行开展监管资本套利方面，还鲜有文献以监管套利角度详细研究影子银行体系，特别是中国影子银行体系。相对于发达经济体，中国影子银行体系发展存在特殊性，其运行并未参与大量资产证券化及证券回购业务，大多数套利业务以信贷业务为主，其监管套利行为不仅仅停留在商业银行的监管资本套利上，由于中国较为特殊的金融管制政策以及融资体系，监管套利行为并随着金融监管而不断演变。进一步地，中国影子银行的相关研究近年来不断增多，也有文献在分析中提到监管套利，但是鲜有相对成体系、成熟的研究。因此，本书将以监管套利视角去研究中国影子银行监管套利的运行机制，分析其对中国经济的影响，以及对其走向作出探讨。

2.5　中国影子银行的定义

影子银行的界定口径较多，具体表现形式主要呈现为两种层面：机构层面和业务活动层面。对于机构层面来讲，国外影子银行大多集中于投资银行、货币基金和政府支持企业（Government - Sponsored Enterprises,

GSEs）等；而业务活动层面则主要体现在信用创造过程中，如资产证券化以及由此衍生出的结构性金融产品业务。机构和业务层面相互区别又相互紧密联系，机构是业务的载体，而业务是机构的具体体现。有关影子银行定义的共性表现为监管缺失，而中国对于影子银行界定的困惑也正是出于对监管强度的理解。传统银行对资本充足率、存贷比等有着严格要求，而传统银行之外的具有"类银行职能"的金融中介或业务却没有受到监管或者如此之强的监管，以至于极有可能产生监管套利现象。此外，影子银行之所以冠名"影子"，部分缘由也在于其产品信息不透明，信息的不对称加剧了投资者的投资风险，弱化了监管层的监管效用。综上，本书认为对影子银行的定义不仅应关注其"类银行功能"与监管的严格与否，还应当对其业务的透明度以及是否存在监管套利进行考证。因此，结合国内外文献，本书对影子银行做出如下定义：其是从事类传统银行业务，但业务缺乏透明度，具有期限转换、信用转换和流动性转换等功能，因未受监管或监管不足而开展一系列监管套利行为一类机构或业务活动。

影子银行从事类银行业务而未受到监管或者监管不足，部分源于其本身的设立及发展就是为了规避监管措施。传统商业银行受资本充足率等硬性监管限制，其资产负债表难以进一步扩张去获得更多利润。对传统银行业监管的加强进一步激发了银行自身的金融创新能力，以规避监管而形成的新的业务大多演变成了影子银行业务。发达经济体影子银行业务基于资产证券化，其产品形式多样化、结构复杂，如 ABS、CDOs 等，且经营操作具有高杠杆性质。中国影子银行业务和发达市场国家影子银行存在较大差别，其主要表现为商业银行通过绕科目放贷形成的各种业务，主要是对传统银行信用扩张渠道的变相替代或补充。

3 中国影子银行监管套利行为的具体运作模式

从某种层面上讲，中国影子银行业务大部分建立在银行理财产品基础之上，在表外活动中，银信合作、银证合作、银保合作以及银银合作等也都离不开银行（见图3.1）。有学者认为中国影子银行体系网络化程度低，整个体系的资金来源和信用支撑主要靠银行，银行是核心，更适合被称为银行的影子或银行的影子体系（石磊，2013；陈四清，2013），影子银行业务主要表现为围绕银行监管套利展开的各种通道类业务（曾刚，2013a）。

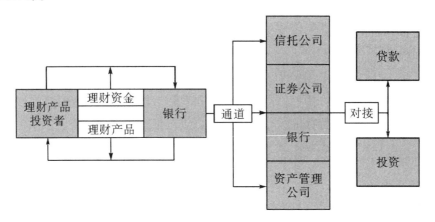

图 3.1　监管套利流程

从总体看，中国影子银行业务以融资为主，而其融资主要通过以下方面进行：银行表外业务、非银行金融机构贷款业务以及民间融资。其中由于民间融资属于非正规金融，未直接涉及金融机构，因此其引发系统性金融风险的概率相对较小，且相比之下民间融资信息更不透明，因此本书暂不分析民间融资。非银行金融机构主要包括信托、保险、证券等，在中国影子银行业务发展过程中它们与银行联系密切，如在实际操作过程中银行表外业务会与信托、保险和券商等开展合作而进行监管套利，为避免重复性梳理，本书以银行为主线来梳理影子银行的套利模式。

回顾过往文献，鲜见对银行业影子银行业务具体套利方式的系统性分析，因此本章依据参与方分类，将近年来围绕银行所展开的各类影子业务分为银信合作、银证合作、银银合作、银行承兑汇票和委托贷款等，就其运作方式、业务特点和套利机制进行分析。

3.1 银信合作

银信合作是中国最早出现，也最为基础的一种依托银行展开的影子业务，存在多种合作方式，如信托财产保管、信托计划代销、资产证券化与银信合作理财产品等，本节重点关注银信合作理财产品。在实行金融分业监管条件下，信托公司是唯一一个可以跨越多个市场、具有直接投资和融资功能的金融机构，传统商业银行开展理财业务而募集的资金借助信托公司的优势而使得银信合作业务不断壮大。

3.1.1 基础性银信合作

当银行在信贷规模和信贷投向上受到较大程度束缚时，出于追求更高收益的动机，银行与信托公司的合作逐渐发展到一个新的阶段——信贷类银信合作方式（见图3.2）。这种合作方式的初期基本以银行为主导，其或者是为了将自身信贷资产转移出表外。具体操作方式：银行发行理财产品募集资金并将资金投资于信托公司所设立的特定信托计划中，该信托计划则投资于特定的信贷资产、票据资产等资产。如此操作，银行将自身的表内信贷规模进行了有效压缩，缓解或规避了来自监管的约束，扩大了表外资产规模，获得了更多收益；而信托公司通过设立该特定信托计划而获得手续费收入；作为理财产品的投资者则从中获得投资收益。或者是为了利用信托通道变相对企业进行融资。具体操作方式：起初银行拥有需融资的客户，可能基于自身信贷规模及投向约束，或者出于风险、不良率的考量而未对该客户进行信贷融资，但同时银行并未放弃该客户的融资请求，于是银行发行理财产品募集资金投资于信托公司所设立的特定信托计划，该信托计划将理财资金用于对该客户的融资，最后结果是银行通过理财业务获得表外业务收入，信托公司通过设立信托计划获得手续费收入，理财产品投资者获得相应的投资收入，待融资者则满足了融资需求。所以，这种合作方式又可以被称为基础性的融资类银信合作。

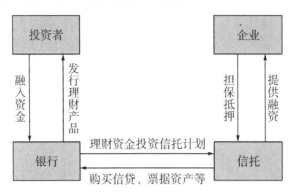

图 3.2　基础性银信合作融资流程

3.1.2　信托受益权转让

由于监管条件的变化，特别是 2009 年 12 月，《中国银监会关于进一步规范银信合作有关事项的通知》之后，融资类银信合作逐渐衍生出新的形式，如信托受益权转让方式（见图 3.3）。信托受益权是银行借助"过桥"企业变相用理财资金为有资金需求的企业融资。若银行利用理财资金购买信托受益权，则具体操作为：待融资企业与信托公司合作开展单一信托计划，而"过桥"企业通过投资该信托计划而得到信托受益权，同时"过桥"企业将获得的信托受益权转让给银行，银行使用理财资金购买，最终银行获得信托受益权。此时，通过信托受益权的转让，待融资企业获得资金，银行则成功将理财资金用于信贷，用非保本型理财资金记账于表外资产，保本型理财资金划归于同业资产，成功规避信贷规模限制。若银行利用自营资金购买信托受益权，则具体操作为：银行与信托公司合作开展信托计划，并将信托受益权转让给"过桥"企业，然后"过桥"企业将信托受益权转让给"过桥"银行，另一家银行再购买"过桥"银行的信托受益权，由此购买后计为同业资产形式。

融资类业务是银信合作的重点，合作过程中银行起主导作用，而信托则提供通道类服务，从基础性的银信合作到"过桥"类的银信合作，体现了合作方式随监管环境的变化而变化以及金融的创新力量。银行以信托为通道实现了表内资产出表或融出资金，突破了存贷比、资本充足率，特别是信贷规模和投向的限制。当然，在影子银行套利发展后期，信托受益权在金融市场得到普遍发展，不仅银行与信托公司之间存在信托受益权的业务联系，信托与基金、券商、保险等机构也纷纷进行信托受益权转让，甚至涉及多家机构之间的信托受益权转让问题。这些业务虽不属于上文分析的典型银信合作业务，但是其与开展信托受益权的原理相同，故对其他类信托受益权转让不再详细进行分析。

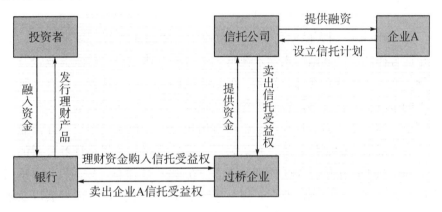

图 3.3　信托受益权转让式融资流程

特别地，市场还出现了多方合力进行监管套利的现象，如银证信合作。这一方面的合作尤其体现在理财资金跨通道进入股票市场上。在前期，理财资金进入股市的方式有两种：一是依靠信托渠道间接购买两融受益权，这方面可归于银信合作的一个子集；二是通过设立伞形信托进行结构化配资。对于银行理财产品涉及资本市场，金融监管层有着明确限定。2009 年 7 月，《中国银监会关于进一步规范商业银行个人理财业务投资管理有关问题的通知》，禁止理财资金以任何形式投资于二级市场股票或与其相关的证券投资基金。2010 年 2 月，《中国银行业监督管理委员会关于加强信托公司结构化信托业务监管有关问题的通知》规定，信托公司开展结构化证券投资业务时，单个信托产品持有一家公司发行的股票最高不得超过该信托产品资产净值的 20%。由于信托设立有多个信托子账户，为满足监管规定，信托公司将一些大规模的合规业务投入信托子账户中，以扩大股票投资额度，从而满足符合 20% 的规模限制的要求，实现银行理财资金或委托贷款借助信托渠道投向资本市场。以理财资金为例，在参与股票市场投资时，该伞形信托的具体操作流程为：银行发行理财产品募集资金购买信托产品，信托公司针对股票市场设立信托计划发行信托产品，而该信托产品具有多个信托账号，每个信托账号下存在多个信托子账户，每个子信托都是一个独立的结构化信托产品，只要股票投资额度不超过20%，子信托产品所涉及的资金就能为劣后受益人提供股票市场融资而得到优先级受益。

3.2　银证合作

在2001年中国人民银行颁布《商业银行中间业务暂行规定》后，关于银证合作的讨论逐渐进入学术视野。中国金融体系仍以传统商业银行为主导，而商业银行存在部分缺陷，如信贷软约束、逆向选择等，且这种体系下的市场化程度远不及资本市场，吴晓求（2002）认为银证合作是提升中国金融体系竞争力、提高中国金融市场化程度、顺应资本市场和商业银行自身发展需要的必然趋势，并认为资产委托管理业务将是证券公司的一大盈利增长点。银信合作受托理财业务曾在2003年流行，后因发行方承诺保底收益违规而被中国证监会叫停。而随着中国金融业的不断发展以及越来越强的公众投资需求，银证合作有助于实现多边共赢，其中银行与券商出现新的利润增长点，而公众则相应增添了可供选择的投资渠道。

现广义的银证合作主要包括第三方存管业务、资产证券化业务、债券回购业务以及理财业务等，本节讨论的主要方面集中于理财业务方面。在央行、银监会对银信合作监管力度不断加强的背景下，中国证监会于2012年10月发布了修订后的《证券公司定向资产管理业务实施细则》，为银证资管类合作打开了大门。从实质上看，券商的定向资产管理计划仍然多为通道类业务。

银证合作方向主要集中于信贷类合作，类似于银信合作，信贷类银证合作或者为了变相融出资金，或者为了缓解表内压力，常引入信托公司作为第二"通道"（见图3.4）。融资类银证合作的具体操作为：银行发行理财产品募集资金投入券商，券商通过定向资产管理计划再购买信托公司所设立的信托计划，最后的融出方变为信托。在一段时间内，银行始终起主导作用，不仅提供理财资金，也控制着资金融入的具体对象并变相提供贷款（随着监管的不断调整，银行控制待融资者这种现象逐步被代替，信托逐渐具备较为独立的资产管理行为），结果为理财产品投资人获得理财收益，银行获得中间业务收入，券商和信托公司获得管理和手续费收入，待融资者获得资金融入。而出表类的银证合作主要操作流程和融资类银证合作类似，差别在于最后信托公司设立的信托计划所投资的对象是银行信贷资产、票据资产等资产，通过一次性买断实现银行表内资产出表以缓解监管压力。当然，在此过程中，也可不必引入信托，券商可利用资产管理计划直接一次性买断银行的票据资产。需要注意的是，投资的票据资产绝大部分是银行承兑汇票或转贴现票据，风险较大。由于监管的不断升级，信贷类银证合作开始以购买应收账款受益权变相进行融资，具体为：银行发行理财产品募集资金，将资金投入于券商定向资产管理计划中，该资产管理计划并不直接购买资产或者为待融资者融资，而是通过类似于信托受益权转让操作方式去购买应收账款受益权。

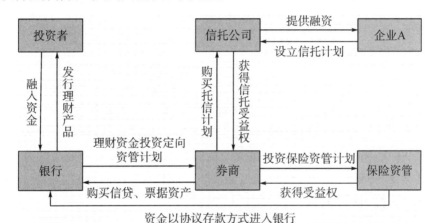

图 3.4 银证合作流程

此外，银证合作也将保险作为"通道"，实现理财资金由表外入表从而填充自身存款实力。具体操作为：银行发行理财产品募集资金，该资金投资于券商定向资产管理计划中（该定向计划为购买保险理财产品），保险资产管理计划再将资金通过银行协议存款方式存入银行。最终，银行或保险的理财产品投资者获得理财收益，券商和保险资管公司获得手续费收入，银行收获存款。

对于一直由国有银行主导的中国金融体系来讲，引入券商参与表外业务实际上等同于引入了更多的市场力量，有利于市场化进程。但值得注意的是，银证合作模式引入信托公司或保险资管公司作为第二"通道"，这也使得违约责任的分担变得更加复杂，虽在操作过程中参与方各自获利，但主导方仍为银行，同样围绕着监管指标进行套利操作。而随着券商资产管理话语权的不断增强，券商除获得手续费收入之外，还能通过自主有效性管理投资获得盈利与理财收益之间的差价，以此进一步提高市场资金的配置效率。

3.3 银银合作

银银合作是指银行之间通过相互业务的支持以规避监管，属于银行同业业务。在银银合作初期，银行之间也会直接性地进行交易，如 A 银行利用理财资金购买 B 银行的信贷资产。但本书的银银合作只对同业代付、同业偿付与买入返售三种形式进行阐述。

3.3.1 同业代付

同业代付①以委托行为通道进行套利（见图 3.5），对于委托行来讲，开具票据属于表外业务，获得手续费收入，委托行收到代付行的划拨资金，则可增加存款并获得息差收入，代付行也可直接付款给待融资客户；对于代付行来讲，融出资金后在资产负债表上计为同业资产或应收账款，委托行支付其相应利息。站在监管角度，同业代付实际也规避了信贷规模限制，进行了短期贷款。

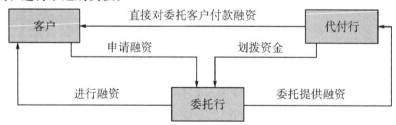

图 3.5　同业代付融资流程

---

①　根据《中国人民银行、中国银行业监督管理委员会、中国证券监督管理委员会、中国保险监督管理委员会、国家外汇局关于规范金融机构同业业务的通知》（银发〔2014〕127 号）的定义，同业代付是指商业银行（受托方）接受金融机构（委托方）的委托向企业客户付款，委托方在约定还款日偿还代付款项本息的资金融通行为。

3.3.2 同业偿付

在同业代付被监管后，委托行和代付行之间重构关系，创新出同业偿付业务，同业偿付类似但又不同于同业代付，它将委托代理管理变为一种类似于"承兑关系"的业务。开证行在开立的延期付款信用证当中，指定某银行作为偿付行，偿付行凭开证行的承兑电文和授权付款指示即期付款，而开证行则需在承兑到期日归还偿付行对应偿付款项的本息及费用。

3.3.3 买入返售

买入返售①金融资产配置范围包括债券、票据、信贷资产、应收租赁款和信托受益权等，其中以票据的买入返售和信托受益权的买入返售为主。一段时期的会计处理方式缺陷为这种套利行为提供了操作空间，如票据卖断后，该票据将不再计入信贷规模，而票据以正回购方式转移则其仍会留在"票据贴现"科目，并不会减少信贷规模；同理，买入返售逆回购也不会增加信贷规模。一些小银行或者信用社沿用老式会计记账方式，将票据卖断与正回购不做区分，全都以票据贴现进行扣除，商业银行可先卖断票据资产实现票据出表，从而减少信贷规模，再通过买入返售逆回购方式买入对应的票据资产。经过操作后，本来位于贷款项下的科目却转入投资项下（邵宇，2013b），不计入信贷规模。

3.4　银行承兑汇票

银行承兑汇票是商业汇票的一种形式，其在中国商业汇票规模上占据绝大部分。它是在承兑银行开立存款账户的存款人出票，向开户银行申请并经过银行通过授权的，保证在一定条件下无条件支付确定金额给收款人的一种票据，是商业银行给予出票人的一种信用支持。收到银行承兑汇票的机构或个人，或者去银行申请银行承兑汇票兑现，或者留存下来，或者

---

① 根据《中国人民银行、中国银行业监督管理委员会、中国证券监督管理委员会、中国保险监督管理委员会、国家外汇局关于规范金融机构同业业务的通知》（银发〔2014〕127号）的定义，买入返售（卖出回购）是指两家金融机构之间按照协议约定先买入（卖出）金融资产，再按约定价格于到期日将该项金融资产返售（回购）的资金融通行为。

通过背书方式转让给其他机构或个人。因此，按照承兑方式划分，银行承兑汇票存在三种形式：未贴现银行承兑汇票、已贴现银行承兑汇票和转贴现银行承兑汇票。转贴现是指银行将已贴现的未到期的票据转给其他银行或者机构予以贴现，属于银行与银行之间开展的业务，暂未涉及监管套利。

而在银行承兑汇票运用过程中，金融市场上出现了两种形式的影子银行业务，分别为未贴现银行承兑汇票运用和票据"空转"。

3.4.1　未贴现银行承兑汇票运用

从监管规定上看，银行票据得到有效贴现之后会将信贷规模入表，属于银行信贷范畴；而未贴现银行承兑汇票则游离在表外，算作中间业务，不受信贷规模限制，并可以进入市场流通。未贴现的银行承兑票虽未得到资金的有效流出，但是其具有银行信用担保作用，在一般情况下，其具有和现金一样的结算和支付效用。这给存在资金链紧张的企业创造了一个可以变相得到资金的方式：在商业银行申请并得到开户银行同意后，只需要企业缴纳小部分存款便可以开具银行承兑汇票，由于银行承兑汇票具有银行信用作为背书，因此其在运用过程中与支票类似行使支付结算功能，在一定程度上，这属于商业银行的信用创造，从而规避了信贷规模管制。

3.4.2　票据"空转"

银行承兑汇票是一种企业之间相互结算的工具，银行按照票据约定期限需向收款人进行无条件兑付，其是银行对出票人资信的认可而给予的信用支持。在正规信贷渠道受阻时，银行承兑汇票被异化为企业重要的短期融资工具（见图3.6）：作为出票人，企业通过申请开立银行承兑汇票并在该银行存入一定比例的票据保证金后获得银行承兑汇票，其将票据用于支付关联方，关联方票据贴现获得贴现资金后将贴现资金返还出票人，出票人获得短期融资，此后若无流动性问题，出票人将支付银行信贷金额与利息，如此流程可以反复操作扩大融资规模。票据"空转"体现在出票人与关联方之间不存在实际经济贸易来往，只是为出票人获得短期融资进行的虚构，脱离了实体经济。票据"空转"结果对于银行来讲，由于票据遭到有限性承兑贴现，银行原本开具票据的表外业务转变为信贷业务而被纳入表内，这一行为将消耗银行的信贷额度并占用银行资本，派生出大量存款和贷款，扩大了自身资产负债规模的同时获得相应利息收入，而银行承兑汇票业务也为其增加了表外业务收入。对于企业来讲，获得了"短期融资"。出于对风险的考量，一方面，通过票据"空转"所派生的大量存款和贷款在一定程度上将影响宏观货币政策的有效率，从而产生宏观调控风险；另一方面，通过票据"空转"企业获得的"短期融资"是违规操作，背离实体经济的同时，也让银行面临呆账、坏账风险，从一定程度上扩大了银行的不良资产。票据"空转"之后，银行消耗了信贷额度，也占用了银行资本，因此开展票据资产出表活动显得尤为重要，而出表正是借助于银信、银证合作等方式。

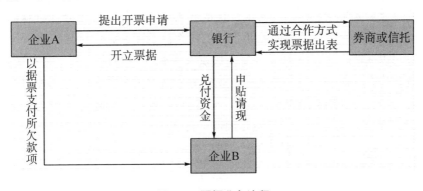

图 3.6　票据业务流程

3.5　委托贷款

委托贷款[①]指委托人提供资金，由商业银行（受托人）根据委托人确定的借款人、用途、金额、币种、期限、利率等代为发放，协助监督使用并收回的贷款，不包括现金管理项下委托贷款和住房公积金贷款。委托贷款不属于银行授信贷款而属于其开展的中间业务，其作用是绕开公司间借贷禁令。多方委托贷款曾在 2003 年被央行叫停。委托贷款业务存在"一对一""一对多""多对一"和"多对多"形式，其中"多对一"或"多对多"委托贷款极易演化成集合资金的形式，引发金融风险（王家辉，2013）。

---

① 2018 年 1 月 5 日，《中国银监会关于印发商业银行委托贷款管理办法的通知》，规范了委托贷款的委托人、委托资金等要素。

委托贷款存在两种形式，一种是银行单纯作为中介，不承担任何信贷风险，属于常规表外业务；另一种是利用理财资金变相实现对外信贷。二者皆存在监管套利行为。对于常规类委托贷款的套利行为，银行作为实际资金融出方的代理人，利用自身信息和风险控制等优势寻求符合委托人意愿的借款人并进行贷款发放。从总体看，企业之间的借贷并未实际造成货币供给量的增加，但扩大了企业的资产负债表，并扩大了社会融资规模，且流入实体的部分资金不符合宏观调控方向。对于第二类委托贷款（见图3.7），商业银行理财资金用于信贷行为主要有两种方法：其一，通过银行中介机构，委托人向借款人提供融资，然后商业银行利用理财资金购买对应的委托贷款受益权；其二，银行直接募集理财产品，通过委托贷款的形式发放给借款人。后一种明显属于违规操作。近年来，中国地方融资平台风险问题逐渐凸显，中国银监会多次发文警惕平台风险，平台融资受限，在地方政府干预下，或大型国有企业成为平台的委托贷款人，或理财产品成为实际委托贷款资金来源。此外，委托贷款这项非标业务也成为中国房地产、"两高一剩"行业[①]的主要融资工具之一。

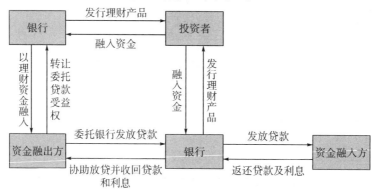

图 3.7　委托贷款流程

3.6　小结

以上分析是以商业银行为主线对中国影子银行监管套利运行模式的总结和具体剖析。通过分析可以看到，商业银行极大程度地参与了影子银行

---

① 　两高行业指高污染、高能耗的资源性行业，一剩行业指产能过剩行业。

监管套利行为，特别是在套利的资金来源端，商业银行理财资金等通过套利业务进入了中国影子银行体系。而这些监管套利模式的透明度、复杂程度以及风险各有不同。如在银信合作里的基础类银信合作，其套利模式比较简单，银行和信托公司之间直接对接业务，没有出现过多的"过桥"企业；而银证合作虽多为通道类业务，但是其套利过程中的参与对象较多，因此其运作形式更为复杂，金融机构之间的交叉性更强。

从套利业务实质看，中国影子银行监管套利模式基本以开展通道类业务为主，利用"过桥"企业规避现有金融监管，从而最终实现信贷投放目的。这与发达经济体影子银行以开展资产证券化及证券回购业务性质的监管套利不同，也从侧面表明中国金融市场特别是资本市场，处于发展阶段，尚未形成一个较为成熟、发达的金融运行体系。随着中国金融深化的不断推进，中国影子银行监管套利运行模式也将进一步发展。

金融监管和金融创新既矛盾也统一，金融机构在与监管层不断的博弈中，会出现创新与监管的不断循环。影子银行监管套利作为金融创新的一个子集，其运作模式和规模在与监管层的博弈中也会得到不断演变。下文将以监管博弈视角阐述中国影子银行监管套利运行模式的演变。

4 中国影子银行监管套利运作模式的演变路径——基于监管博弈视角

上述多种套利模式并非同时出现或偶然出现，回顾中国银监会对银行表外业务的监管历程来看，中国影子银行业务模式的不断创新其实是银行不断突破政策限制追逐利润与监管跟进之间持续博弈的结果。依据套利方式在每一时期的主要表现特征，可将中国影子银行业务的演变路径大致划分为以下两个阶段：单一通道模式阶段与多通道模式阶段。正如本书导论所言，中国影子银行发展的高速时期为 2008—2014 年，因此，本书结合当时数据以及相关监管政策，以便较为直接地映射监管博弈。

4.1 单一通道模式

"单一"体现在点对点投资，每一笔募集的资金一般只对应着一个投资标的。其主要以基础类银信合作方式进行，较少涉及信托受益权等非标资产以及组合类投资，且初期理财资金基本借道信托公司实现信贷发放。中国经济体融资需求旺盛，但商业银行面临着信贷规模及存贷比等管制不能满足全部需求，而信托的广泛经营渠道为商业银行绕开监管提供了操作空间。随着银信合作的深入，从 2008 年 12 月起，中国银监会对银信合作的具体定义掀起了规范银信合作的浪潮（见表 4.1）。

表 4.1 2008 年以来针对银信合作出台的监管文件

时间	监管文件	内容
2008 年 12 月	《银行与信托公司业务合作指引》	规定银信理财合作，是指银行将理财计划项下的资金交付信托，由信托公司担任受托人并按照信托文件的约定进行管理、运用和处分的行为。银行、信托公司应各自独立核算，并建立有效的风险隔离机制，并应依法、及时、充分披露银信理财的相关信息
2009 年 7 月	《中国银监会关于进一步规范商业银行个人理财业务投资管理有关问题的通知》	规定理财资金不得投资于境内二级市场公开交易的股票或与其相关的证券投资基金。不得投资于未上市企业股权和上市公司非公开发行或交易的股份
2009 年 12 月	《中国银监会关于进一步规范银信合作有关事项的通知》	银信合作理财产品不得投资于理财产品发行银行自身的信贷资产或票据资产；对理财产品投资者投资于权益类金融产品或具备权益类特征的金融产品做了金额下限规定
2010 年 8 月	《中国银监会关于规范银信理财合作业务有关事项的通知》	信托公司在开展银信理财合作业务过程中不得开展通道类业务；信托公司融资类银信理财合作业务余额占银信理财合作业务余额的比例不得高于 30%；商业银行应严格按照要求将表外资产在 2010 年、2011 年两年转入表内，并按照 150% 的拨备覆盖率要求计提拨备，同时大型银行应按照 11.5%、中小银行应按照 10% 的资本充足率要求计提资本
2010 年 12 月	《中国银行业监督管理委员会关于进一步规范银行业金融机构信贷资产转让业务的通知》	银行业金融机构应当严格遵守信贷资产转让和银信理财合作业务的各项规定，不得使用理财资金直接购买信贷资产
2011 年 1 月	《中国银行业监督管理委员会关于进一步规范银信理财合作业务的通知》	在 2011 年年底前将银信理财合作业务表外资产转入表内。银信合作贷款余额应当按照每季至少 25% 的比例予以压缩；对商业银行未转入表内的银信合作信托贷款，各信托公司应当按照 10.5% 的比例计提风险资本；信托公司信托赔偿准备金低于银信合作不良信托贷款余额 150% 或低于银信合作信托贷款余额 2.5% 的，信托公司不得分红，直至上述指标达到标准

表4.1(续)

时间	监管文件	内容
2011年5月	《中国银监会办公厅关于规范银信理财合作业务转表范围及方式的通知》	关于转表范围：银信理财合作业务融资类中贷款、受让信贷和票据资产的余额应当按照每季至少25%的比例予以压缩。对于2011年内按合同约定到期的，采取自然到期的办法，不再按季度计入风险资产和计提拨备；对于2012年及以后到期的，从2011年起，按每季度25%计入风险资产和计提拨备

从银行理财产品的发行看（见图4.1），2008年、2009年信贷资产类发行数量占总发行数量的26.31%、26.71%；到2010年前后，随着相关规范银信合作文件的出台，信贷资产发行占比急剧下降至11.19%，此后开始逐年萎缩；2012年、2013年和截至2014年6月，其数值分别为6.91%、1.47%和1.50%。从月份来看，特别地，在《中国银监会关于进一步规范银信合作有关事项的通知》出台之前，2009年该项目占比一直处于高位（2009年该项目月占比平均值为25.48%），但随着2009年12月文件出台，该项目业务量大量收缩，导致在2010年1月份该占比下降至8.73%，之后有小幅度反弹，但随着2010年8月、10月以及2011年1月、5月的监管文件的出台，单一的基础类银信合作走向了衰败。

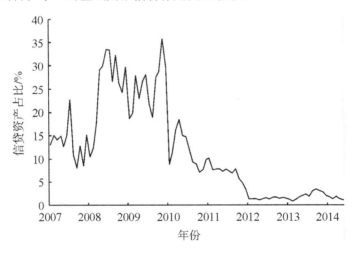

图4.1 理财产品基础资产中基础类信贷资产占比

（以发行量占比为计）（2007—2014年）

数据来源：Wind数据库。

4.2　多重通道模式

多重通道不仅体现在资金筹集方面，也表现为投资业务的多样化。在资金来源方面，一方面逐渐由单一模式筹资演变为多重方式筹资，如通过不同理财产品汇成"资金池"，利用银行间同业市场主动开展同业拆借等（相对城商行和农村信用社，大银行在吸收资金方面存在巨大优势，因此在同业市场中形成以大银行向小银行提供资金的现象）；另一方面，随着对非标业务的监管升级，银行自营资金开始进入非标业务。在投资组织方面，随着监管的不断推进，以前的单一信托通道向多通道演变，多通道体现在引入银证合作、银银合作、银基合作等方式去实现变相借贷与信贷资产出表，并在投资标的上逐渐延伸至非标资产。

特别地，"资金池-资产池"业务属于在资金筹集和投资形式多样化的一类综合业务。在单一通道模式被限制之后，商业银行大力发展"资金池-资产池"模式①，并在一段时间内逐渐成为主流模式。商业银行将不同种类的理财产品所募集的资金构成资金池，再利用池内资金通过各种通道投资于不同种类、不同风险的资产，投资标的很大一部分慢慢发展为非标准化债权资产②。通过非标业务，可规避信贷额度和投向的限制，扩大资产规模，提高收益回报。但是，非标资产也逐渐成为商业银行风险最大、最脆弱的业务。这种模式对应的资产端造就了资产池类产品的飞速增长，根据中国社科院李扬、王国刚等（2014）统计，资产池类产品在2008年还微不足道，发行量为36款，占发行总量的0.83%，而在2009年之后出现爆发式增长，2009—2012年以及截至2013年第三季度，发行量为1 012、3 025、7 473、9 861和8 539款，占发行总量的比值分别为17.28%、31.25%、37.38%、32.85%和29.40%。另据央行统计，在2013年第一季度末，银行资金池理财产品占全部表外理财产品的比例超过50%。通过资

---

① 《2013年第一季度中国货币政策执行报告》：银行资金池理财产品是"由银行销售并负责投资运营的一类资金投资和管理计划，一般通过滚动发售不同期限的多支理财产品来持续募集资金，以保持资金来源和资金运用的平衡，资金投向包括债券、票据、信托计划等多种资产"。

② 非标资产是指未在银行间市场及证券交易所市场交易的债权性资产，大多实质为信贷资产。

产-负债的多重通道模式，最大化了银行资金的周转率，但缺点是每个理财产品无法独立核算，风险传染的渠道扩大，风险监控的不足使得系统性风险上升，还加重了银行业理财产品的刚性兑付问题。非标资产数据的可获得性较弱，但从已公布的监管文件和官方的公开发言中可以看出，非标业务的发展蕴藏了巨大的风险。如银监会在2014年5月16日召开的第一季度经济金融形势分析会议上就明确指出，大量非标资金最终投向了地方融资平台、房地产、矿产等限制性后投资投机性领域，增加了银行在这些领域的风险集中度。同时，随着通道费、过桥费用层层加码，非标业务的资金综合费率明显高于普通贷款，不但增加了实体经济融资成本，也迫使这些资金为获取高回报，投向风险更高的项目和企业，加大了风险链条的脆弱性。事实上，在2013年3月出台的《中国银监会关于规范商业银行理财业务投资运作有关问题的通知》（俗称"8号文"）已经开始要求商业银行要整改"资金池-资产池"业务，明确规定对于理财业务，银行要进行独立核算，每只理财产品作为独立的会计主体单独建立明细账、单独核算，并应覆盖表内外的所有理财产品。同时，商业银行应当合理控制理财资金投资非标准化债权资产的总额，理财资金投资非标准化债权资产的余额在任何时点均以理财产品余额的35%与商业银行上一年度审计报告披露总资产的4%之间孰低者为上限。针对"8号文"相关规定，商业银行马上出现新的操作来突破限制：在理财产品在实际收益率与预期收益率出现不同的时候，由于价格属于内部控制，其通过产品之间的资产交易使得理财产品达到之前的预期收益率，操作在本质上仍属于资金池业务。针对这种内部调节收益的做法，2014年7月出台的《中国银行业监督管理委员会关于完善银行理财业务组织管理体系有关事项的通知》，特别规定"本行理财产品之间不得相互交易，不得相互调节收益"，并重申了理财产品的单独核算、风险隔离、归口管理问题等。在内部收益调节被规范之后，开始出现一种类似于基金化运作的开放式无固定期限的理财产品：其发行一款理财产品，产品对应多种封闭期（如40天、60天、120天等），并对应多种预期收益率，而预期收益率会随资金运作状况而定。由于是开放式理财产品，其能不断吸收资金，实质上，连续购买相同期限的资金将形成一个小的资金池，其又对应多种期限，故形成一个大的资金池。

相应来看，资产池业务是一类综合类投资业务，在时间上按照大致的演变路径，投资的多重渠道又可进一步细分为银行承兑票据、同业代付、买入返售和委托贷款等业务。

4.2.1　投资通道之一——银行承兑汇票

多年来，企业较强的融资需求、银行一直存在的绩效考核、存贷比限制以及银行承兑汇票保证金无须缴纳存款准备金等，使得银行承兑汇票得到快速发展，特别体现在股份制银行里。对于银行承兑汇票来讲，其最为主要的套利方式是票据"空转"并借道券商、保险、信托实现资产出表。从中国16家A股上市银行规模上看，银行承兑票据规模一直处于增长状态，从2006年的18 076.76亿元增长至2013年的60 347.52亿元（见图4.2），其中高速发展阶段起于2008年，规模为19 509.55亿元，相对与2007年增长了20.37%。由于银行承兑汇票在票据真实性方面出现违规操作，2011年6月中国银监会发布《关于切实加强票据业务监管的通知》，要求停办违规机构票据业务，重点检查银行承兑汇票贸易背景真实性、贴现现金流向的合规性，以及是否通过票据贴现逃避信贷规模管控等。2011年8月，针对银行承兑票据等业务的发展，央行发布《关于将保证金存款纳入存款准备金交存范围的通知》，将存款保证金的缴存范围扩大，一定程度上限制了保证金融资类业务的发展。2012年10月发布的《中国银监会办公厅关于加强银行承兑汇票业务监管的通知》，对银行承兑汇票的发行、管理和风险进一步强化监管。一系列监管文件的累积出台，限制了如票据"空转"等影子银行业务：最为直接的效果是银行承兑汇票业务的增长率从2012年的21.93%下降至2013年的6.67%。

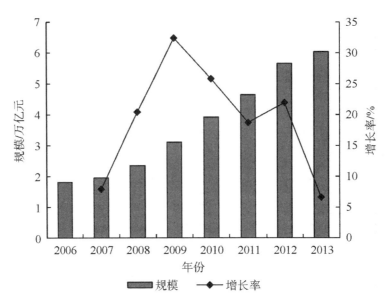

图 4.2　16 家 A 股上市商业银行银行承兑汇票业务发展历程

数据来源：16 家 A 股上市商业银行年报数据和作者计算。

4.2.2　投资通道之二——同业代付

对于同业代付，代付行成为一个通道，同样，其主要优势在于同业资产资本计提少，以及可隐藏信贷规模等。同业代付发展始于 2009 年，2009年年底货币政策发生转向：由"宽松"的货币政策转向"适度"（实际表现为偏紧的货币政策）。银信合作受限，加上监管机构严格的存贷比要求以及会计记账方式漏洞等，使得商业银行利用同业代付进行信贷腾挪。由于数据有限，从可以收集的上市银行年报看，北京银行和民生银行的同业代付始于 2009 年，分别为 3.51 亿元和 243.49 亿元；在 2011 年时，同业代付发展至最高峰，其中北京银行同业代付规模为 177.77 亿元、民生银行为 563.34 亿元、南京银行为 166.61 亿元、兴业银行为 1 230.67 亿元。2012 年 8 月，中国银监会发布《中国银行业监督管理委员会办公厅关于规范同业代付业务管理的通知》，对商业银行同业代付业务开始了严格监管，该通知使得虚假贸易产生的同业代付受到整顿，委托行收到的同业代付款项确认为向客户提供的贸易融资入表，代付行对委托行的拆出资金入表。同业代付业务的入表给银行存贷比、信贷规模带来了很强的负面影响，使其规模出现大幅度下滑，从可利用的上市年报数据看，2012年北京银行同业代付规模缩减至30.34亿元，同比下降82.93%；兴业银行规模则下降为500.04亿元，同比下降59.37%。2013年两家银行同业代付规模为零。

4.2.3 投资通道之三——买入返售

买入返售金融资产配置范围包括债券、票据、信贷资产、应收租赁款和信托受益权等，其中以票据的买入返售和信托受益权的买入返售为主。买入返售使得众多非标资产不只具备生息属性，而且逐渐向交易性资产转变，是商业银行业务转型和资产负债管理能力提升的体现。

在银信合作受到制约之后，买入返售业务发展壮大（见图4.3），其中前期以票据类买入返售业务为主（见图4.4），后期以信托受益权类买入返售业务为主。"分水岭"在2011年。2008—2010年，买入返售整体规模增长率分别为18.08%、60.22%和10.44%，而同期票据类买入返售增长率更高，分别为34.36%、76.09%和97.28%。2011年6月银监会发布的《关于切实加强票据业务监管的通知》，要求全面开展票据业务检查，重点检查票据会计科目设置的规范性，银行承兑汇票贸易背景的真实性，以及是否通过票据贴现逃避信贷规模管控等，由此票据类买入返售规模发展受到一定的制约，同比增长-32.44%；从年报仅有的7家显示买入返售信托受益权的商业银行①看，2012—2013年，7家票据类买入返售同比增长分别为86.41%、-21.60%，而信托受益权类买入返售同比增长116.89%、100.96%，其中2012年票据类和信托受益权类买入返售业务大幅增长的原因之一也在于同业代付受到整顿。

2010年8月，中国银监会下发的《中国银监会关于规范银信理财合作业务有关事项的通知》（俗称"72号文"）要求银信合作的信贷资产转表，但并未规定理财资金不能投向信托受益权，也未要求银行理财投资的信托受益权需入表核算，于是商业银行开始以信托受益权为新的投资标的进行监管套利，其与票据类买入返售优点类似，不占用信贷规模，且能有效节约资本占用。特别是在票据类买入返售受到制约后，信托受益权类买入返售开始出现大幅度增长。从有限的披露信托受益权类买入返售业务的7家A股上市商业银行年报看，在2010年和2011年两年间，兴业银行率

---

① 7家商业银行分别为平安银行、兴业银行、招商银行、华夏银行、民生银行、浦发银行以及南京银行。

先开展"信托受益权类"买入返售业务，规模分别为 14.50 亿元和 2 831.20 亿元；到 2012 年，7 家商业银行"信托受益权类"买入返售业务爆发，总规模达到 6 140.51 亿元，其中兴业银行占比 64.28%。

　　受 2013 年 3 月中国银监会出台的"8 号文"以及 6 月份"钱荒"事件影响，银行开始调整非标业务，特别是股份制银行。在 2013 年，根据年报数据显示，买入返售业务受到一定冲击，主要调整的是票据类买入返售业务（同比下降-21.60%）。另据中国银监会统计，2012 年非标资产占银行理财资金投资的比重为 39.44%，为符合"8 号文"规定的"理财资金投资非标准化债权资产的余额在任何时点均以理财产品余额的 35% 与商业银行上一年度审计报告披露总资产的 4% 之间孰低者为上限"要求，2013 年下降至 27.49%，而在 2014 年上半年，非标资产占比进一步下降至 22.77%。

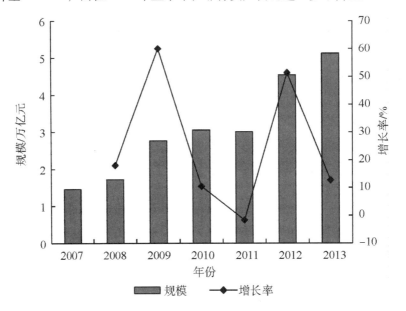

图 4.3　16 家 A 股上市商业银行买入返售发展历程

数据来源：16 家 A 股上市商业银行年报数据和作者计算。

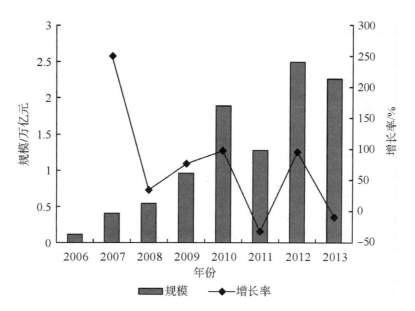

图 4.4　16 家 A 股上市商业银行票据类买入返售发展历程

数据来源：16 家 A 股上市商业银行年报数据和作者计算。

4.2.4　投资通道之四——委托贷款

委托贷款处于银行与企业之间，银行为实现自身收益、避开监管实现套利而积极参与委托贷款。其规模不断扩大的原因还是资金供给和需求的不平衡。从宏观背景看，由于 2008 年之后财政扩张造就了大量基建项目以及房地产项目的高速发展，为实现融资配套，银行信贷规模也开始急速扩张。而从 2010 年开始，政府出台打压高速发展的信贷规模之后，巨大的融资需求开始成为影子银行介入的理由。而作为影子银行体系的一方面，委托贷款在发展初期时主要体现在对接房地产行业、政府投融资平台、"两高一剩"等行业，特别是从 2012 年开始，中国人民银行、银监会等监管部门开始警示房地产、地方债务平台以及"两高一剩"行业信贷风险，并限制信贷资金和银行理财资金进入；而且在 2012 年年末中国资本市场对上述行业关闭股票融资渠道之后，委托贷款这种非标业务虽贷款利率相对较高，但在市场资金短缺的情况下，依然受到广泛欢迎，规模发展迅速（见图 4.5）。

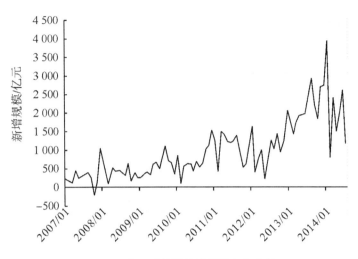

图 4.5　中国委托贷款增量的变化走势

数据来源：Wind 数据库。

当然，除了利用委托贷款逃避信贷投向限制之外，商业银行也存在利用委托贷款业务规避信贷规模限制的套利现象。2009—2014 年，委托贷款模式发生了很大变化，有些商业银行为了顺利开展业务而将表内业务表外化，利用委托贷款进行信贷行为，在收取中间费用的同时也收取利差收入。

在监管层影子银行业务进行整顿、收紧杠杆政策的背景下，尤其是在规范银信合作、同业代付票据业务之后，房地产行业、产能过剩行业等开始逐渐增加使用委托贷款来获取稀缺资金，这使得委托贷款款项在中国影子银行监管套利的资金来源中的占比不断升高。据央行数据统计，委托贷款在 2012 年年末开始增量就出现较高幅度增长，2013 年新增委托贷款达到 25 417 亿元，从社会融资规模贡献度看（见图 4.6），其从 2012 年的第四位上升至第二位，占比 14.71%，仅次于新增人民币贷款（51.35%）。新增委托贷款从 2012 年第四季度开始，其同比增速一直高于社会融资规模，并在 2013 年第二季度达到峰值：其中委托贷款同比增速为 191.38%，而社会融资规模同比增速为 2.58%。值得注意的是 2013 年第三、第四季度以及 2014 年第一季度，在同期社会融资规模出现负增长的同时（−3.31%、−17.14% 和 −9.10%），委托贷款同比继续以高增速增长，分别为 87.68%、71.43% 和 36.64%。而从上市公司发放委托贷款来看，在剔除上市银行和保险公司后，2013 年有 41 家上市公司发放贷款及垫资金额合计

319.42 亿元，同比增长 46.21%①。这表明以委托贷款形式参与各种套利的隐形经济活动正不断扩大自身在社会融资中的规模。

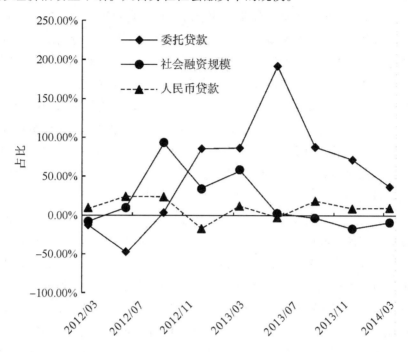

图 4.6　委托贷款、人民币贷款以及社会融资规模季度同比增长率走势
数据来源：中国人民银行网站。

委托贷款具体投向数据一直存在官方统计缺失而无法分析其具体走向，但是有学术文献对委托贷款走向提供了数据支持，在央行助理研究员王家辉（2013）的文章中指出，上海委托贷款的发展走势与全国委托贷款走势基本一致，而根据对上海市 9 家银行的调研发现，在上海房地产业融资结构中，委托贷款占房地产融资比例大约为 20%。同时，钱雪松和李晓阳（2013）根据上市公司 2003—2013 年的委托贷款数据分析，得出存在 19.22% 的上市公司的委托贷款流向了房地产业。此外，随着资本市场的健全发展，银行利用委托贷款开始渗入资本市场，比较主流的方式是委托贷款通过结构化信托计划进入股票市场，委托贷款款项在信托计划中享受优先级受益权，得到较高的固定收益。

---

① 数据引用于《金融时报》文章《委托贷款规模迅速增长，引发业界高度关注》（2014 年 5 月 8 日）。

对于委托贷款风险来讲，风险点在于投资标的的资产端，也在于委托贷款业务给商业银行自身带来的风险。2014年尚福林曾在中国银行业协会动员大会上表示要加大对表外业务的管理，特别是对迅速增长的委托贷款业务的管理，加强资金来源合规性、真实性把关，严格区分委托业务和自营业务，确保责任分担清晰，并严控信用风险扩散，切实阻隔影子银行风险传染。在开展委托贷款时，商业银行为了增强贷款安全性，违规开具抽屉协议，给委托贷款业务进行信用背书，实际背离了委托贷款中间业务的属性，给商业银行自身运作增添风险；部分商业银行由于自身信贷规模已经达到监管上限，为避开信贷规模限制，其集中存款人存款，撮合其以委托贷款形式对融资企业变相进行信贷行为，这破坏了商业银行经营结构，且信贷风险一旦暴露，商业银行将自然卷入其中。

以上是关于四个投资通道模式的业务变化分析，可看出多重通道的业务模式大多属于同业业务。银信合作受监管层的强力规范之后，存贷比限制、资本充足率限制、信贷额度和投向限制①制约着商业银行逐利，于是商业银行对非标资产的投资逐渐转到同业和自营业务中以规避监管，且即使同业资产扩张引起自身流动性紧张，商业银行也可依靠同业负债缓解流动性压力。由于"资金池-资产池"业务和同业业务同时面向非标资产，"资金池-资产池"多重通道会渗透到银行同业市场，两种模式开展的同时会出现业务极强的关联性：利用"资金池-资产池"集合的理财资金投资于银行同业业务，这也是商业银行开展同业业务重要的资金来源，而在监管层打压同业业务之后，理财资金进入同业市场被有效压缩，受高收益率影响，取而代之的是商业银行开始以自营资金进入金融市场。

随着中国金融体系的发展，同业业务在业务广度和深度都有着深刻的变化：从参与者看，从起初的同业拆借和存取款代理业务逐步发展为以银银合作为主导，银证合作、银保合作、银基合作等多样化的合作形式；从规模看，由于中国金融体系不断发展，而间接金融局面尚未得到有效改善，因此同业业务逐渐呈现高度活跃状态。特别是中国影子银行体系利用同业市场进行信贷规避，开展以信托受益权和买入返售为主要经营业务的

---

① 如2010年发布的《中国银监会关于加强当前重点风险防范工作的通知》要求商业银行对地方政府融资平台贷款风险、房地产企业信贷风险以及产能过剩行业贷款风险进行有效管控，并进行重点防范；在2010年央行工作会议上周小川指出，"要合理评估和有效防范地方融资平台信用风险"。此后央行和银监会陆续发文警示地方政府融资平台和房地产企业信贷风险。

套利操作，并以非标业务为主要投资标的，同业业务得到了显著发展。

从规模看，同业资产规模①及其占商业银行总资产规模比例都呈现上升状态（见图4.7），2010年是同业增长较为迅速的一年：2006—2009年同业资产占比的季度平均值分别为12.42%、13.01%、14.00%和14.06%，而2010—2013年相应数据为16.36%、18.24%、21.21%和22.20%；从增速看，2010年银行同业资产规模增速同比上升至34.20%，而2009年为30.27%，上升了3.93个百分点。

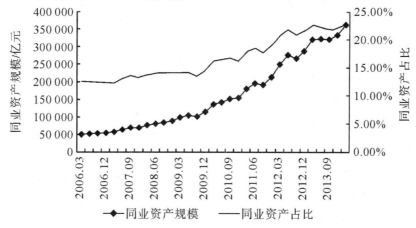

图4.7　2006—2013年商业银行同业资产变化情况

数据来源：中国人民银行和中国银监会。

从同业资产构成看，同业存放、拆出资金和买入返售三项业务成了推高银行业同业资产规模的三大工具（见图4.8）。同业存放是各银行之间将自身部分闲置资金存放于其他银行，或者由于需办理支付结算等业务而将部分资金存放于其他银行，由此而形成同业存款。拆出资金是银行间市场初期最为主流的业务，金融机构之间为了调节自身的资金余缺情况，可以通过同业市场实现不同机构间资金的短期借贷。除了实现调节日常资金余缺这种基本功能之外，在影子银行监管套利过程中它主要体现为同业代付、同业偿付等。而买入返售业务是该时期同业市场的重点业务，其中包含了票据资产、信贷资产以及信托受益权的买入返售业务。

---

① 以《其他存款性公司资产负债表》中的"对其他存款性公司债权"和"对其他金融机构债权"之和可以基本代表银行同业资产规模（殷剑锋和王增武，2013）。

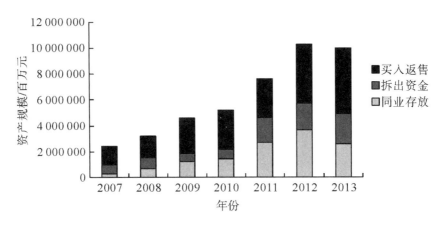

图 4.8 2007—2013 年 16 家 A 股上市银行的同业资产规模及构成

数据来源：由 A 股上市商业银行年报整理而得。

在发展同业业务的同时，银行会根据监管政策的变化而不断调整自身的同业业务模式。从数据上看，从 2009—2012 年，中国银行业同业资产规模年增长率都处于 30% 以上，年平均增长率为 34.41%。该时期增长的原因在于信贷规模及投向限制，且银信合作逐步受限，商业银行继而通过持有信托受益权方式对外进行间接放贷。2011 年 7 月《中国银监会非银部关于做好信托公司净资本监管、银信合作业务转表及信托产品营销等有关事项的通知》规定，银行理财资金间接受让信托受益权业务应视为银信合作业务，在计算风险资本时也应按照银信合作业务计算风险资本，同一时间段，《中国银监会关于印发王华庆纪委书记在商业银行理财业务监管座谈会会议纪要》里要求商业银行不得绕过信托开展信托受益权业务。由此，信托受益权投资方式被限制而未被扼杀，增长逐步放缓。在信托受益权增长放缓的同时，买入返售业务得到快速发展。早期从紧的货币政策使得中小银行面临流动性压力，票据资产等成为释放资本压力的重要工具，商业银行通过买入返售以及资产负债表上的会计漏洞（见套利模式中的"银行承兑汇票"），即可实现票据出表，并将其转换为同业资产。在 2011 年监管文件直指信托受益权业务之后，买入返售成为同业业务中最为主流的工具，其中包括信贷资产、票据资产、信托受益权等的买入返售业务。从 16 家上市银行数据中看到，2010 年其买入返售规模为 30 045.2 亿元，在 2011 年增长到 45 461.76 亿元，同比增长 51.53%。而在 2013 年同业资产增速大幅放缓，年增长率为 15.82%，较 2012 年下降 18.68 个百分点；银行业总资产增速为 13.27%，较 2012 年下降 4.68 个百分点。从同业资产占比看，2013 年同业资产占比平均值为 22.20%，比 2012 年高出 1.1 个百分点。这表明在 2013 年里，整个银行业资产规模增速在放缓，而作为其中的一个子项目，同业资产增速也相对放缓，但占比仍有提升。为什么在 2013 年同业资产以及银行总资产增速放缓，其中一大原因在于监管层一改以往市场操作风格，为了打压不断崛起的影子银行业，央行在银行间市场制造了流动性紧张氛围，虽未有直接的监管文件出台，但市场上对同业业务调控有着充分的预期，由此造成同业业务增速的放缓；且在 2013 年 3 月银监会出台的"8 号文"针对"资金池–资产池"业务以及非标业务有所约束，对于与"资金池–资产池"业务联系密切的同业来讲，其实质上也打压了同业业务。从 16 家 A 股上市银行看，2013 年其存放同业同比下降 29.94%、拆出资金同比增长 14.32%、买入贩售同业增长 12.74%，在市场流动性普遍紧张的情况下，存放同业成为拖累同业资产规模的主因。

需注意的是，在开展同业业务时，首要风险为流动性风险，这在 2013 年 6 月"钱荒"中体现得淋漓尽致，同业市场上金融机构开展得最为频繁的为资金的短期拆借。因同业市场里的套利活动越来越频繁，套利规模的扩大使得资金的衔接紧密程度上升，一旦出现资金短缺或者风险暴露，同业市场的反应将是剧烈的，最显著的表现在于收紧自身流动性以保证安全，这将引发同业之间的挤兑行为。由于中国金融体系中商业银行规模占据主体，一旦同业失控将可能引发金融危机。

同业业务中着实存在着相当多的非标业务。关于非标资产业务，从 2013 年以来，其由于流动性较差且规模巨大，成为监管层重点关注对象。在"8 号文"出台之后，虽然银行业金融机构理财业务中的非标资产有所下降，从表面上看已符合了"8 号文"中的比例要求，但实际上，部分理财资金名义上投向同业存款，背后对接的仍然是信托受益权、委托贷款等非标资产，且受"8 号文"影响，一些此前用理财资金对接的非标业务，变为银行自营资金来对接，成为表内资产（虽会占用资本，但非标收益相对较高）。同业绕道比较隐蔽，数据可获得性差，但从同业市场的利率与短期地方政府债务的利率存在较强同步性可以看出，同业的资金与地方政府平台的资金是融通的。这一点在 2013 年 6 月发生"钱荒"时表现的尤为明显（见图 4.9）。中国银监会指出，同业业务中的买入返售资产出现快速增长，其中超常增长部分主要集中在信托受益权、定向资产管理和他行理财产品上（吴红毓然和霍侃，2014）。中国银监会在 2014 年第一季度经济金融形势分析会议上表示，下一步工作重点，将按业务实质进行规范管理，主动化解非标潜在风险。如果说"8 号文"主要在投向方面为对理财产品向非标资产的配置规定上限，那么中国"一行三会"和外管局在 2014年 4 月 24 日联合发布的《中国人民银行、中国银行业监督管理委员会、中国证券监督管理委员会，中国保险监督管理委员会、国家外汇局关于规范金融机构同业业务的通知》（下称"127 号文"）① 则在资金来源方面对同业业务的非标投资进行限制。通知要求买入返售资产的风险权重从 25% 提升至 100%，其非标业务被实质性监管，这表明监管层明确禁止关于风险资本提计的监管套利。

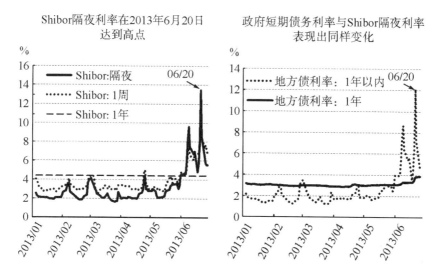

图 4.9　中国银行同业市场利率与地方政府债券利率

数据来源：CEIC 和作者计算。

---

① "买入返售（卖出回购）相关款项在买入返售（卖出回购）金融资产会计科目核算"，其"业务项下的金融资产应当为银行承兑汇票、债券、央票等在银行间市场、证券交易所市场交易的具有合理公允价值和较高流动性的金融资产，卖出回购方不得将业务项下的金融资产从资产负债表转出"。

5 中国影子银行监管套利行为的内在机理——基于制度经济学角度

制度经济学理论认为，作为经济制度的一个组成部分，金融创新与经济制度互相影响，并形成具有因果关系的制度变革。金融机构利用市场手段发现潜在获利机会而自发地组织并实施制度改革，即金融机构将通过金融创新手段规避金融监管以追逐利润。关于中国影子银行发展及其监管套利问题，应看到它是各种法律法规制度约束和金融机构逐利综合形成的结果。从微观上看，从上文中涉及的影子银行套利模式与监管互动演变可以看出，监管层面对中国影子银行套利业务的影响是非常显性的，甚至在某些业务运行方面起着决定性作用。从宏观上看，中国影子银行业务受到中国发展状况影响，一些制度性难题成了中国影子银行监管套利的重要推手，如委托代理问题、金融约束问题。

5.1 委托代理理论分析

委托代理理论从根本上源于信息不对称。不对称信息是指某些参与人拥有但另一部分人不拥有的信息。张维迎（1996）对信息不对称的解释，将不对称性划分为两个角度：一为不对称信息发生的时间，二为不对称信息的内容。从时间上看，不对称信息发生在当事人签约之前称为事前，发生在当事人签约之后则称之为事后；从内容上看，不对称信息可以指参与人行动的前后不一致，也可指参与人知识结构的不同。因而存在不同模型的构建：研究事前不对称信息博弈的模型是逆向选择模型，研究事后不对称信息博弈的模型为道德风险模型。

以委托代理理论为基础，在影子银行监管套利的具体运行中，设立监管机构为委托人、金融机构为代理人，考察金融机构是否将沦为影子银行。由于金融行业是一个经营风险的特殊行业，监管机构赋予金融机构特许经营权，对其的监管较其他行业更为严格，以商业银行来讲就存在资本要求、拨备率要求、流动性要求及杠杆率要求等。在如此严格监管之下，金融机构的盈利能力受到很强制约，由此其存在相当强烈的套利需求。而在实际监管过程中，监管机构并不能有效了解金融机构具体经营及管理方面的信息，且金融机构在接受监管调查时，也可能存在隐瞒真实情况的动机，最终监管机构与金融机构之间形成了信息的不对称，正是信息的不对称使得影子银行有可能为实现自身效益最大化而偏离监管，以此达到套利的目的。

5.1.1 金融机构与监管机构的最优激励合同

在考虑如何优化监管套利行为与金融监管二者的行为上，本书提倡从委托代理理论出发，通过构建一个激励机制致使金融机构业务活动存在于合理范围之内。如在影子银行发展过程中，通过一系列措施抑制套利空间，规范监管套利行为，避免金融机构沦为影子银行，对整体经济运行是有一定好处的。因此，在构建最优激励合同中，可以设立监管的目标为：监管机构实现监管效用最大化；个人理性约束条件（IR）为：在接受监管条件下，金融机构所获得的净期望效用必须大于其开展业务的运营成本；激励相容约束（IC）为：金融机构在监管条件下获得的净期望效用必须大于其开展监管套利所获得的净期望效用。

因此，本书设 a 为代理人即金融机构的正常业务行为（与套利行为相反），且金融机构的整个业务量是固定的。正常类业务越多，则监管套利类业务就越少；反之，监管套利类业务越多，则正常类业务就会受到挤压。θ 为不受金融机构主体以及监管机构等控制的外生随机变量，在金融机构主体选择 a 后，θ 就可以实现，因此 a 和 θ 将共同决定一个可观测的结构 $x(a, \theta)$ 以及监管机构收益 $\pi(a, \theta)$。根据一般情况，我们假定在 θ 确定情况下，金融机构主体开展正常规范业务活动比重越大，即越少进行套利活动，则越有利于监管层监管，因此 π 是 a 的严格递增函数，并且是凹函数（强调 a 对 π 的边际效用递减）。$s(x)$ 为监管机构对代理人的奖惩结构（即激励合同），监管机构的期望效用函数为 $v[\pi - s(x)]$，而金融机构主体效用函数为 $u[s(\pi)] - c(a)$。其中 $v' > 0$，$v'' \leqslant 0$；$u' > 0$，$u'' \leqslant 0$；

$c' > 0$，$c'' > 0$。即金融机构和监管机构都是风险规避者或者风险中性者，正常类业务开展的边际负效用是递增的，金融机构与监管机构的利益冲突来自于 $\partial\pi/\partial a > 0$，这表示随着 a 的增加，即随着金融机构正常类业务的增加，监管机构所获得的收益会增加。而 $c' > 0$ 表示金融机构有减少正常类业务的冲动，即有着强烈的监管套利动机。因此，如何进行有效的激励是监管机构考虑的重点。

监管机构的期望效用函数可以表示如下：

$$\int v\{\pi(a,\theta) - s[x(a,\theta)]\}g(\theta)\mathrm{d}\theta$$

这样，委托人的效用最大化在于如何选择 a 和 $s(x)$。

委托代理模型会涉及代理人的两个约束，一个是参与约束（participation constraint），也称为个人理性约束（individual rationality constraint），即金融机构在接受合同中所得到的期望效用不能小于保留效用，即 $\bar{u}$，这里主要体现为金融机构的运营成本。

参与约束条件：

$$\text{IR：} \int u\{s[x(a,\theta)]\}g(\theta)\mathrm{d}\theta - c(a) \geqslant \bar{u}$$

除了参与约束之外，还有一个约束是金融机构的激励相容约束（incentive compatibility constraint），即在任何激励情况下，金融机构总会选择让自身期望效用最大化的行为。

激励相容约束条件 IC：

$$\int u\{s[x(a,\theta)]\}g(\theta)\mathrm{d}\theta - c(a) \geqslant \int u\{s[x(a',\theta)]\}g(\theta)\mathrm{d}\theta - c(a')$$

因此，综合以上分析，这个委托代理可以转化为以下问题：

$$\max_{a,\,s(x)} \int v\{\pi(a,\theta) - s[x(a,\theta)]\}g(\theta)\mathrm{d}\theta$$

$$s.\,t.\ (\text{IR}) \int u\{s[x(a,\theta)]\}g(\theta)\mathrm{d}\theta - c(a) \geqslant \bar{u}$$

$$(\text{IC}) \int u\{s[x(a,\theta)]\}g(\theta)\mathrm{d}\theta - c(a)$$

$$\geqslant \int u\{s[x(a',\theta)]\}g(\theta)\mathrm{d}\theta - c(a')$$

以上是对于监管机构与金融机构委托代理关系的一个基本框架分析。目的是让金融机构不再进行类影子银行的监管套利业务。而在实际经济运行过程中，信息不对称情况非常普遍，金融机构既不能有效而全面地了解金融机构活动的具体情况，金融机构也存在着对监管机构的隐瞒动机，因此下文将结合信息不对称构造最优激励合同。在最优激励合同中，最大的不确定是监管机构因信息不对称而不能观测金融机构的行动，为了诱使金融机构去选择监管机构所希望的行为，监管机构将依靠金融机构行动所带来的结果决定如何奖惩金融机构。

假定 a 有两个可能的取值，L 和 H，L 代表监管套利，H 代表开展正常类业务。假定 π 的最大可能值是 $\bar{\pi}$，最小可能值是 $\underline{\pi}$。若金融机构开展正常类业务，则 π 的分布函数和分布密度为 $F_H(\pi)$ 和 $f_H(\pi)$，若金融机构开展影子银行业务，进行监管套利行为，则相应的分布函数和分布密度为 $F_L(\pi)$ 和 $f_L(\pi)$。

假定分布函数满足一阶随机占优，即对于所有的 π，都有 $F_L(\pi) \geqslant F_H(\pi)$ 成立。

假定 $c(H) > c(L)$，即遵守监管规定、开展正常类业务的成本比开展影子银行类业务、进行监管套利的业务成本要高。

假定金融监管机构希望金融机构选择 $a = H$。

结合以上假定，在信息不对称情况下，我们不能有效看清行动，即不能有效认清 a 的变化，只能从行动所带来的结果中进行激励约束，因此关键变量的选择从 a 变为了 π。监管机构与金融机构之间的最优激励合同演变为以下问题：

$$\max_{a,\ s(x)} \int v[\pi - s(\pi)] f_H(\pi) \mathrm{d}\pi$$

$$s.\ t.\ (\mathrm{IR}) \int u[s(\pi)] f_H(\pi) \mathrm{d}\pi - c(H) \geqslant \bar{u}$$

$$(\mathrm{IC}) \int u[s(\pi)] f_H(\pi) \mathrm{d}\pi - c(H)$$

$$\geqslant \int u[s(\pi)] f_L(\pi) \mathrm{d}\pi - c(L)$$

以上分别分析了最优激励合同基本框架以及在信息不对称情况下的最优激励合同，但都是静态模型。而在现实情况中，除信息不对称之外，委托人与代理人可能是重复博弈的，这在监管机构与金融机构之间体现得尤其明显。监管套利与金融监管在重复博弈中得到前行。本书暂不分析动态的委托代理最优激励，留于以后研究工作中。

5.1.2　信贷配给与影子银行监管套利

从制度经济学角度出发，委托代理问题引发信贷配给现象，进一步地看，其造成信贷配给的主要原因在于信息不对称。信贷配给所涉及的委托代理对象主要在商业银行与贷款者二者上，与监管机构和金融机构的静态最优激励合同类似，商业银行与贷款者的最优激励合同也可照此分析，故不再继续阐述。关于信贷配给理论，它最早源于 1776 年亚当·斯密的《国富论》中，他在论述高利贷的最高数额时就开始探讨信贷配给问题，而其后凯恩斯在其著作《就业、利息与货币通论》中强调未被满足的借方的需求是影响投资流的一个重要因素，其中利率水平将保持不变。现代信贷配给理论开创者之一为 Rossa，他的主要研究对象为信贷配给对宏观经济的影响。例如 1951 年 Rossa 提出了"信贷观点"，认为由于银行会通过信贷配给方式而不是抬高贷款利率去降低贷款数量，因此中央银行公开市场操作会致使银行重新安排资产组合。从均衡角度出发，其可分为非均衡信贷理论和均衡信贷理论。对于非均衡信贷配给理论，陈雨露（2006）给出定义：若报出贷款利率低于瓦尔拉斯出清利率是由政府管制所导致的，则这样的信贷配给被称为非均衡信贷配给（disequilibrium rationing）。对于均衡信贷配给理论，Baltensperger（1978）的定义：即使是当某些借款人愿意接受并且支付所订合同的所有价格条款和非价格条款，其贷款需求仍然不能得到满足的情况。

中国多年所面临的信贷配给问题，其是多方面造成的，如政府利率管制、银行与企业之间信息的严重不对称等。

一是政府采取的利率管制政策。在市场化发展初期，中国政府实行利率管制，人为压低利率。由于资金供给缺乏弹性，市场上资金供给并未受到大程度影响，最初的信贷配给是行政式信贷配给，主要体现在国有商业银行的信贷行为受行政指导，在贷款方面并未有效进行市场化运作。这在于中国是社会主义国家，国有企业发展需要大量资金支持，因此政府通过行政化指导，将银行资金配送给国有企业。在银行商业化改革之后，利率管制仍存在，但信贷配给逐渐由行政化性质转变为市场化性质。由于前期贷款利率上限的存在，银行贷款利率不能根据市场资金供给需求变化，进而产生市场化的信贷配给。

二是信息不对称问题。由于信息不对称，信贷配给与道德风险及逆向选择密切相关，其实质是银行业和企业由于信息不对称而致使放款失败。需注意的是，如果贷款企业的破产成本不为零也会产生信贷配给。而在破除信息不对称方面，贷款企业和银行可以建立长期良好的合作以降低信息不对称程度，以此来获得更多贷款。对于中国中小企业融资难问题，信息不对称式的信贷配给给予了一定程度上的解释。由于银行与融资者之间存在的信息不对称较为严重，因此考虑到贷款风险，许多资金需求者被拒之门外，而中小企业由于自身信用程度不透明，更易受到贷款歧视。同时，由于中国特殊国情，社会主义国家中国有企业占比较大，其资产为国家所有，在国有企业融资过程中，其身为国有企业，经营方式及资金运用范围相较民营企业更为透明，且更为重要的是国有企业身份大大降低了融资困难程度。

总之，信贷配给现象是金融市场不发达所体现出的一个客观金融事实。中国金融体系直接融资方式较为有限，债券市场融资和股票市场融资对于大多数企业来讲是一种非常难的融资方式。因此中国仍以间接金融融资为主，工商银行、建设银行、农业银行、中国银行和交通银行等国有大型商业银行占据了金融业的大部分金融资源。许多信贷业务都指向了大型国有企业、行业的龙头企业等，而对中小企业实行信贷配给。商业银行实行信贷配给符合其自身发展需要，尤其降低了银行的不良资产率，但是中国信贷配给门槛很高，导致很多资金需求方无法得到有效资金支持而影响中国经济发展。在发展过程中，资金一直处于相对不足状态，信息不对称以及大型国有企业及行业龙头行业的信贷宽松给其他资金需求者造成融资困难局面，融资挤出效应明显，部分资金需求者资金需求意愿十分强烈。而在市场经济运行中，存在着需求就存在着供给，为创造获利机会，许多常规信贷业务以外的融资业务不断出现，具体表现为银信合作、银证合作、银基合作、委托业务等，这些在中国也表现为影子银行业务，为融资者提供资金支持而获取利润，在运作时大多以通道类业务为主，最终实际成为融资业务（中国影子银行的监管套利行为让资金最后流向了实体经济，除同业市场部分存在资金空转外，暂未有很大程度的虚拟性致使资金留在金融体系而伤及整体经济发展）。可以说，中国影子银行参与的实体经济融资行为是金融制度上的监管套利。

5.2 金融约束理论分析

在 20 世纪 60 年代，西方学者开始了对金融发展理论的研究工作，主要代表人物有 Mckinnon、Shaw、Hellman、Murdock 和 Stiglitz 等。

5.2.1 主要金融约束理论

金融抑制理论。Mckinnon（1973）在《经济发展中的货币与资本》一文中提出了金融抑制理论，根据 Mckinnon 的定义，金融抑制是指政府对金融体系和金融活动的过多干预压制了金融体系的发展，而金融体系的低下状态又阻碍了经济发展，从而造成金融抑制与金融落后的恶性循环。他认为发展中国家的金融体系发展不平衡，传统金融体系和现代金融体系并存发展，金融市场不发达，大量的经济单位是独立运行的，以上造成市场发育不完全。在大量的微观经济主体被排斥在有组织形式的资金之外时，它们的融资诉求只能依靠内源融资，显然不能满足其融资需求，进而降低了投资程度。政府在经济运行中采取对利率及汇率的管制造成资金供求关系的失衡，长期来看将导致储蓄不足，从而导致投资不足，抑制经济发展。

金融深化理论。Shaw（1973）在《经济发展中的金融深化》一文中提出金融深化理论。他认为健全的金融体制能够将储蓄资金有效地引导进入生产投资领域，促进经济发展；而良好的经济活动通过带动对金融服务的需求进而促进金融业的发展。如果政府取消对金融活动的过多干预，可形成金融深化与经济发展的良性循环。金融深化一般表现为三个方面：金融增长、金融工具和金融机构的优化、金融市场机制的逐步健全。Mckinnon 和 Shaw 都认为发展中国家存在以下金融特征：货币化程度低、传统金融机构和现代金融机构并存、政府严格管制金融体系以及金融市场发育不完全。

金融约束理论。有别于金融抑制理论和金融深化理论，Hellman、Murdock 和 Stiglitz（1997）在《金融约束：一个新的分析框架》一文中提出了金融约束理论，认为金融约束是政府通过一系列的金融措施为民间部门创造租金机会，而非直接向民间部门提供补贴，以达到既可以防止金融压抑危害，又可以促进银行业健康稳定发展的目的。这里的租金是指超过竞争性市场所获得的收益。约束措施包括存贷比利率管制、市场准入管制以及对直接竞争的管制等，以影响租金在生产部门和金融部门之间的分配，进而调动居民、金融企业及生产企业等各个部门储蓄、生产和投资的积极性。他们认为发展中国金融市场存在严重的信息不完全性以及由此引发的激励问题。在发展中国家，若掌握企业信息的银行没有一个良好的经营环境，那么极有可能出现银行自身的道德风险。因此他们主张政府应实行金融约束策略，特别是给银行创造有利经营条件以发展金融市场。金融约束和金融抑制最大的区别在租金的分配，金融约束理论强调租金由金融机构以及企业分享；而金融抑制理论强调租金归属政府所有。

5.2.2 利率管制

以上理论的共同点在于都认为发展中国家普遍存在金融管制，具体包括利率管制、汇率管制等。在国家发展初期，金融管制有利于金融稳定以及经济发展，而随着经济的不断前行，应放开金融管制，让金融市场逐步走向自由化。

从经济发展来看，利率管制有利于促进经济增长。在发展过程中，资本投资成为经济增长的主要动力，而在大规模的资本投资上，必须解决两个问题：一为要有足够的资金作为投资资本，解决投资资金供给问题；二为在投资过程中，需要一个低利率环境去刺激投资行为，形成有效的投资需求。从宏观经济背景看，投资资本来源于储蓄，储蓄一般包括家庭储蓄、企业储蓄以及政府储蓄。由于在发展初期收入水平一般较低，投资资金在整个经济面上供给不足，因此，为了刺激投资以促进经济增长，政府往往会制定金融管制政策，尤其是利率管制政策，通过人为创造低利率经济环境给予良好的投资环境。低利率政策是由政府强制性地把利率水平压低到市场均衡水平以下，以此来降低投资者的融资成本，扩大投资需求。在资金供给不足的宏观背景下，若没有人为创造低利率环境，市场将会形成一个高均衡利率水平，高利率抑制投资需求进而影响经济增长。

从金融稳定来看，利率管制有利于金融稳定。在经济运行过程中，金融业是一个有经营风险的特殊行业，发展中国家在发展初期，其银行及其他金融机构底子较薄，没有形成一个良好的经营环境氛围。在此基础上，若不进行利率管制，原本资金供给不足的局面将由于各个金融机构为争取存款、恶性竞争而抬高利率。特别地，在商业银行所展开的业务中，存贷业务是其经营的主营业务，在存款遭遇普遍性的争夺之后，存款利率的上升尤其不利于商业银行的稳定及发展。当然，在存款利率上升之后，贷款利率也势必抬高以获得利润，而这种局面会在很大程度上抑制社会投资需求。此外，存款利率的上升会抬高商业银行融资成本，为保证自身一定程度的收益率，商业银行将寻找更多的高收益业务以保证获得利润，高收益业务伴随着高风险，业务的不断开展使得风险在银行体系内积聚，也将给商业银行带来更多的不良资产，从而增加商业银行的风险。此外，发展中国家普遍对宏观金融管理经验不足，在许多金融保险制度尚未实行的情况下，商业银行的风险将危及整个经济体。

在实行利率管制政策时，低利率导致居民储蓄量减少，造成资金供给不足，从而无法满足投资需求。但利率管制具有一个显著的宏观背景：社会投资较为单一，没有建立或形成一个有效的金融市场，金融产品非常缺乏，特别是资本市场可供大众选择的投资方式非常有限。在这种情况下，虽然商业银行的储蓄率较低，但其收益稳定、流动性非常好，银行储蓄基本成了居民最主要的选择方式。另外，在经济建设初期，社会保障体系较为不健全，许多公众的基本保障制度尚未建立，这促成了大量的避险需求，也就是凯恩斯所述的货币需求之一——预防动机。因此，缺乏投资选择性和预防动机等原因，使得利率尤其缺乏弹性，即当期社会不会由于人为压低资金利率而形成大规模的资金挤出效应，这给商业银行营造了良好的经营局面。

以上从资本供需及金融稳定层面分析了利率管制制度在发展中国家市场化进程初期的优势所在。结合中国经济、金融发展历程以及发展现状，本书认为中国政府在发展过程中基本延续了金融约束理论的主体思想：在发展过程中，政府首先赋予国有金融机构大量的特许经营权，实行利率管制政策保护金融机构与企业，并让本应属于储蓄者的收益（即金融约束理论所说的租金）被动调整到金融机构和企业间进行分配。

5.2.3　利率管制与影子银行监管套利

中国政府长期实行利率管制的政策实现了金融业的迅速发展，最为明显的特征体现在间接金融规模上。当然，在发展过程中也出现了一些问题：如间接金融的发展也伴随着信贷配给、利率管制，致使储蓄者收入较低甚至陷入收入为负的现象。反映出的实际问题即为融资难问题和实际储蓄利率负收入问题。正是这些实际经济问题的产生，使得资金需求和资金供给出现了越来越严重的错配。随着金融市场的发展，中国微观金融机构及其业务活动给间接金融机构在经营方式等方面带来冲击，正如本书所指的一系列影子银行的监管套利活动。而监管套利活动背后反映的正是资金需求和资金供给的结构化矛盾。从金融约束理论看，即为租金的分配在市场发展过程中出现了分歧，部分资金最初提供方需要获得比银行储蓄利率更高的收益；部分资金最后承接方需要得到切实有效的融资支持。双方的利益诉求在间接金融体系中得不到有效满足，进而通过金融创新避开现有金融管制而开展监管套利行为。

随着金融市场的不断发展，中国微观市场经济主体开始出现和政府金融管制相冲突的行为，各类商业银行表外业务、信托业务、货币市场基金业务等影子银行业务从不同程度上开始替代商业银行的核心业务，并从中进行套利。利率市场化在逐渐推进，而在利率市场化进程中，不仅仅是政策层面上的推动，微观市场经济主体也在潜移默化地影响市场利率水平。伴随着金融"脱媒"现象不断开始发生，利率市场在不断向市场均衡利率靠拢，在突破利率管制的过程中，最为明显的是理财业务及货币市场基金的套利行为（业务产品和银行存款有相似特征，如安全性和流动性）：银行理财业务借助广泛销售渠道、信用以及信息等优势，并利用自身收益高于存款利率而受到中国投资者的普遍认可，最终成为替代商业银行核心功能的套利业务而在中国影子银行体系中占据重要位置。由于银行存款受到利率管制，货币市场基金通过大额存款协议等业务进入同业市场，获取比存款利率更高的收益。

影子银行属于市场化微观经济主体，其行为具有理性特征，参与市场活动自然为逐利而来，因此影子银行的监管套利行为其实质上重塑了利益分配，结合金融约束理论中提出的租金的观点，可以认为，在金融发展过程中，间接金融机构由于不能有效满足市场需求，其核心业务已被影子银行部分补充。作为被影子银行分享的主体，局部租金被重新分配，局部金融市场出现影子银行、企业以及投资者共同分享租金现象。

此外，政府利率管制在某种程度上也阻碍了金融机构从事盈利性活动，金融机构在自身利益激励下进行监管套利活动以规避金融当局监管，并以此来收获套利收益。而金融监管层势必对金融机构的套利开展应对措施，措施意图主要体现为对套利行业的放松或加强管制，从而将形成"监管→套利→再监管或放松→再套利"的动态博弈过程。应该看到,对于金融监管和影子银行监管套利二者来讲,其发展是辩证统一的,金融监管引发并推动影子银行监管套利的发展,而影子银行的监管套利行为又促进了金融监管的进一步深化。

6 中国影子银行监管套利行为的内在机理——基于现实经济运行状况

6.1 市场资本供需失衡

2008 年金融危机之后,为避免经济大幅度衰退,中国政府采取了宽松的货币政策和财政政策。为配合货币政策和财政政策的执行,银行进行了大量的信贷投放,其资产负债结构开始迅速膨胀壮大。与此同时,商业银行所提供的大量流动性资金投入基础设施建设、房地产等行业,用投资方式助力了中国经济发展。而宽松的经济政策使得中国在后危机时代面临了较大的通货膨胀压力,此后,宏观经济层面开始遏制市场过多的流动性,主要措施表现在中国人民银行货币政策的转变。流动性的收紧造成前期进行大规模投资的行业形成融资缺口,进而给予中国影子银行发展机会。

6.1.1 货币政策的调整

在经济刺激之后,宽松的经济政策使得中国经济避免了大幅度衰落,而通货膨胀压力却在不断加大,资产泡沫逐渐显现:由 2009 年的通货紧缩到 2011 年出现较大程度的通货膨胀。由此,中国人民银行开始转变其货币政策,由宽松逐渐到收紧。收紧措施主要内容之一在于存款准备金率的不断提高(见表 6.1)。存款准备金率是央行货币调控政策的有力工具,其能严重影响金融机构的信贷扩张能力,一般不轻易使用,但在金融危机发生前后,其调整较为频繁。一方面上调存款准备金率给金融机构的资金存量带来负面影响进而影响资本充足率、存贷比等监管要求,另一方面频繁的变动加大了各金融机构对存款准备金率调整的担忧,迫使其增加存款准备金以作应急准备。从存款准备金的调整情况看，金融危机之后，2010年1月18日存款准备金率开始上调，起初只是针对大型金融机构，到2011年11月16日各类型的金融机构的存款准备金率都在上调的范围内，直至2011年6月20为止，期间共进行12次上调。

表6.1 2008—2012年中国存款准备金率的调整情况

2008年12月25日	（大型金融机构）16.00%	15.50%	-0.5	2011年2月24日	（大型金融机构）19.00%	19.50%	0.5
	（中小金融机构）14.00%	13.50%	-0.5		（中小金融机构）15.50%	16.00%	0.5
2010年1月18日	（大型金融机构）15.50%	16.00%	0.5	2011年3月25日	（大型金融机构）19.50%	20.00%	0.5
	（中小金融机构）13.50%	不调整	—		（中小金融机构）16.00%	16.50%	0.5
2010年2月25日	（大型金融机构）16.00%	16.50%	0.5	2011年4月21日	（大型金融机构）20.00%	20.50%	0.5
	（中小金融机构）13.50%	不调整	—		（中小金融机构）16.50%	17.00%	0.5
2010年5月10日	（大型金融机构）16.50%	17.00%	0.5	2011年5月18日	（大型金融机构）20.50%	21.00%	0.5
	（中小金融机构）13.50%	不调整	—		（中小金融机构）17.00%	17.50%	0.5
2010年11月16日	（大型金融机构）17.00%	17.50%	0.5	2011年6月20日	（大型金融机构）21.00%	21.50%	0.5
	（中小金融机构）13.50%	14.00%	0.5		（中小金融机构）17.50%	18.00%	0.5
2010年11月29日	（大型金融机构）17.50%	18.00%	0.5	2011年12月5日	（大型金融机构）21.50%	21.00%	-0.5
	（中小金融机构）14.00%	14.50%	0.5		（中小金融机构）18.00%	17.50%	-0.5
2010年12月20日	（大型金融机构）18.00%	18.50%	0.5	2012年2月24日	（大型金融机构）21.00%	20.50%	-0.5
	（中小金融机构）14.50%	15.00%	0.5		（中小金融机构）17.50%	17.00%	-0.5
2011年1月20日	（大型金融机构）18.50%	19.00%	0.5	2012年5月18日	（大型金融机构）20.50%	20.00%	-0.5
	（中小金融机构）15.00%	15.50%	0.5		（中小金融机构）17.00%	16.50%	-0.5

数据来源于中国人民银行官网。

6.1.2　融资缺口

在金融危机之后，中国实体经济的融资缺口开始不断增大。一方面，收紧的流动性导致前期已开工建设项目出现融资缺口；另一方面，为管控风险及促进资源有效配置，让资本使用更有效率，监管层通过行政调控等措施加大了地方政府融资平台、房地产行业以及"两高一剩"行业的融资难度。当然在中国的发展过程中，中小企业融资难的局面一直存在。由于本书主要探讨中国影子银行监管套利，下文选择的分析对象主要与影子银行监管套利行为相关，为此，下文主要分析地方政府融资平台约束和房地产行业的融资缺口问题。

（1）地方政府融资平台约束。从财政政策的支出结构看，在金融危机之后，中国政府推出的扩大内需、促进经济平稳增长的一系列措施中，财政总支出大约为4万亿元。在这4万亿元投资中，新增中央投资共计11 800亿元，占总投资比例的29.5%，而关于剩余的70.5%，即28 200亿元主要来自地方财政预算、中央财政代发地方政府债券、政策性贷款、企业（公司）债券和中期票据、银行贷款以及吸引的民间投资等，其主要配套资金由地方政府自行解决。为配合政府财政支出计划，地方政府推出的一系列基础设施建设的融资敞口巨大，其主要依靠地方投融资平台进行融资。根据《国务院关于加强地方政府融资平台公司管理有关问题的通知》（国发〔2010〕19号文）定义，地方政府融资平台公司是指"由地方政府及其部门和机构等通过财政拨款或注入土地、股权等资产设立，承担政府融资项目融资功能，并拥有独立法人资格的经济实体"。

地方政府融资平台的负债在初期偏向于银行信贷业务，而在2010年以后，随着监管层对于地方融资平台风险的担忧和管控，其在银行信贷融资受限，特别是在2013年4月《中国银监会关于加强2013年地方政府融资平台贷款风险监管的指导意见》，要求各银行控制地方平台贷款总量，不得新增融资平台贷款规模，现金流覆盖率低于100%或资产负债率高于80%的融资平台贷款占比不高于上年。由此，地方融资平台越来越依靠影子银行信贷业务进行对融资缺口的补充。

表6.2是监管层对地方政府融资平台的一系列管控文件。

表 6.2 2009—2013 年地方政府融资平台的管控文件梳理

时间	监管文件	内容
2009 年 3 月	《中国人民银行中国银行业监督管理委员会关于进一步加强信贷结构调整促进国民经济平稳较快发展的指导意见》（银发〔2009〕92 号）	支持有条件的地方政府组建投融资平台，发行企业债、中期票据等融资工具，拓宽中央政府投资项目的配套资金融资渠道
2010 年 6 月	《国务院关于加强地方政府融资平台公司管理有关问题的通知》（国发〔2010〕19 号）	对融资平台公司及其业务进行清理规范；对地方政府的法人治理机制、项目的债务管理以及偿债机制进行规范；加强对融资平台公司的融资管理和银行业金融机构等的信贷管理等
2010 年 11 月	《中国银监会关于加强当前重点风险防范工作的通知》（银监发〔2010〕98 号）	对地方政府融资平台贷款实施动态台账管理；切实加强平台贷款押品、项目现金流和还贷条件以及资产分类、拨备计提的管理
2011 年 6 月	《中国银监会办公厅关于印发地方政府融资平台贷款监管有关问题说明的通知》	可放贷条件之一为：其现金流能够达到全覆盖要求，资产负债率不高于 80%；并从四个方面作出了不可贷规定，如银行需进行"名单制"管理，名单系统外不进行信贷
2012 年 3 月	《中国银监会关于加强 2012 年地方政府融资平台贷款风险监管的指导意见》（银监办发〔2012〕12 号）	总体上要求对于平台融资需降旧控新，包括以现金流覆盖率作为控制平台风险的重要指标；不得新增融资平台贷款规模等
2013 年 4 月	《中国银监会关于加强 2013 年地方政府融资平台贷款风险监管的指导意见》	要求各银行控制地方平台贷款总量，不得新增融资平台贷款规模；现金流覆盖率低于 100% 或资产负债率高于 80% 的融资平台贷款占比不高于上年

（2）房地产融资约束。2008 年金融危机之后，房地产行业作为国家支柱行业受到刺激。2007 年，《中国人民银行和中国银行业监督管理委员会关于加强商业性房地产信贷管理的通知》，明确对房地产开发贷款、土地储备贷款、住房消费贷款及商业用房购房贷款的全面紧缩，开始在信贷方面遏制房地产行业的高速发展。2008 年金融危机爆发，为应对金融危机对中国可能产生的影响，支持扩大内需，提高对居民购买普通自住房的金融服务水平，房地产作为支柱产业被视为拉动国家经济发展的引擎。中国人

民银行宣布自 2008 年 10 月 27 日起，将商业性个人住房贷款利率的下限扩大为贷款基准利率的 0.7 倍；最低首付款比例调整为 20%。此后一直到 2009 年，房地产进入了高速发展时期，房地产企业资产负债得到了巨大膨胀。随着房地产价格的不断高企，为有效避免房地产过热，监管层再次对房地产进行调控。例如 2010 年《中国银监会关于加强当前重点风险防范工作的通知》，指出商业银行要防范房地产企业信贷风险，特别是要严控大型房企集团贷款风险，继续严格执行差别化住房信贷政策，努力实现属地各银行业金融机构信贷政策执行的一致性，严防政策执行在机构间、地区间的差别导致监管套利。2011 年 7 月，中国银监会召开 2011 年第三次经济金融形势通报分析会，会议指出要进一步加强房地产信贷风险防控，增加风险排查频度，加强对抵押物的及时估值和持续管理；密切关注二、三线城市的房地产市场风险。

总之，中国影子银行监管套利的直接背景之一在于中国货币政策由宽松变为收紧，而宽松时期的部分资金流向了需要长时期资金支持的行业，如基础设施建设，在货币政策收紧之后，如何解决融资成为一大问题。此外，信贷行政管制也限制了特殊行业的融资来源。影子银行的监管套利应市场融资缺口需求而发芽、发展，它为避开现有法律法规限制而开展各种类融资服务，服务对象包括地方政府融资平台、房地产行业等。

6.2　金融机构逐利

如果说分业监管和非银行金融机构及金融体系限制等制度因素在过去为商业银行与非银行金融机构的套利合作提供了土壤，那么什么是中国影子银行迅速发展的导火索？其监管套利的根本驱动因素是什么？站在金融机构的角度看，其除了与国外影子银行一样的动机——规避监管资本的要求外，更源于中国长期的存贷比监管以及对商业银行信贷规模和投向的限制。

6.2.1　监管资本套利

通过金融创新活动，银行在几乎不降低实际经济风险的前提下提高资本充足率，这就是监管资本套利，即 RCA（Jones，2000），其核心在于发掘资本监管的缺陷和漏洞，通过人为降低风险加权资产而"虚抬"银行资本充足率，使部分风险游离于资本监管之外，以此为银行提供在较低资本成本情况下追求较高风险的套利机会（宋永明，2009）。巴塞尔协议 I 即提出了银行业的国际资本充足率标准，引发银行业监管新的重点，此后巴塞尔协议 II、巴塞尔协议 III 继续以资本监管作为监管支柱之一，并提高了资本充足率监管标准。发达经济体为此纷纷采取证券化等方式以规避资本监管，但由此引发的 RCA 却使得银行倾向于配置表面资产质量较高而实质资产质量较差的资产组合，从而加大了银行业以及整个金融业的系统性风险。对于 RCA 方面的研究，国外主要集中于银行的资产证券化方面（Aggarwal and Jacques，1998；Jones，2000；João，2000；Rime，2001；Ambrose，2005；Yorulmazer，2012）；国内文献或围绕商业银行进行 RCA 动因、模式、均衡等的分析（徐宝林、刘百花，2006；张玉喜，2008；沈庆劼，2010a；张金城 等，2011），也有以经济资本和监管资本为对象研究监管套利及监管效用问题（杨继光和刘海龙，2009；黄国平，2014），还鲜有文献对中国银行业影子业务的 RCA 行为进行阐述。作为影子银行的主体，中国商业银行主要借助于不同资产的不同风险权重水平和不同机构的不同监管制度进行 RCA。

在开展不同资产的套利行为时，发达经济体主要以资产证券化作为常用方法，资产证券化分为三类：传统型资产证券化、合成型资产证券化和兼具两种类型共同特点的资产证券化交易①，而中国资产证券化目前以第一类为主且规模较小②。相较之下，银行更多的是利用同业业务进行 RCA 操作，具体方式有同业代付、买入返售等，由于政策面对同业业务的监管较为温和，其中包括风险资产权重系数制定较低［2013 年 1 月 1 日起正式实施的《商业银行资本管理办法（试行）》规定，同业业务的风险权重为25%，其中原始期限 3 个月以内（含）债权的风险权重为20%，而在此办法实施之前，同业业务风险权重为 4 个月以内 0、4 个月以上 20%］，其不受存贷比约束，也不需要缴纳法定存款准备金等，使得银行能有效节约资

---

① 来自中国银监会文件：《商业银行资产证券化风险暴露监管资本计量指引》。

② 央行和银监会在 2005 年联合发布《信贷资产证券化试点管理办法》，标志着中国开始了资产证券化历程，业务在金融危机时期曾被暂停，到 2012 年 5 月，《中国人民银行、中国银行业监督管理委员会财政部关于进一步扩大信贷资产证券化试点有关事项的通知》，信贷资产证券化的重启有利于商业银行缓解并且补偿资本金压力以及金融创新活动的开展，缓解基建类公司融资压力和地方政府财政压力。

本空间，且同业业务种类繁多，许多存在较大风险的资产经同业操作后转换为同业资产，却未能提取相应风险资本。该种行为实质为逃避风险拨备，虚抬资本充足率。

在利用不同监管制度的 RCA 中，由于中国金融业分业监管，银行在资本充足率等方面受到严格监管，与之相比，信托、券商等非银行金融机构却不受此类监管指标限制。为逃避资本监管，银行一方面借道于信托、券商等非银行金融机构变相进行融资行为，如开展信托受益权、定向资产管理计划业务等，这类行为在避开资本要求的同时也隐藏了真实的信贷规模；另一方面，在同业市场中，银行通过信贷资产转让①以提高自身资本充足率，并进一步释放信贷空间。信贷资产转让对象限于同业金融机构，但主要交易对手方为信托、资产管理公司等。

6.2.2　存贷比②套利

相比欧洲、美国、日本等国家的银行监管体系而言，中国的监管体系除了国际通用的巴塞尔协议中的监管措施外，还多出一条存贷比监管条例。所谓存贷比，简单说就是一个银行所放出的贷款与它所吸收存款的比率。伴随着中国商业银行改革，在 1995 年 7 月 1 日生效的《中华人民共和国商业银行法》第三十九条明确规定："商业银行贷款余额与存款余额的比例不得超过百分之七十五"。这也是所谓"75%存贷比红线"的由来。这一条文并未明确定义"什么属于存款的范畴"，但可以明确的是，金融机构的同业存款等一般不被计算为这里所定义的存款。

存贷比监管的初衷是约束商业银行过于激进的放贷行为，控制金融风险。但随着中国整体宏观和金融形势的变化，这一措施也成为商业银行实施监管套利的动因。从一个国家的整体金融体系来看，存贷比的限制使得商业银行体系只有不断地吸收和拉动存款，才有资金可贷。而国家作为一个整体，如何获得持续的新增资金？这一点在中国过去几十年以出口拉动的经济加上强制结售汇的背景下，已经得到很好的满足。事实上，中国银

---

① 银监会文件《中国证监会关于规范信贷资产转让及信贷资产类理财业务有关事项的通知》，禁止资产的非真实转移以及有回购条件或回购协议的资产转移，即交割须以完全卖断方式进行。

② 2015 年 8 月 29 日，全国人大常委会表决通过关于修改《中华人民共和国商业银行法》的决定，删除了 75%存贷比监管指标，并决定于 2015 年 10 月 1 日起施行。

行业曾经面临的一个主要问题是外汇占款持续高速增长导致的被动货币增发。而当次贷危机后，中国净出口增速大大降低，转为由国内投资拉动型经济以来，新增的投融资需求如何被持续增加的存款满足？且在中国利率市场化背景下，金融"脱媒"现象不断出现，也加大了银行增加存款的难度。从图6.1可以看出，中国银行业整体存贷比确实从2010年以来开始逐年上升，并正逼近75%的红线。银行业通过金融创新，或借道同业，或借道不受存贷比限制的其他金融机构，如信托、券商、保险公司等，发放贷款，再通过通道方存回银行以增加所谓的一般存款，再次达到缓解存贷比的贷款限制。资金的转出转入，直接催生了中国影子银行的发展，也抬高了融资成本，削弱了资本充足率等监管工具的有效性，积累了风险。随着中国经济结构的转型，外汇储备增长放缓的趋势很可能会维持较长时间，由此形成的商业银行一般存款的增长也将随之放缓，若存贷比限制未得到有效改善，则商业银行的放贷能力会面临系统性的挑战。

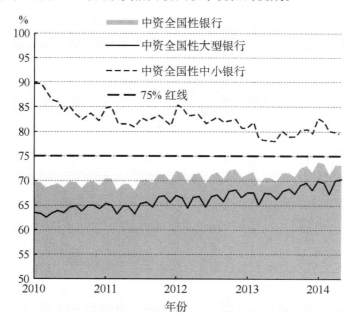

图6.1 中国商业银行存贷比指标走势（2010—2014年）

数据来源：Wind数据库。

当然，在实践操作中，75%的红线并非完全不可逾越。图6.1中同时还绘出了大型和中小型商业银行的存贷比，存贷比的限制对于单个商业银行而言，意味着银行之间通过竞争可获取一般性存款。对于传统国有大型商业银行来说，其存款吸收上具有天然垄断的优势。事实上，中国中小型商业银行整体的存贷比一直处于红线以上，从 2010 年至 2014 年，明显的变化是中小型银行的存贷比在下降，而大型银行的存贷比在不断上升（见图 6.1）。这背后反映的正是中国中小商业银行借道大型银行资产负债表进一步追逐利润的结果，这也是为何在 2013 年"钱荒"时，央行重点"敲打"的是众多中小金融机构在同业业务上的超常规发展。同业本是调节商业银行短期流动性的一种工具，却演变为银行将表内资产转移到表外的通道。

6.2.3　信贷额度和投向套利

有学者认为政府越是想保持其对信贷的控制，就越有可能将贷款推向影子银行业（戴维·皮林，2013）。严格来说，信贷规模控制和信贷投向指引不算监管政策，而是宏观调控政策，但由于中国的宏观调控政策往往带有较强行政色彩，因而具有了监管政策所具有的强制性特征。

（1）信贷规模套利。在中国尚未对存贷款利率完全市场化的情况下，金融监管部门对信贷规模的行政管制遏制了商业银行的盈利能力发展，商业银行为追求利润而出现信贷规模套利行为。在影子银行发展初期，监管层对中国银行业监管更多的是针对银行的存贷比管理以及信贷规模窗口指导。从实质上讲，存贷比套利行为带来了更大程度上的信贷规模，但是由于中国人民银行一般在年初都会有一个绝对信贷规模额度提供给商业银行，因此存贷比套利并不能有效缓解绝对信贷规模管制。为避开监管措施，信贷规模套利存在许多路径，主要借助于信贷资产转让渠道、票据融资渠道、同业代付渠道、委托贷款渠道等，而从机构合作的角度看，归结起来有银信合作、银基合作、银证合作以及同业业务等。由于在第 3 章已经对合作业务及一些套利业务进行了具体分析，但为了更有效理解信贷规模套利，下文将对票据融资渠道、信贷资产转让渠道、同业代付渠道以及委托贷款渠道进行信贷规模套利行为分析。

票据融资渠道。票据业务在中国主要体现为银行承兑汇票业务，其为中国实体经济提供了十分庞大的隐形融资，是一种重要的监管套利业务。原本票据贴现业务是企业从商业银行获得短期融资的一种重要手段。对商业银行而言，票据业务具备风险低、流动性强、周转快、价差收益高的特点，是银行获取利润的一个重要来源。在众多金融机构的竞相追逐利润以及管理层的政策激励下，无论从贴现票据规模或者未贴现票据规模上，票据业务都得到了飞速发展。其中在贴现业务方面，初期票据融资逃避信贷规模的方式主要是利用农信社、农商行、村镇银行等中小金融监管在会计科目处理上的不规范，将应列入票据贴现或者转贴现科目的数据归入票据的买入返售科目来达到逃避信贷规模的目的。

信贷资产转让渠道。最初的信贷资产转让一般发生在银行与银行之间，根据相互信贷规模的紧缺程度进行调剂，主要实施办法是信贷资产的双买断。而在影子银行逐步发展后，银信合作、银基合作、银证合作等监管套利业务开始流行。这些都是信贷资产转让模式的变体，只不过是利用增加"过桥"企业以实现监管规避，中间链越来越多，结构也变得越来越复杂。转让信贷资产的方式主要有两种：一种为金融机构之间的信贷资产转让，另一种为转向信贷类理财产品。因为各行会计核算的差异，金融机构之间的信贷资产转让最初以"双买断"方式为主。对于"双买断"性质的资产转让，资产的出让方按即期的买断合同记账，将信贷资产从资产负债表中转移出去，但资产的受让方则将即期"买断"和远期"卖断"两份合同结合在一起，按一笔"回购"业务记账。这样，这笔信贷资产在转让期间并没有在买卖双方的信贷规模中核算，因而就"隐形"于央行的信贷统计之中，买卖双方各得其所、或调整了信贷规模、或突破了授信限额等监管指标的约束。对于信贷资产转移至信贷类理财产品这种模式，大多依靠金融机构发行理财产品，并以信贷资产为标的进行投资。随着监管的趋严，理财资金不能直接购买信贷资产，却通过"过桥"企业变相购买，从而实现商业银行信贷资产出表，为商业银行腾挪出了信贷空间。例如贴现商业银行票据的信贷资产出表也是常用的套利渠道，由于票据贴现之后，商业银行将增加相应信贷资产，不利于信贷行为的进一步开展，因此商业银行利用银信合作、银证合作等，将自身票据资产转卖给信托公司、证券公司，而信托公司或者证券公司利用自身发行的理财产品对接标的资产，从而双方在获得相应收益的同时，也使得商业银行回笼了信贷规模。

同业代付渠道。同业代付渠道是同业市场中开展的一种常见业务。在某商业银行资金面紧张或者信贷规模受到限制情况之下，为了满足客户融资需求，其在同业市场上向另一家信贷宽松的同业提出请求，委托另一家同业为该客户提供融资，并在业务到期日由自己归还代付款项本息。本来同业代付属于同业之间的流动性调剂，但是其也变为了影子银行监管套利的工具。商业银行利用会计记账漏洞：在会计科目上，开证行记在表外，代付行记"应收款项"或者"同业资产"项目，不受存贷比或信贷额度限制。而且由于各行进行的信用证代付业务往往开证行和受益人开户行是同一家银行，这种监管套利行为更加明显。

委托贷款渠道。委托贷款属于银行中间业务，不占用银行信贷额度。随着市场资金需求的不断涌现，委托贷款逐渐偏离了委托代理业务实质，异化为影子银行业务通道而进行监管套利。为避开信贷规模监管管制，委托贷款影子银行业务模式主要有两类：一类是银行发行理财产品后，用募集到的理财资金购买由信托公司或者证券公司、基金公司发起的资产管理计划，资产管理计划将所得到的资金投入"过桥"企业，该企业再以委托贷款的形式将资金通过银行贷给实际融资企业。如此运作，商业银行可规避信贷规模的监管限制。另一类形式为"过桥"企业向实际融资企业发放委托贷款，然后银行发行理财产品筹集理财资金购买"过桥"企业的委托贷款债权。

（2）信贷投向套利。2008年金融危机爆发以来，为了维持经济增长，中国实施了所谓的大规模刺激计划，伴随大量地方基础建设项目兴起的再次被放松的房地产，导致中国房价在2009年达到历史级的增长率（23.2%）。自2009年以后，为了控制房地产泡沫、地方政府投融资平台以及"两高一剩"行业带来的系统性风险，中国开始严格控制传统商业银行贷款流向这三个领域[①]。地方债务平台、房地产和"两高一剩"行业获得银行传统贷款难度较大，但其融资需求巨大，同时地方债务平台和"两高一剩"行业的预算软约束以及房地产业的高利润率等特点，使得它们仍然是银行赚取利润的对象，监管越严格意味着寻求套利机会的动力越强。从图6.2中可以清楚地看到，银行表内贷款自2008年下半年开始疯狂增长至2009年第一季度后，监管层开始严格控制表内贷款继续流向这三个风险高度相关的领域，虽然中国银行表外业务之前一直存在，但在2009年之前，并未看到表外信贷的大幅增长，而在表内信贷因为规模和投向受到严格限

---

① 如2010年发布的《中国银监会关于加强当前重点风险防范工作的通知》要求商业银行对地方政府融资平台贷款风险、房地产企业信贷风险以及产能过剩行业贷款风险进行有效管控，并进行重点防范；在2010年央行工作会议上，周小川指出"要合理评估和有效防范地方融资平台信用风险"。此后央行和银监会陆续发文警示地方政府融资平台和房地产企业信贷风险。

制后，表外信贷规模从 2009 年开始了大幅度上涨，这也是中国影子银行近年来高速发展的重要动因。

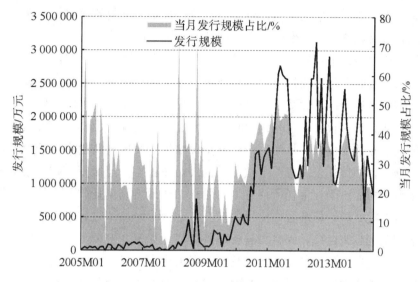

图 6.2 房地产和基建信托当月发行规模及占比

数据来源：CEIC。

影子银行融资之融资平台。地方的融资方式可分为两类：一类是由中央财政部代发地方政府债券，另一类是通过其融资平台发行城投债。由于中央财政部代发地方政府债受着严格限制，因此地方政府融资的主要方式为发行城投债，它是地方政府融资平台的一种直接融资模式，其依靠平台公司独立法人以及自身远期的偿付能力等而具备发债资格，其中城投债主要包括企业债、中长期票据和短期融资券等。虽地方政府融资平台的偿付能力会受市场及自身资产价格影响，但由于其由政府牵头设立，实际上等同于政府为其进行了信用背书，所以平台债务实际上拥有着地方政府信用的隐形担保。

因巨大的融资需求，除发债融资外，平台公司也利用影子银行业务进行配套融资，由此大量的影子银行资金进入地方政府融资平台。张明（2013）认为地方融资平台以影子银行为融资主体的主要方式有两种：一为利用商业银行发行的理财资金与信托公司的信托资金购买地方债务；二为基础设施建设本体设立信托计划，地方融资平台提供新的资金支持。对于影子银行业务的融资介入，主要形式为银信政合作、银证政合作、保政合作等。以银信政合作为例，这是地方政府最为主要的融资方式之一。银行主要以发行理财产品提供资金来源；信托作为通道，以政府建设的基础设施等为标的设立信托计划，再由商业银行募集的理财资金对接，从而实现地方政府融资平台的融资行为。这是最初银信的合作的一类，但是受到政策打压之后，平台融资开始"变形"，信托公司利用监管漏洞，以信托受益权、应收账款、股权投资等实现对平台的融资行为。信托受益权类融资本书中已有介绍，而对于应收账款，信托将资金受让地方政府融资平台的应收账款类债权，在合约到期时，平台公司反向溢价回购信托公司所受让的应收账款类债权，从而信托资金实现增值。股权投资也类似于应收账款类操作，即信托公司将资金融入平台公司并获得一定股权，在期限结束时平台公司溢价受让信托所持有的该股权，从而得到信托收益。在开展平台融资的模式里，保政合作值得关注：在中国金融改革过程中，保险资金的运用范围越来越广，其自身具备一些优势，如资金规模大、投资期限长等特点在一些投资领域，如地方政府融资平台有着良好的契合度。需要注意的是，地方政府融资平台虽有地方政府信用背书，但其并不具备实际法律效力，从而应长期关注其偿债风险。具体来看，地方政府融资平台之所以受到大量资金信任，不仅在于其自身资产抵押品，也受益于地方政府对其的信用增信：为确保投资资金的安全性，地方政府会出具将融资款项纳入同期财政预算的承诺函，这份承诺函经地方人大常委会批准确认。但是在2014年8月，对于地方政府举债行为，新修订的《中华人民共和国预算法》规定除法律另有规定外，各级政府及其所属部门、单位不得为任何单位和个人的债务提供担保。因此地方政府承诺函不具备法律效力。例如，中国银行（香港）有限公司在1996年为辽宁省政府提供了融资，并得到辽宁省政府承诺函，以此保证融资业务的安全性，但在2015年3月，最高人民法院认为地方政府出具的承诺函不构成法律意义上的保证，中国银行（香港）有限公司因此败诉。

影子银行融资之房地产。相比地方政府融资平台，房地产在2008年金融危机之后也存在相似情形，先是受宏观政策面刺激，后房地产风险迅速暴露使得监管层限制其银行信贷融资。为寻找融资来源，利用影子银行进行融资成为其不得已而为之的选择。具体来说，房地产业相对其他行业的高利润的特点，匹配了影子银行的利润要求；而房地产业高度依赖资本、高杠杆的特性也使得其对影子银行融资表现出极大的兴趣。这也导致了监管套利行为的出现：从最初的银信合作发展为信托受益权、定向资产管理计划等，其中通道业务中，信托仍为重要的通道接口（当然房地产信托业务中也存在股权投资形式的主动融资手段）。从信托行业对房地产的融资规模变化可部分观察到，出于规避贷款投向监管而衍生出的投向套利行为。据中国信托业协会统计，在 2010 年第一季度末，中国房地产信托规模为 2 351.29 亿元，占整个信托业总规模的 10.64%；在 2011 年第二季度末，其规模为 6 051.91 亿元，占比达到 16.91%，而 2011 年 8 月中国银监会出台了"72 号文"，受运作方式及翘尾因素影响，2011 年第三季度房地产信托仍维持高位，而之后占比开始下行，在 2012 第四季度至 2014 年第二季度末占比一直保持在 10% 左右。期间，由于相关文件的出台，房地产通道类信托业务被有效压缩，而房地产股权融资形式开始流行。

当然除信托以外，影子信贷还通过同业、委托贷款等一系列多重通道方式进入房地产业。2013 年央行关于委托贷款的研究报告显示：2010 年和 2011 年分别约有 19% 和 21% 的委托贷款流入房地产业。与此相符合，据华中科技大学发布的研究报告（钱雪松和李晓阳，2013），在 2004—2013 年，约有 20% 的委托贷款进入房地产业。虽然中国对于房地产业融资来源中，并未明确划分哪些来源于影子业务，但从图 6.3 中可以清楚地看到，房地产融资来源里的银行贷款项和自筹资金项自 2011 年政府对表内信贷投向房地产业实施了自 1998 年放开房地产商业市场以来最严厉的限制后，呈现出非常明显的互补关系，即当市场情况良好，而纯粹是受到政策限制导致表内信贷受限时，资金会经由影子业务绕道表外最终流向房地产。这一点在房地产信托规模中也可以得到部分印证。当然表外信贷的多寡还受到市场行情和监管政策的影响，如对影子业务的规范强度以及对表内信贷规模和投向的限制程度的综合影响。

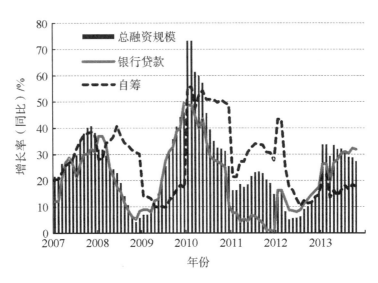

图 6.3　中国房地产融资来源变化（2007—2013 年）

数据来源：CEIC。

　　由于在数据上不能直接获得地方融资平台、房地产及"两高一剩"行业等变相融资的分类数据，本书尝试通过分析部分当时赴港上市银行招股说明书提取相关数据以说明投向套利问题（见表 6.3）。

表 6.3　银行投向套利案例

光大银行	地方政府融资平台贷款/整体贷款：2010 年为 15.0%，2012 年为 9.0%，2013 年 6 月 30 日止为 7.6%
哈尔滨银行	地方政府融资平台敞口/总资产：2010 年年末、2011 年年末、2012 年年末及 2013 年 9 月 30 日分别为 2.6%、1.8%、1.6% 及 2.1%；信托计划、定向资产管理计划中地方政府融资平台敞口占比分别为 0、19.76%、20.06% 及 37.81%
重庆银行	地方政府融资平台敞口/总资产：2010 年年末、2011 年年末、2012 年年末及 2013 年 6 月 30 日分别为 12.74%、10.37%、12.23% 及 10.67%。信托受益权及定向资产管理计划中，截至 2013 年 6 月 30 日，24.74% 投向地方政府融资平台、8.99% 投向房地产业、6.61% 投向于煤炭采掘及化工等限制信贷行业

数据来源：相应上市银行招股说明书。

　　总之，虽然监管层针对银行资金变相流入房地产、地方融资平台以及"两高一剩"行业出台了一系列文件，但在中国当前经济结构尚未成功转型、商业银行尚未完全市场化（如以国有商业银行为绝对主体的银行体系、金融机构高管官本位）、政府对国有企业和地方投融资平台隐性担保仍然普遍存在的背景下，银行为了追求盈利，其资金绕道表外，避开现有的信贷额度和信贷投向管控政策，最终选择流向经济中可以负担较高利率的房地产业以及因为预算软约束而对利率不太敏感的地方投融资平台成为在现实背景下的一种理性行为。信贷额度和投向的套利实质上成为信用体系对中国当前财政金融体制的套利。

6.3 小结

从中国金融机构现实运行角度看，在相当长一段时间，中国影子银行套利的动机主要来源于"存贷比"和"信贷额度与投向"的限制，可预期当表内信贷条件放松时，银行资金出于理性的选择也会重回表内。事实上，2014 年以来，随着表内信贷规模限制的放松，表外融资的势头已经开始减缓（见图 1.1）。公平地说，影子银行体系的兴起使得中国的金融体系经历了影响深远的变迁，在一直由银行主宰的金融体系中，影子银行在资金配置方面引入了更多市场力量，一定程度提高了金融体系配置资源的能力和效率。例如商业银行对利润的积极追求反映了其市场化和商业化改革的显著成效，这是推动所有变迁过程最重要的微观基础（高善文，2014），进一步地，影子银行业务模式的创新与监管的持续跟进之间的互动，正是推动一个国家金融创新进程的普遍动力。

但也需看到，中国影子业务的发展也蕴藏了极大的问题及风险：中国影子银行业务高度依赖传统商业银行体系，并利用商业银行向其他金融机构和金融市场渗透，而在中国尚未健全商业银行破产制度［2015 年 2 月，国务院已发布《存款保险条例》（国务院令第 660 号）］及广泛存在以国家信用为商业银行隐形担保的情况下，普通投资者误把风险溢价收益率当成无风险收益率，造成无风险利率的错误定价；虽然金融中介本身的重要功能之一就是进行资金的期限转换，但影子业务的贷款却因没有受到表内贷款类似的监管，使得经济主体更易提高风险偏好，追求短期利益，信用违约风险也更大，进而引发期限错配隐含的流动性风险；同时影子银行将更多资金送至已经积累了较高风险的地方融资平台、房地产及"两高一剩"行业，使得其他产业融资成本和融资约束更高。以当时的情况看，以下几点制度性因素如若没有改善，则影子银行乱象仍将持续。

双轨制的金融体系：在当时，中国的汇率、利率和资本项目等资金配置的基本要素还主要处于政府管制之下，更主要的是中国金融组织体系仍然是以国有银行为主导。"国有主导"下的银行"商业化改革"会带来两个结果：银行官本位的管理体系和追求更高收益的商业动机。这两者结合起来就形成了中国商业银行整体的"体制套利"。无论房地产或地方政府投融资平台，根本上享受了国家财政的隐形担保（房地产业与土地财政的高度关联），由于资金预算软约束形成高收益率，自然吸引着资金跟着回报走，势必造成债务失控的累积。如果金融机构的基础行为不改变，央行面对宏观调控和审慎监管的难题，信贷额度和投向控制这种效率低下的行政约束势必还会存在。金融市场化改革，不仅仅需要放开存款利率上限、建立存款保险制度，还需要配套的财政改革（地方政府长期财权事权不匹配产生了巨大投融资需求）、金融组织体系的商业化改革等一系列措施。

缺乏效率和监督的政府投资：自 2008 年金融危机以来，中国政府实施了一系列的刺激计划以拉动投资，避免了经济增速下滑。虽然在中国当时发展阶段下投资确实还有发展空间，但问题是中国以政府主导的投资缺乏对于投资效率、质量和资金可持续性的有效监督，"新官"对上新项目、借新债情有独钟，而对旧账以及项目的效益则不太关注。这种普遍存在的预算软约束，导致金融机构在体制和利益的牵引下，必然会以各种渠道避开监管，加大杠杆经营。而对政府投资效率和监督的提升和改进，不仅涉及财政体制的改革，更牵涉行政效率的提升，以及厘清政府与市场的有效边界等一系列综合改革。

监管套利是金融业的永恒话题，在利率市场化改革、进行经济结构调整的关键时期，如何避免影子银行监管套利所带来的一系列不利影响是一难题。该段时期中国政府公布的一系列文件均释放出要以改革促发展的信号，某种程度上反映了这种思考，但如何有效、稳妥地推进改革将是中国未来金融改革、经济发展的重要因素。

7 中国影子银行监管套利行为
  对经济的影响

　　2008 年的金融危机使得大量学者、金融监管机构开始重视影子银行，大量文献对缺乏监管的影子银行进行讨伐，最主要的批评停留在影子银行及其监管套利给金融体系带来了难以管控的金融风险，包括所造成的对宏观货币政策的挑战、流动性风险以及金融交叉传染等。监管套利是金融创新与金融监管的结果，其在带来风险的同时也给经济带来了正面影响。由于相关文献较多集中于对经济负面冲击及风险的研究，因此本章将主要分析影子银行的套利业务给中国经济带来的积极影响，同时也简要分析其负面影响。

　　从影子银行业务形态看，发达经济体的资本市场发达，直接融资占比很高，其影子银行业务基本以资产证券化以及证券回购业务等为主。而中国长期以来以间接融资为主，影子银行业务基本依托银行业而发展，大多数影子银行业务是对商业银行信贷业务的衍生。由于资本市场发展的滞后，影子银行很难在该领域大面积发展，但需注意的是，这并不影响资本市场机构参与以商业银行为主的影子银行体系。具体来看，中国影子银行体系主体以商业银行为主线开展各种金融创新活动，大量类似的这些业务活动也归于监管套利行为，其中参与者主要包含商业银行、信托公司、保险公司、券商等，创新活动包含银信合作、银证合作、银保合作、委托贷款以及由这些业务衍生出的非标业务，如信托受益权转让、买入返售业务等。中国影子银行体系尚未发展为发达经济体的影子银行体系，如资产证券化业务处于起步阶段，各方尚在试水阶段，并未形成一个成熟且有大量交易的市场。对于 MMFs，虽已有个别基金（天弘增利宝货币市场基金）借助互联网，成为金融市场中的新兴力量，但其盈利能力有限、盈利的持续性受限，主要以中国金融市场利率市场化的背景作为套利落脚点而较大范围投资于同业市场；同时，其受利率市场化变革和监管政策影响巨大。所以从整体上讲，中国影子银行体系在业务上不具备发达经济体影子银行体系特征，其存在着一定的经济特殊性，在操作层面由于监管套利而成为焦点。本书认为中国影子银行很大的问题之一体现在规避监管上，中国金融制度的缺失为监管套利提供了良好的实施条件，加大了金融监管层对金融活动，尤其是影子银行业务的把控难度，而业务所造成的风险也涉及信用创造、流动性风险以及金融交叉传染等。但也应认识到，金融活动本身就要容许风险，只要在业务规范以及风险可控情况下，金融创新应该被金融监管层所认可，并加以引导。

事实上，中国宏观经济面一直存在融资缺口，间接金融的正规信贷方式不能有效满足中国经济各方面的融资需求以及非常有限的投资方式，促使了影子银行的产生。关于中国影子银行的发展，李杨（2011）认为影子银行是筹资者和投资者所要求的多样化所产生，并依托现代信息业而发展的，其代表的"正是金融业未来的发展方向"；国务院"107号文"（2014）指出虽然中国影子银行业务暴露了监管套利问题，同时也表明其"满足经济社会多层次、多样化金融需求"。易纲（2018）认为影子银行是市场的必要补充（但需规范经营）。以下也将主要从积极角度，探讨中国影子银行监管套利行为。

7.1　中国影子银行监管套利行为为提高融资效率提供可能

7.1.1　改善融资结构渠道

中国一般将融资方式划分为直接融资和间接融资，通常直接融资方式包括股票市场和债券市场融资，而间接融资主要体现为银行贷款。直接融资和间接融资的比例关系反映了国家的经济融资结构，也体现着不同金融组织形式对实体经济的贡献。在中国，直接融资和间接融资一般是针对社会融资增量而言的，相比之下，国际上采用市场主导型金融体系和银行主导型金融体系来区分，是一个存量概念。在发展过程中，由于金融制度等因素，中国融资方式以间接融资为主，但由于新兴影子银行的不断发展，许多影子银行业务也具备市场化融资特点，成为"隐形"的直接融资。吴晓灵（2014）曾指出中国影子银行问题产生源头在于企业得不到有效融资，影子银行正是正规金融体系的有益补充，是发展直接融资的有效渠道。中国影子银行开展的监管套利行为在一定程度上改善了社会融资失衡局面，促进了社会融资体系的发展。

（1）中国融资结构失衡

中国直接融资市场起步晚、发展时间短，在发展起点上和过程中面临着特有的初始条件和内外部环境。总体上，直接融资市场仍处于发展阶段。利用中国人民银行官方数据，得到表 7.1。

表 7.1　中国社会融资规模各个构成的占比情况　　　单位/%

构成	占比							
	2007 年	2008 年	2009 年	2010 年	2011 年	2012 年	2013 年	2014 年
新增人民币贷款	58.20	52.10	51.35	59.44	73.10	69.86	61.81	81.37
新增外币贷款	4.50	5.80	3.38	2.16	-4.20	-3.17	0.01	-2.18
新增委托贷款	10.10	8.10	14.71	15.23	10.30	12.28	3.47	-8.34
新增信托贷款	1.60	8.10	10.63	3.14	0.30	4.83	10.07	-3.58
新增未贴现银行承兑汇票	8.00	6.70	4.48	-0.78	-6.90	-10.97	2.39	-3.29
企业债券融资	10.60	14.30	10.46	14.74	19.10	16.85	2.01	12.85
非金融企业境内股票融资	3.40	1.60	1.28	2.64	4.90	6.97	3.90	1.87
其他	3.60	3.30	3.71	3.43	3.40	3.35	16.34	21.30

数据来源：中国人民官方网站。

由于中国常用的直接融资占比可以从社会融资规模对应的项目上得到，因此利用表 7.1 中的数据，通过简单计算后，可以得到中国直接融资规模和间接融资规模及占比情况。总体来看，相对于间接融资来讲，中国直接融资占比较小。

从金融机构构成看，中国金融机构主要包括银行、证券、保险、信托、基金以及金融租赁等。金融市场一直以银行业金融机构为主导，其他机构自身处于相对弱势状态，例如银行业自身金融资产一直远高于其他金融类型（见表 7.2），由表 7.2 可以看到，银行业自身资产规模从 2007 年的 525 982.50 亿元发展到 2018 年的 2 682 401 亿元，占金融总资产的绝大部分。这也从侧面反映了中国金融市场以银行间接融资为主的现实局面。银行业金融机构主要包括商业银行、城市信用合作社、农村信用合作社、邮政储蓄银行和政策性银行等，而商业银行规模在银行业金融机构中也占据相当高的比例。根据中国银监会的官方统计数据，以 2018 年为例，商业银行的资产总数占银行业金融机构总资产的 78.27%，负债总额占银行业金融机构总负债的 78.47%。

表 7.2 中国主要金融机构的总资产情况（2007—2018 年）

单位：亿元

年份	市场分类		
	银行业	保险业	证券业
2007	525 982.50	28 912.78	17 313.00
2008	623 912.90	33 418.83	11 912.00
2009	787 690.50	40 634.75	20 274.00
2010	942 584.60	50 481.61	19 665.00
2011	1 132 873.00	59 828.94	15 728.00
2012	1 336 224.00	73 545.73	17 200.00
2013	1 513 547.00	82 886.95	20 800.00
2014	1 723 355.00	101 591.47	40 900.00
2015	1 993 454.00	123 597.76	64 177.00
2016	2 322 532.00	153 764.66	57 900.00
2017	2 524 040.00	169 377.32	61 400.00
2018	2 682 401.00	183 305.24	62 600.00

数据来源：Wind 及中国银保监会官网。

中国在这一阶段以间接金融为主，社会融资规模中绝大部分来源于银行贷款。这种过度依赖间接融资的做法，将经济发展的重任集中于银行业，实际也使得经济和金融发展的风险过度集中于银行系统，不利于银行体系化解风险。同时，由于监管缺乏灵活性，银行业贷款资产缺乏流动性，导致银行体系的信贷风险并不能有效分散。此外，商业银行在经营过程中存在同质性问题，一旦同类业务出现风险暴露，将成为金融体系严重的风险源。因此，分散金融体系风险显得十分重要，主要是将商业银行风险权重降低，即压缩间接融资规模，努力发展直接金融体系，提高直接融资比例（当然，信贷资产证券化也是分散金融体系风险的主要措施之一，因缺乏较为完善的法律、经营环境等支撑，故中国资产证券化推进较为缓慢）。

（2）中国影子银行的监管套利部分参与了直接融资

作为中国主要的融资渠道，银行具有风险厌恶型的金融运作本质，使得其不能较为全面地覆盖待融资主体，结合中国信贷规模管控等原因，较大程度上导致了中国经济融资缺口问题，而中小企业以及信贷限制性行业的融资需求尤为突出。因而，国家开始以战略高度发展多层次资本市场，促进直接融资体系的发展。相对而言，直接融资体系具有风险共担、收益共享、市场化定价和多层次服务等特点，能有效缓解市场融资需求矛盾。对于中国资本市场组成部分而言，股票市场、债券市场发展已有一段时间，但是广度和深度还存不足，而更进一步的金融衍生品尚在初级阶段，还未形成有效的市场。因此，如何有效发展直接融资市场是一个紧急而重要的任务。

在融资方式的发展过程中，中国影子银行监管套利业务与中国金融结构特别是社会融资结构存在着密切关系。在面对中国融资缺口时，影子银行作为资金的供给者不仅缓解了待融资者的资金需求，而且其在监管套利时所带动的一系列机构的发展也推动着中国直接融资体系的发展，如理财业务、信托业务等资产管理类影子银行业务。从某种意义上讲，中国影子银行在经济运行中所发挥的实际作用，可以被理解为是某种程度上的直接金融，是中国传统信贷的补充。

吴晓灵（2014）曾指出"就影子银行在中国经济融通资金中所发挥的现实作用来看，影子银行可以被理解为某种程度上的直接金融"。事实上，中国影子银行在监管套利过程中，有效地开展了大量的资产管理类业务，如商业银行推出的理财业务、信托公司筹划的信托计划、券商和保险商开展的资产管理计划等。虽然这些业务大多都为规避监管而产生，且商业银行理财部门、信托公司、券商资管部门等以金融中介形式为实体经济提供融资；但是，值得注意的是，这些资产管理类业务在法律层面是风险自担的，是商业银行理财部门、信托公司、券商资管部门等作为资产管理人，根据相关资产管理合同的约定，对客户资产进行经营运作，为客户提供金融产品投资管理服务的行为。市场上存在的大多数理财产品或者信托产品等资产管理类产品在法律上实行"卖者尽责、买者自负"。在法律关系清楚的情况下，影子银行融资的特点是投资人自担风险，而不是由中介机构来承担风险，因而影子银行监管套利活动可以理解是直接融资的构成部分。特别是商业银行理财业务的发展深度参与了直接融资市场，其运行方式类似于公募基金，它的发展壮大以及成熟对于改善中国融资结构失衡具有重要意义。

自 1978 年改革开放以来，中国的市场经济运行时间相对较短，政府和市场的边界在许多方面尚未明确。这些界定的不清晰导致了市场运作机制的混乱局面，其中也体现在监管层对于市场主体的监管上。对于中国影子银行业务的开展，可以看到缘于市场对微观管制中的监管资本要求、存贷比限制、信托投向与规模限制等存在异议，监管层为防范金融风险或者考虑社会大众福利缘由采取了宏观调控。但中国一直推行市场经济，在市场经济运行过程中，市场参与主体必有逐利性，也将绕过行政管制、法律法规开展套利行为。如何在宏观调控与微观逐利方面找到平衡点，这是监管层一直面临的一大难题。从市场主体看，监管规则的不合理性将致使市场主体的经济行为发生扭曲，导致要素不能得到更为有效的配置，而监管套利的存在将在一定程度上缓解制度不合理所带来的效率损失。在中国影子银行监管套利行为中，单从资本配置上看，其行为正是突破管制进一步争取利润的结果，同时也部分改善了资本配置效率。

特别地，针对监管资本套利，如在银行体系里存在着监管资本与经济资本，监管资本是金融监管层站在维护金融稳健发展以及金融系统整体安全稳定的角度上，要求金融机构所须配置的最低充足资本数量和结构；而经济资本是银行站在自身角度去衡量风险与收益问题，其通过内部测评而给出一个充足资本数量和结构以应对潜在的预期损失。一般来讲，监管资本大于经济资本，当监管资本高于经济资本很多时，银行为实现更大的资产负债规模将进行监管套利，更明确的是监管资本套利，如利用测算资本充足率的风险权重的漏洞进行套利行为。存贷比以及信贷管制（投向和规模管制）是中国金融宏观调控的重要工具，存贷比之所以成为中国金融宏观调控对象的重要原因是为了控制信贷规模，这些管制初衷或是为限制金融机构盲目信贷扩张，防范金融风险，或是实现国家民生的战略目的。但金融机构相互间的竞争以及逐利性使得商业银行以及非银行金融机构绕道管制去满足市场需求，以实现自身的存在性与逐利性，这种绕道形式的融资支持基本以理财资金、委托贷款以及 MMFs 等为基础资金来源而展开直接融资。

（3）刚性兑付问题

发展直接融资需要采取的措施很多，如加大直接融资业务的创新、培育市场的成熟投资者、完善直接融资法律体系等，在中国以影子银行推动的直接融资发展过程中，阻力之一在于破除刚性兑付问题。成熟市场体系里，影子银行融资的一个显著特点即为在有效的法律约束下实现投资者的风险自担。在中国影子银行运行中，刚性兑付问题突出，项目投资风险仍集中于中介机构，投资者尚未承担真实风险；而让影子银行的直接融资在部分性质上沦为间接融资，投资者所投款项，如购买理财产品、信托产品等变相成为高息存款，使得资金面出现风险收益错配现象。市场与监管层正共同努力消除刚性兑付的问题。理财产品、信托产品等业务的开展实现"买者自责"之后，理财产品、信托产品这些投资产品因其直接融资特点将有利于缓解中国以间接融资为主的局面，从而缓慢解决中国金融风险集中于银行这一问题。

7.1.2 提供更多流动性

现有文献一直认为具备流动性创造能力是影子银行的固有属性之一（Pozsar, et al., 2010；FCIC, 2010；Bernanke, 2012；Ricks, 2010；Schwarcz, 2012；Tarullo, 2013；Jeffers and Baicu, 2013；肖刚, 2012；巴曙松, 2012）。关于发达经济体影子银行的流动性创造问题，美联储学者（Pozsar, et al., 2010）将其细化为 7 个阶段：信贷公司发放贷款→贷款方通过发行资产支持商业票据（Asset-Backed Commercial Paper, ABCP）进行融资→结构化演变为资产担保证券（Asset-Backed Securities, ABS）→通过回购、掉期交易等进行融资，构建 ABS 资产池→进一步结构化演变为债务抵押凭证（Collateralized-Debt Obligations, CDOs）→由结构化投资工具（Structured InvestmentVehicles, SIVs）、对冲基金等构成 ABS 中介→批量融资。市场上，受监管、不受监管的货币中介机构以及直接融资市场的投资者都在参与以上活动。国内学者李波和伍戈（2011）将流程概括化，认为影子银行进入信贷市场的运作机制为：购买并接受商业银行的贷款资产包，持有长期信用资产或者将其进行结构组合，之后为商业银行提供信用违约风险工具如 CDOs，并将自身资产负债表与信用市场联系起来，然后通过发行各种形式的信托理财产品分流储蓄资金，并用募集的资金来购买各种信用等级的证券化产品，或用来提供给回购交易的资金需求方（银行）间接为企业贷款融资。笔者借鉴存款派生原理，将抵押资产价值与存款价值的差值视为存款准备金，从而创造货币信用，为市场注入更多流动性。

与发达经济体影子银行以金融产品资产证券化为主导的监管套利方式

并进行相应的流动性创造不同的是，中国影子银行体系大多是通道类套利并进行流动性创造。同时，中国影子银行体系和传统商业银行同样进行流动性创造，但是也存在区别：在影子银行参与的资金循环中，因其不能从事存款业务而不能使自身流出资金得到有效回流进而形成存款货币。从资金使用有效程度看，由于中国影子银行不受存贷比、法定存款准备金等限制，其较商业银行能以更大程度创造流动性。影子银行体系和商业银行之间存在相互依存关系，商业银行提供资金，影子银行提供金融创新服务，甚至可以说，中国商业银行的许多表外业务正是影子银行业务的主体。

中国金融监管层的行政调控较为频繁，同时中国金融体系以间接金融为主，资本市场融资较难，在监管限制或信贷配给情况下，那些不能受银行资金支持的行业注定成为影子银行重点服务的客户，其中就包含房地产行业、地方融资平台以及"两高一剩"行业等。在未能得到银行有效资金支持时，影子银行给予的流动性支持在于使其存活，并在一定程度上让市场平稳过渡不至于引发违约风险。

从整体性看，中国影子银行体系为中国经济注入了更多流动性，特别是在 2009 年下半年央行流动性开始偏紧之后（见图 1.2）。从表 7.1 中可以看到，2008—2013 年，人民币贷款占社会融资规模比例基本处于下降趋势（2014 年占比上升是由于 2013 年后期至 2014 年全年监管层出台密集政策对影子银行进行打压，且央行有意放宽表内流动性），明显具有中国影子银行监管套利特点的信托贷款、委托贷款以及未贴现银行承兑汇票占比之和存在一定波动，2008—2013 年基本处于增长，从 2008 年的 12.14%增长到 2013 年的 29.81%，而 2014 年占比大幅下降至 17.64%。这也是央行有意放宽表内流动性的结果。

需注意的是，中国影子银行体系的资金流向有着不健康的运用方式，特别是对于房地产行业、地方融资平台以及"两高一剩"行业的流动性支持。在当时，中国利率市场化尚未完成，金融深化还需更进一步，投资标的严重缺乏，再结合受政策调控造成的商业银行信贷配给所产生的高利率收益，使得影子银行资金绕道进入限制性行业在所难免。市场投资者在充分考虑风险因素并愿意自行承担风险后提供融资，通常不会对经济运行造成重大影响。然而，在预算软约束和刚性兑付现象仍然存在的情况下，大型房地产企业、地方债务平台等容易造成庞氏骗局。由于前期累计风险较高，也易形成违约风险。从金融资源配给角度看，中国资金供给出现了一定的结构性失衡，许多资金通过影子银行体系配置到了非生产型行业，而对生产型行业的融资形成了挤出效应。此外，中国影子银行的发展对于传统银行信贷有着一定影响。一方面在于部分资金考虑高收益而背离商业银行存款，进入影子银行体系，这种金融"脱媒"也限制了商业银行的放款行为；另一方面，影子银行吸筹更致使银行资金成本上升。这些都将逐步推进商业银行经营转型升级。

当然，流动性创造也伴随着流动性风险。影子银行风险部分集中于期限错配。在中国传统金融监管体系中，中国人民银行等金融监管机构因考虑到资金来源与资金使用的错配会引发流动性风险而严格设立了监管标准，特别是针对资本金的最低要求。许多学者在探讨中国影子银行风险时，提出中国影子银行与美国等发达国家影子银行一样不具备类似于传统商业银行般的监管，使得流动性风险问题突出。但需注意的是，中国影子银行与发达经济体影子银行运行目的是不同的。中国影子银行运行的部分资金虽存在空转现象，但是其参与运行的绝大部分资金是绕道流向实体经济的，有实体经济收益作为支持，而不像发达经济体影子业务开展时主要集中在场外，这些交易数量不被监管层所掌握，基本以资金循环扩大信用，交易对手方非常分散，金融机构的业务交叉性很高，具有高度隐蔽性、高度虚拟性、高度分散性、高度杠杆性等特点。对于中国影子银行业务，可以预见到，若单个项目出现违约，其可能产生局部效应，即使在未打破刚性兑付问题的情况下，其波及程度仍不会重创整个金融体系。而且，中国影子银行体系虽未得到中国人民银行贴现支持，但是其能从同业市场拆入资金，即使是在整个同业流动性十分紧张的情况下，中国人民银行为避免风险升级为金融危机，也会变相作为"最后贷款人"提供流动性支持（2013 年"钱荒"事件是一个案例），当然这也会在一定程度上引发金融机构道德风险。

7.2 中国影子银行监管套利行为是推动自下而上金融改革的重要力量

回顾中国金融改革状况，改革开放后我国实行了一系列金融改革，如农村信用社改革、商业银行股份制改革、资本市场改革、利率市场化改革等。在金融改革过程中，存在着自上而下的政策层面推动，也存在着自下而上的改革推动。这种自下而上的改革推动主要体现在两个方面：一个方面体现在区域性或地方性的改革试点，由此推动整个中国金融改革，如为有效推进人民币跨境业务，2009 年中国人民银行批准上海市等四个城市作为人民币跨境业务使用的试点城市；为有效解决中小企业融资难问题，2012 年 7 月，中国人民银行联合相关部门决定在浙江温州进行金融化改革，引导民间融资规范化以及缓解中小企业融资难问题。另一个方面体现在金融产品或是金融业务层面的改革将推动国家金融体系的深化，并可能引发全面的金融变革，此类改革主要集中在金融业务创新上。中国影子银行监管套利行为的不断发展、不断演变，从本质上属于金融创新，这种金融创新体现着市场力量。下面将阐述由中国影子银行发展所推动的自下而上的金融改革。

7.2.1　推动利率市场化改革

关于中国影子银行监管套利力量对于金融改革的推动，首先体现在其对中国利率市场化的推动上。利率市场化是指利率的形成由市场自身决定，市场根据资金供求关系引导资金利率变化，根据金融交易的各自特点，自主形成利率，并在整个市场中达到一种均衡状态。第二次世界大战结束以来，许多国家的利率政策都经历了利率市场化过程，通常利率受到管制的主要原因是为了以低利率政策去刺激经济增长并有效保护商业银行等金融机构。对于发达经济体的利率市场化过程，以美国为例，在 20 世纪 70 年代，在美国通货膨胀下，美联储 Q 条例①对存款利率上限的管制使得存款实际利率非常低，70 年代末期实际利率甚至为负，而货币市场基金以及证券市场的不断发展使得美国金融"脱媒"现象严重，商业银行经营困难，最后在 1980 年 3 月美国政府通过《存款机构放松管制的货币控制法》致使美国逐步取消存款利率上限，废除 Q 条例。利率管制是中国金融在特定发展阶段的产物，随着中国金融体系市场化的不断深入以及微观经济利益主体的不断发展，经济体制内部形成了一种越来越强大的力量，冲击着利率管制，这种力量也体现在中国各类金融机构的监管套利上。中国影子银行业务，如理财业务、同业业务、货币市场基金业务等的不断发展冲击着利率管制，用以获得高收益，这种行为实质上是一种金融利率管制下的监管套利。当套利利率与基准利率存在一定差值时，社会流动资金将大量

---

① Q 条例是指美国联邦储备委员会按字母顺序排列的一系列金融条例中的第 Q 项规定。

参与其中，最终在各种套利行为影响之下，利率管制效果将越来越差，造成的社会成本将越来越高，由此监管机构将逐步考虑放开利率管制。

（1）中国影子银行监管套利、货币市场和利率市场化

在市场化发展中，经济体需要一个市场化的利率指标作为从事各种经济、金融行为的重要参考。从国际经验看，在国际银行间开展业务时所参考的基准利率为伦敦同业拆借利率（London InterBank Offered Rate，Libor），它表示银行间相互拆借的利率水平，是国际货币市场变量，同时也作为基础性金融指标体现全球资金需求状况，决定金融产品定价等。中国要发展金融市场，特别是多层次资本市场，必须借助成熟的货币市场来形成一个较为合理的市场利率。当前中国货币市场大概可以分为三个方面：银行间市场的债券回购、同业拆借以及票据市场。整个货币市场交易规模扩张迅速，其主要原因之一源自影子银行套利业务操作，下面介绍货币市场的三个方面。

债券回购作为影子银行套利的典型操作，其在中国货币市场上发展迅速。中国债券回购市场上存在许多债券产品，如政府债券、央行票据、政策性银行债、商业银行票据、短期融资券、中期票据等。债券回购交易根据不同模式，可分为质押式债券回购和买断式债券回购，这两种回购交易数据见表 7.3。从交易量和交易规模看，2007 年至 2018 年债券回购市场的交易规模迅速增长，其中质押式回购与回购总规模占比不断下降，取而代之的是买断式回购的迅速发展。

表 7.3　中国债券回购市场交易量数据　　　　单位：亿元

年份	分类	质押式回购	买断式回购	回购共计
2007	面额	455 608.90	7 263.13	462 872.04
2008	面额	582 376.61	17 576.99	599 953.60
2009	面额	699 711.21	26 018.88	725 730.09
2010	面额	917 646.62	30 282.86	947 929.48
2011	面额	1 092 429.38	29 047.78	1 121 477.16
2012	面额	1 426 486.18	49 471.32	1 475 957.50
2013	面额	1 528 560.64	60 705.24	1 589 265.88
2014	面额	2 038 066.27	97 474.21	2 135 540.48
2015	面额	3 867 098.24	182 193.78	4 049 292.02
2016	面额	4 777 086.34	224 241.48	5 001 327.82

表7.3(续)

年份	分类	质押式回购	买断式回购	回购共计
2017	面额	4 942 660.55	200 147.48	5 142 808.03
2018	面额	5 741 866.09	115 037.40	5 856 903.49

数据来源：中国债券信息网——中央结算公司。

同业拆借市场是中国流动性风险的潜在源头之一，同时也是影子银行监管套利进行资金调节的主要场所之一。在监管套利延伸至同业市场后，金融机构间的流动性问题显得尤其明显，2013年6月的"钱荒"成为同业市场流动性风险暴露的标志性事件。在"钱荒"初期，中国人民银行并未通过货币工具向市场注入流动性，从事后分析，这也是央行"拷打"影子银行监管套利的结果，从中也可看出其推行利率市场化的意图，最终"钱荒"事件导致股市债市大跌。自2007年以来中国同业拆借市场的交易量有了显著增长（见图7.1），从交易结构看，以短期交易，特别是隔夜拆借为主（见表7.4）。同业拆借市场交易规模的不断扩大也使得上海银行间同业拆放利率（Shanghai Interbank Offered Rate，Shibor）的市场化运作机制变得更加成熟。Shibor对同业存款、同业借款以及票据融资等资金业务的指导性意义正在不断加强，这些业务品种的报价基本依据Shibor的变化走势以实时调整内部转移价格。

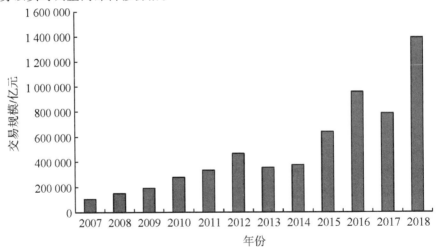

图 7.1 中国同业拆借市场交易规模

数据来源：中国人民银行网站。

表 7.4　中国同业拆借市场的交易结构（以期限结构划分）

单位：亿元

时间	1 天	7 天	14 天	21 天	1 个月	2 个月	3 个月	4 个月	6 个月	9 个月	1 年
2007 年	80 304.69	21 780.1	2 735.86	501.62	341.56	279.43	318.01	133.42	30.61	23.99	16.4
2008 年	106 513.6	35 004.66	4 744.17	1 107.05	1 135.47	445.24	666.05	185.03	291.7	213.49	185.34
2009 年	161 666	21 347.88	5 978.3	1 021.5	2 048.42	538.04	709.94	62.3	96.8	12.55	23.3
2010 年	244 862	24 269.03	5 060.68	650.12	1 612.98	466.05	1 340.23	197.5	185.49	30.24	9.69
2011 年	273 200.4	42 400.83	9 986.13	2 282.87	2 705.04	1 119.53	1 673.67	350.73	600.52	38.74	53.61
2012 年	402 814.3	41 933.68	12 068.18	2 369.66	4 476.23	1 625.57	1 169.51	81.17	379.39	28.94	97
2013 年	289 636	44 024	11 579	1 828	5 070	1 034	1 748	67	119	2	83
2014 年	294 983	61 061	11 767	899	4 665	1 237	1 670	60	100	22	163
2015 年	539 953.25	76 973.86	15 305.16	1 372.42	4 242.778	1 005.58	2 445.18	120.04	146.04	17.19	553.37
2016 年	839 763	92 765	12 771	2 209	4 463	2 129	3 477	263	510	259	522
2017 年	679 807.45	80 521.34	12 750.25	3 125.704	5 078.76	5 062.96	2 180.27	475.36	376.86	103.44	328.61
2018 年	1 255 458	102 943	10 554	2 975	5 038	4 205	5 136	1 214	996	323	653

数据来源：中国人民银行网站。

关于票据市场，中国票据交易方式以转贴现和回购为主，交易的品种以主流的银行承兑汇票为主。关于银行承兑汇票，无论是未贴现或已贴现的银行承兑汇票，在中国金融市场上都存在监管套利，前文已经详细阐述了中国影子银行借助银行承兑汇票进行监管套利的现象。在票据签发泛滥、"倒票"行为泛滥以及票据"空转"的推动下，中国票据市场交易持续活跃（见表7.5）。

表7.5　中国票据市场发展及规模　　　　单位：万亿

年份	规模			
	累计签发额度	期末余额	累计贴现额度	贴现余额
2007	5.9	2.4	10.1	1.3
2008	7.1	3.2	13.5	1.9
2009	10.3	4.1	23.2	2.4
2010	12.2	5.6	26.0	1.5
2011	15.1	6.7	25.0	1.5
2012	17.9	8.3	31.6	2.0
2013	20.3	9.0	45.7	2.0
2014年前三季度	16.2	9.7	42.5	2.7

数据来源：中国票据网（因数据统计原因，目前只能查找至2014年前三季度）。

中国债券回购市场和票据市场虽在规模上有很大程度的提高，但是其交易结构比较单一化，票据市场的商业汇票交易基本以银行承兑汇票为标的进行票据转贴现及回购交易。

中国影子银行监管套利与货币市场联系紧密，且监管套利行为也推动着中国货币市场规模的不断扩大。在货币市场发展过程中，货币市场投资主体也在悄然发生变化，如货币市场基金的兴起给予货币市场更多投资活力。在影子银行体系中，货币市场基金作为一种影子银行，它在尚未利率市场化的中国进行监管套利的主要手段是在货币市场上通过大额协议存款获得套利收益。利率市场化的宏观推进政策是渐进式的（见表7.6），因此货币市场基金的这种套利方式将不会出现短暂局面。由于利率市场化的不完全，市场基本利率靠货币市场提供的利率作为参考，如同业拆借利率、债券回购利率等，为短期金融产品的定价及收益提供了重要参考。

表 7.6　中国利率市场化改革推进的相关政策

时间	政策文件	主要推进内容
1987 年 1 月	《中国人民银行关于下放贷款利率浮动权的通知》	规定银行可根据国家的经济政策，在国家规定的现行流动资金贷款利率的基础上向上进行浮动，浮动幅度不能超过 20%
1996 年 5 月	无名称	规定贷款利率的上浮幅度由 20% 缩小为 10%，浮动范围仅限于流动资金贷款
1999 年 3 月	《中国人民银行关于扩大金融机构县以下机构贷款利率浮动幅度的通知》	规定各金融机构（不含农村信用社）县以下（不含县城）营业机构贷款利率最高上浮幅度扩大到 30%，最低下浮幅度 10% 不变；农村信用社贷款利率浮动幅度不变
1999 年 9 月	《中国人民银行关于进一步扩大对中小企业贷款利率浮动幅度等问题的通知》	规定将商业银行、城市信用社对小型企业贷款利率最高上浮幅度由 20% 扩大为 30%，最低下浮幅度 10% 不变；农村信用社贷款利率和大中型企业贷款利率浮动幅度不变
2003 年 12 月	《中国人民银行关于扩大金融机构贷款利率浮动区间有关问题的通知》	规定商业银行、城市信用社贷款利率浮动区间扩大到［0.9，1.7］；农村信用社贷款利率浮动区间扩大到［0.9，2］
2004 年 10 月	《中国人民银行关于调整金融机构存、贷款利率的通知》	金融机构（城乡信用社除外）贷款利率不再设定上限；人民银行规定的人民币存款基准利率为上限，实行存款利率下浮制度
2007 年 1 月	无名称	货币市场利率 Shibor 开始正式投入运行
2012 年 6 月	《中国人民银行关于下调金融机构人民币存贷款基准利率和调整贷款利率浮动区间的通知》	规定将存款利率浮动区间的上限调整为基准利率的 1.1 倍；将贷款利率浮动区间的下限调整为基准利率的 0.8 倍
2013 年 7 月	《中国人民银行关于进一步推进利率市场化改革的通知》	决定自 2013 年 7 月 20 日起全面放开金融机构贷款利率管制；取消金融机构贷款利率 0.7 倍的下限；取消农村信用社贷款利率 2.3 倍的上限；取消票据贴现利率管制

时间	政策文件	主要推进内容
2014 年 11 月	《中国人民银行决定下调金融机构人民币贷款和存款基准利率并扩大存款利率浮动区间》	规定从 2014 年 11 月 22 日起，将金融机构存款利率浮动区间的上限由存款基准利率的 1.1 倍调整为 1.2 倍
2015 年 3 月	《中国人民银行决定下调金融机构人民币贷款和存款基准利率并扩大存款利率浮动区间》	将金融机构存款利率浮动区间的上限由存款基准利率的 1.2 倍调整为 1.3 倍

　　货币市场利率的生成受多方面因素影响，在市场化背景下，首要因素即为宏观经济环境，宏观经济运行的良好与否会直接体现在投资及消费等方面。根据成熟的经济观点，利率取决于资本的供给与需求，当资本供给与需求达到一个均衡状态时，就将形成一个均衡的利率水平，而资本的需求取决于投资、消费等。在市场化运行中，央行的货币政策操作也将影响货币市场利率。央行影响货币市场的措施主要有三种：再贴现率政策、公开市场操作以及变动法定准备金率。结合 Shibor 等利率的变化走势，货币市场利率对宏观资金供求关系存在相当强的敏感度，它在相当程度上可以及时、充分、准确地反映市场资金状况，成为连接央行、金融市场、商业银行以及企业居民的利率指标。在金融机构开展具体业务时，Shibor 成为金融产品收益及定价的重要参考指标，为金融市场运转做出了极为重要的贡献。Shibor 是货币市场的一部分，货币市场的迅速发展也将继续扩大 Shibor 的公信力以及影响力。在当时尚未利率市场化的中国，Shibor 的存在为中国投资者提供了市场基础利率，为中国市场经济有效运行，特别是金融机构业务的有效开展起到了基础性作用。也正因为有这一现象的存在，才会有越来越多的金融业务突破原有的利率管制，用市场化方式进行一系列金融活动，其中就包含了中国影子银行的部分监管套利行为。监管套利行为影响着中国货币市场的发展，同时货币市场发展的不断深入也对利率管制造成更大的突破。金融市场深化是不可逆事件，在不同形式的影子银行业务的开展过程中，其溢出效应远超过金融创新者自身的预料，利率市场化在中国影子银行发展及货币市场的不断深化中前行。

　　在探讨中国影子银行对利率市场的推动作用时，可以观察到监管政策如何促使影子银行业务发展。影子银行的监管套利业务越发变得不透明和复杂，由早期较单一的银信合作模式转变为大量非标业务的兴起。例如，买入返售业务的兴起主要以票据、信托受益权等的买入返售为主，这些业务在同业市场上交易且交易规模十分庞大。为使交易资产透明化，中国人民银行于 2013 年 12 月发布了《同业存单管理暂行办法》①。该办法旨在规范同业存单业务，拓展银行业存款类金融机构的融资渠道。通过推出同业存单旨在抑制同业市场中的监管套利行为，同时也继续推行利率市场化进程。这也可以理解为正是微观金融机构的监管套利行为影响着监管层的监管思路，推动了金融主管部门进行金融改革。

7.2.2　推动中国商业银行转型

（1）中国商业银行在金融体系中的基本情况

中国在发展过程中形成了以间接金融为主要结构的金融体系，主要体现在银行业的庞大资产负债体系。据统计，截至 2018 年第四季度，中国银行业金融机构总资产达到 2 682 401 万亿元，总负债达到 2 465 777 万亿元。这庞大的银行业资产负债结构来源于政府对银行类金融机构的大力培育，包括颁发经营特许权、金融管制等措施，而在银行业金融机构资产构成中（见表 7.7 和表 7.8），商业银行的资产负债规模占据大部分比例：在 2018 年第四季度末的资产为 2 099 638 亿元，在银行业金融机构的占比为 78.27%，总负债为 1 934 876 亿元，相应占比为 78.47%。在商业银行中，存在大型国有商业银行，如中国工商银行、中国农业银行、中国银行和中国建设银行等；存在股份制商业银行，如浦发银行、兴业银行、招商银行和民生银行等；也存在城市商业银行，如重庆银行、上海银行等具有区域经营性质的银行。为更好地了解中国银行业金融机构的发展及商业银行规模占比构成，以下依据中国银保监会官方数据整理了表 7.7 及表 7.8。

---

①　根据《同业存单管理暂行办法》定义，同业存单是指由银行业存款类金融机构法人在全国银行间市场上发行的记账式定期存款凭证，是一种货币市场工具。

表 7.7　中国银行业金融机构发展及商业银行部分构成（资产部分）

年份	银行业金融机构/亿元	商业银行/亿元	占比/%	大型商业银行/亿元	占比/%	股份制商业银行/亿元	占比/%	城市商业银行/亿元	占比/%
2007	525 982.50	—	—	280 070.90	53.25	72 494.00	13.78	33 404.80	6.35
2008	623 912.90	—	—	318 358.00	51.03	88 130.60	14.13	41 319.70	6.62
2009	787 690.50	—	—	400 890.20	50.89	117 849.80	14.96	56 800.10	7.21
2010	942 584.60	—	—	458 814.60	48.68	148 616.90	15.77	78 525.60	8.33
2011	1 132 873.00	—	—	536 336.00	47.34	183 794.00	16.22	99 845.00	8.81
2012	1 336 224.00	—	—	600 401.00	44.93	235 271.00	17.61	123 469.00	9.24
2013	1 513 547.00	—	—	656 005.00	43.34	269 361.00	17.80	151 778.00	10.03
2014	1 723 355.00	1 347 978.00	78.22	710 141.00	41.21	313 801.00	18.21	180 842.00	10.49
2015	1 993 454.00	1 558 257.00	78.17	781 630.00	39.21	369 880.00	18.55	226 802.00	11.38
2016	2 322 532.00	1 816 884.00	78.23	865 982.00	37.29	434 732.00	18.72	282 378.00	12.16
2017	2 524 040.00	1 967 834.00	77.96	928 145.00	36.77	449 620.00	17.81	317 217.00	12.57
2018	2 682 401.00	2 099 638.00	78.27	983 534.00	36.67	470 202.00	17.53	343 459.00	12.80

数据来源：中国银保监会官网。

表 7.8　中国银行业金融机构发展及商业银行部分构成（负债部分）

年份	银行业金融机构/亿元	商业银行/亿元	占比/%	大型商业银行/亿元	占比/%	股份制商业银行/亿元	占比/%	城市商业银行/亿元	占比/%
2007	495 675.40	—	—	264 330.00	53.33	69 107.50	13.94	31 521.40	6.36
2008	586 015.60	—	—	298 783.60	50.99	83 683.90	14.28	38 650.90	6.60
2009	743 348.60	—	—	379 025.60	50.99	112 215.30	15.10	53 213.00	7.16
2010	884 379.80	—	—	430 318.20	48.66	140 456.40	15.88	73 703.30	8.33
2011	1 060 779.00	—	—	502 591.00	47.38	173 000.00	16.31	93 203.00	8.79
2012	1 247 515.00	—	—	560 879.00	44.96	222 130.00	17.81	115 395.00	9.25
2013	1 411 830.00	—	—	611 611.00	43.32	253 438.00	17.95	141 804.00	10.04
2014	1 600 222.00	1 250 933.00	78.17	657 135.00	41.07	294 641.00	18.41	168 372.00	10.52
2015	1 841 401.00	1 442 682.00	78.35	720 402.00	39.12	346 668.00	18.83	211 321.00	11.48
2016	2 148 228.00	1 685 922.00	78.48	799 259.00	37.21	407 970.00	18.99	264 040.00	12.29
2017	2 328 704.00	1 820 610.00	78.18	855 636.00	36.74	419 047.00	17.99	295 342.00	12.68
2018	2 465 777.00	1 934 876.00	78.47	903 780.00	36.65	435 938.00	17.68	345 788.00	14.02

数据来源：中国银保监会官网。

由表7.7及表7.8可看到：中国商业银行在银行业金融机构的资产负债占比非常大，基本在78%左右；而对大型国有商业银行、股份制银行和城市商业银行资产三者计总，三者又占据商业银行大部分比例。可以得到一个结论，中国商业银行体系是银行业金融机构的重要构成部分，进而也是中国金融体系的一个极其重要的金融分支，它的稳定直接代表着中国金融体系的稳定。

在利率市场化过程中，贷款利率及存款利率的逐步放开，使得商业银行传统信贷业务的盈利能力受到极大的负面影响，经营的稳定性面临考验。国内商业银行可借鉴国外商业银行在利率市场化的发展变化，例如美国中小商业银行数量在利率市场化过程中数量缩减了大约50%，日本也存在着类似情况。金融脱媒现象进一步加剧，如何保证商业银行的稳定发展是一个重要问题，而商业银行开展的影子活动正好为商业银行在保证自身稳定的前提下进行转型提供了机会。

（2）中国影子银行监管套利给商业银行业带来的冲击与变化

进一步看，中国大型国有商业银行、股份制银行和城市商业银行资产占银行业金融资产比例呈现逐年下降趋势，原因在于直接金融的发展。中国证券、保险、信托等非银行金融机构发展迅速，包括债券、股票、外汇等在内的金融市场建设在稳步推进，直接融资在社会融资总规模的占比也趋于上升。其中应注意的是，在非银行金融机构以及直接融资市场发展过程中，影子银行助推了其业务品种和规模的发展。银信合作、银证合作以及银保合作等的通道类影子银行业务也直接影响了市场资本收益方式，随着中国影子银行监管套利行为的发展和演变，其在推动中国直接融资发展的同时，也逐渐推动着商业银行转型，包括商业银行经营方式、盈利模式、资产负债结构、风险控制等转型。由影子银行所推动的商业银行转型对中国金融稳定和发展具有重要意义。而在商业银行转型过程中，最为显著的是商业银行息差收入及非息差收入的变化。

总体来讲，中国影子银行套利行为给尚未完全利率市场化的中国商业银行创造了利润增长点，这一点尤其体现在商业银行理财业务以及同业业务上。如从收入性质划分，主要体现在两个方面：一个是同业业务利息收入的增长；另一个是整体非利息收入的增长。

同业业务利息收入的增长。在中国影子银行发展过程中，随着监管政策的逐步加强，影子银行的套利活动逐步转向同业市场，利用同业业务进行监管规避，其通过做大同业业务规模，增加了同业业务的息差收入。虽然同业业务利差低于基础类银行信贷业务，其规模的扩大会造成银行整体净利差和净息差的稀释，但是由于同业业务发展十分迅速，同业拆借、买入返售等业务大量流行总体并不会受到大的负面影响。以买入返售为例，商业银行开展的买入返售业务处于资产负债表之下，买入返售金融资产会根据买入期限、类型等获得利息收入，并在贷方记"利息收入"。同业业务流量十分巨大，因此其的发展对于总息差收入的增长是有贡献的。例如，近年来信贷投向及规模受限，部分银行通过同业业务变相进行放贷，并以此获得了较高利息收入。

整体性非利息收入的增长。非利息收入指的是商业银行除利差收入之外的营业收入，主要由中间业务收入、咨询和投资等活动产生的收入构成。就中国商业银行收入结构看，利息收入仍然占据主体地位，然而利息收入受利率变动以及经济周期影响较大，因此其存在相对不稳定性特征，商业银行也面临不良资产风险。而非利息收入业务相对稳定，有助于银行持续、稳定发展。中国影子银行发展的同时，也带动了商业银行中间业务的大量发展，给商业银行非利息收入提供了增长动力。在非利息收入的增长源方面，银行理财业务和同业业务为两大主要业务。

非利息收入增长源之一——银行理财产品业务。商业银行理财产品是商业银行在潜在目标客户群的分析研究基础之上，针对特定目标客户群体开发、设计并销售的资金投资和管理计划。银行只是接受客户的授权去管理资金，投资收益与风险由客户与银行按照相应的约定方式承担。从理财产品发行结构看，由于金融体系内刚性兑付的潜在存在，大多数的理财产品属于非保本型理财产品。从发行人看，理财产品在商业银行的发行一般分为两种：商业银行自身发行和商业银行代发理财产品。而理财产品的发行属于银行中间业务，无论哪种形式的发行，都会获得相应的中间收入，并计入非利息收入。中国影子银行监管套利过程中，理财产品是整个影子银行业务开展的核心，其为影子银行体系提供了大部分的资金来源。理财产品包含银行理财产品、信托理财产品、保险理财产品和券商理财产品等，其中在发行量和规模上，以银行理财产品为主（上文已有银行理财产品分析）。监管套利活动的活跃致使理财产品的发行量也越来越大，商业银行发行理财产品规模也越来越大，获得非利息收入的规模越发增长。

非利息收入增长源之二——银行同业业务。同业业务为商业银行带来可观的中间收入，即非利息收入的主要贡献力量。在进行同业业务时，其完成相应业务自然形成手续费收入，在商业银行财务报表里较为明显地体现为同业非利息收入的有结算与清算手续费、代理业务手续费、托管及其他受托业务佣金。据中国社会科学院统计（2013），上市银行同业业务的非利息收入占比已经达到甚至超过 50%。

国际上，主要同业的非利息收入占比一般都在 40% 以上，且许多国际先进商业银行非利息收入占比超过 50%，超过了利息收入，成为商业银行利润的主要来源。发展非利息收入业务在一定程度上有利于应对金融市场各种金融环境的变化，包括利率变化、经济周期变动等。特别是在中国利率市场化以及金融"脱媒"过程中，商业银行需要通过提升非利息业务收入来对冲利差收窄、利息收入增长放缓甚至减少的冲击。而这种收入结构的调整是长时期的，银行的收入结构是由业务结构所决定的，而业务结构又取决于其所处的经济发展阶段、金融市场环境以及监管政策等。

随着外部经营的变化、影子银行监管套利业务的不断发展，中国的商业银行已经开始进行经营方式和收入结构的调整。在这场转变中，大力发展中间业务、增加非利息收入成为中国商业银行发展的共识。理财业务、同业业务等的不断发展已经表明：在影子银行套利发展的冲击之下，商业银行也在运用自身优势加入影子银行体系进行套利活动，并以此推动自身经营管理方式和收入结构等的转变。

7.3　中国影子银行监管套利行为的负面影响

中国影子银行体系的发展是金融业转型与金融监管的结果，而监管套利行为则是参与方的理性选择。作为影子银行体系及监管套利的主角，银行发行理财产品衍生出的银信合作、银证合作、银保合作等，以及同业市场的迅速发展，已成为规避监管的主要路径或者场所，也是中国金融创新的着力点。与此同时，监管套利行为导致了无监管的信贷膨胀、银行信用风险扩大、宏观货币政策部分失效，以及提升了挤兑及系统性风险的可能性等，如何有效监管影子银行及其监管套利行为已成为金融监管的一大难题。从历史金融监管措施看，相关金融监管机构已发布的一系列监管文件旨在规范银行、信托等影子银行业务，且金融机构同业业务也开始遭受有效性整顿。随着监管的不断升级，影子银行监管套利行为变得更加复杂、更加隐蔽，也加大了金融监管层的监管难度，使得其在效率与风险之间做出更为艰难的选择。由于关于影子银行负面影响分析较多，因此以下简要对影子银行监管套利的负面影响作出分析。

第一，影子银行的监管套利模式带有明显的期限错配性质，增大了金融体系的流动性风险。DD模型（Diamond and Dybvig，1983）表明任何利用短期负债为长期性的非流动性资产融资的金融企业都存在不稳定性质和挤兑行为。有些学者（Ricks，2010；Krugman，2009；Pozsar，et al.，2010）的研究认为挤兑并不只是传统商业银行才可能面临的风险，影子银行其内部存在与传统银行相似的脆弱性，因此也存在挤兑问题。中国影子银行监管套利的资金主要来源于理财产品的发行，特别是商业银行理财产品的发行。而在发行的期限结构中明显可以看到商业银行以发行超短期和短期理财产品为主，而投资标的最后基本流向了实体经济，包含房地产行业、地方政府融资平台以及"两高一剩"行业等，这些行业的投资明显具有长期性。可以说，影子银行体系的负债端和资产端存在严重的期限结构不匹配，其体系内部存在较高的流动性风险，且由于在现实状况下，商业银行理财产品有倚靠商业银行信用行为，其相应部门并不具备独立破产能力（银行理财子公司已开始设立并发展）；因此，一旦影子银行爆发流动性风险将波及商业银行，从而危及整个金融体系。

第二，各影子银行机构套利业务的高度关联性给分业监管带来了挑战，也提升了金融风险扩散效应。在分业经营的金融体制下，银行、证券、保险及信托等金融机构都只能在官方许可的金融业务范围内从事相关业务，金融风险也主要来源于各行业内部，此时金融机构监管等价于金融功能监管。随着金融创新的深化，不同金融机构之间的业务交叉与融合越来越显现，并出现了混业经营现象，这导致一个金融机构受多个监管部门混合监管，产生监管重叠，而部门金融机构业务出现的监管缺失或监管空白催生了大量监管套利业务，包含一些易引起系统性风险的套利活动。从长期看，影子银行的监管套利行为使得分业监管面临着监管困境，也许实行功能监管将比机构监管更为有效。此外，中国的银行、保险、信托、证券相互之间都存在套利业务，表明影子银行套利业务具有高度机构关联性。Shin（2009）指出其与金融机构具备很强互联性的特性，在一定程度上扩大了系统性风险的传导；Jedffers and Baicu（2013）持同样观点，认为两者之间越来越深的互联性是金融危机产生的原因之一，这种关系促使风险蔓延并引发系统性风险。高度的关联性不仅局限于中国金融机构之间，也存在于金融机构与金融市场之间、金融市场内部。这些高度关联性也使得一旦微观经济主体风险暴露，将有可能通过关联链条传递给其他金融机构或金融市场，形成大面积的金融传染而导致金融危机。

第三，给中国货币政策的调控提出挑战。当时中国以货币量作为货币政策中介目标，而影子银行及其监管套利行为，如票据业务、同业业务、委托贷款等套利行为增强了货币供给的内生性，其所衍生的大量额外信用使得中介目标可控性、可测性已然部分失效，而在尚未完成利率市场化情况下，央行不能有效使用价格型货币政策工具，因此在现实层面上限制了央行对宏观经济情况的把握，也限制了其货币调控能力，从而给经济发展带来一定损伤。

8 值得探讨的几个问题

在中国影子银行与金融监管层的相互博弈下，套利与规范成为影子银行体系运行的主旋律。结合中国国情，参考发达经济体影子银行套利特征，本书在理财业务、资产证券化以及货币基金方面作以下探讨。

8.1 中国理财业务的独立发展

从过往看，中国理财业务所聚集的大部分资金在金融市场上运行得并不透明，原因就在于其在流动过程中涉及监管套利而形成了影子银行业务。阎庆民（2013）指出虽然在监管政策层面上看，银行理财产品不应属于影子银行，但是在具体执行过程中存在为实现监管套利的理财业务，表现为影子银行产品。例如在政策上监管机构要求理财产品与投资标的物一一对应，单独管理、建账和核算《中国银监会关于规范商业银行理财业务投资运作有关问题的通知》，但在具体运行中，理财产品的资产负债表、现金流量表等都为银行自身管理，并无外在审计，因此类资金池业务仍在继续。由此资金流向各种套利领域，如资本市场、房地产市场以及地方政府债务平台等。

事实上，在中国影子银行迅速膨胀的阶段里，理财资金一直是中国影子银行进行监管套利的主要资金来源。从资金介入方面看，理财业务基本贯穿了整个中国影子银行体系，商业银行、信托公司、货币市场基金、资产管理公司、保险公司等都有着理财资金的参与。在理财产品发行规模上，以商业银行发行的理财产品为主，在金融"脱媒"背景下，商业银行售卖理财产品的套利点之一在于将存款变为理财资金，以便参与表外业务活动。表外业务属于商业银行中间业务，其监管相对表内较少，方便了其从事影子银行业务。当然，在商业银行受到资本监管指标制约时，其也利用理财业务募集资金变相地增加存款以应对监管政策。

此外，在影子银行发展的很长一段时期里，尚不具备独立法人资格的理财业务部门并不具备破产资格。这也意味着，商业银行试图通过设立特殊目的载体方式来将自身表内业务与理财业务从法律上完全划清界限，其实还是有问题的。例如，在理财产品运行过程中出现扰乱正常资源配置的刚性兑付现象，其业务的风险暴露不仅涉及理财业务部门，也波及背后的主体金融机构。

可以看到，中国商业银行理财业务部分推高监管难度而造成了金融风险，如流动性风险、期限错配风险及刚性兑付风险等。如何优化商业银行理财业务是当时的棘手问题。从理财业务运作看，最清晰的理财业务模式应该是为每只理财产品设立一个具有法人资格的特殊目的载体，从而实现"真实出售"和"破产隔离"（邵宇，2015）。2018年9月，中国银保监会发布的《商业银行理财业务监督管理办法》已明确要求：商业银行应当通过具有独立法人地位的子公司开展理财业务。对于暂不具备条件的，商业银行总行应当设立理财业务专营部门，对理财业务实行集中统一经营管理。由此，商业银行理财业务独立化进入新的篇章。

8.1.1 商业银行理财产品的发展情况

中国理财产品发行规模以商业银行理财产品为主，由于数据统计情况限制，下文以商业银行理财产品为主要研究对象来映射整个中国理财产品市场的相关情况。

处于利率市场化大环境下，中国银行理财产品业务得到了飞速发展。2000年8月，为进一步推行利率市场化改革，促进中国银行业对外开放，中国人民银行发布《关于改革外币存贷款利率管理体制的通知》，开始改革外币利率管理体系，这一改革为外币理财业务创造了政策条件。2002年以渣打银行为代表的外资银行陆续发行结构化理财产品（这些结构化理财产品主要为外汇衍生产品），中国银行理财产品业务雏形初现，此后中国国内银行参照外资银行做法而推出理财产品，推动了中国银行业理财业务的发展（阎庆民，2013）。随着理财业务的不断发展，2005年11月中国银监会颁布了《商业银行个人理财业务管理暂行办法》，首次明确了商业银行个人理财业务的定义、分类、风险管理和监管等。特别地，对于商业银行个人理财业务的风险管理，中国银监会颁布了《商业银行个人理财业务风险管理指引》，要求商业银行应当对个人理财业务实行全面、全程风险管理。官方首次规范银行理财业务，为理财业务的快速发展提供了条件，理财业务的大规模爆发也为日后影子银行业务提供了资金支持。

（1）商业银行理财产品的分类

中国商业银行理财产品种类较多，如可以按照投资币种、收益类型、产品期限结构等进行分类。根据收益类型，即以理财产品收益是否保本为界限，可以将理财产品划分为保本型理财产品和非保本型理财产品（见表8.1）。在所阐述的监管套利行为上，影子银行体系主要依靠非保本型理财产品进行套利活动，而随着监管的趋严，理财资金不断被规范，为在最大程度上实现套利最大化，保本型理财资金也进入套利业务中，如进行非标以及同业业务。

表 8.1　保本型和非保本型理财产品属性介绍

分类	业务范围	是否入表	规模	风险归属
保本型理财产品	自营业务	入表	较小	银行承担
非保本型理财产品	中间业务	不入表	较大	投资者承担

其中，保本型理财产品可以进一步细分为保本固定型理财产品和保本浮动型理财产品，其投资风险归银行所有，因此保本型理财产品的资金参与投资要纳入资产负债表：将理财资金的投资标的视为资产，理财产品的资金视为负债，属于表内理财业务。而非保本型理财产品属于银行中间业务，商业银行充当中间人角色，不承担相应投资风险，投资风险由投资者自行承担，相应的这类业务不被纳入资产负债表，属于表外理财业务。在商业银行发行理财产品中，发行规模以非保本型理财产品为主，在影子银行业务发展的一段时期里，其运用非保本型理财产品资金不入资产负债表、无需缴纳存款准备金等优势开展大量逃避信贷规模监管、存贷比监管以及信贷投向限制等活动。需注意的是，保本型理财产品所募集的资金在同业业务活跃之后，也被大量用以开展同业市场的监管套利。

（2）商业银行理财产品的发行规模

据中央国债登记结算有限公司有限量统计，截至 2018 年 12 月 31 日，中国银行业金融机构的非保本理财产品存续量为 4.8 万只，存续余额为 22.04 万亿元（见图 8.1）。

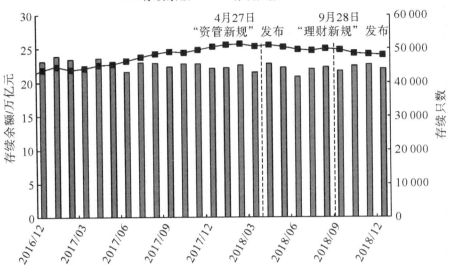

图8.1　中国银行业理财市场非保本理财产品存续情况

数据来源：中国银行业理财市场报告（2018）。

对银行业金融机构类型进行分类，可以看到从理财产品资金余额份额看，国有商业银行和股份制商业银行占据主要市场地位（见表8.2）。其中以大型国有商业银行和股份制商业银行为主，其二者之和在2018年年底和2017年年底的余额占各类银行业金融机构理财产品资金余额比例分别为78.54%和74.20%。

表8.2　各类银行业金融机构理财产品资金余额　单位：亿元

机构类型	2014年	2015年	2016年	2017年	2018年
国有大型银行	64 700	86 700	94 300	99 700	85 100
股份制商业银行	56 700	99 100	122 500	119 500	88 000
城市商业银行	17 000	30 700	44 000	47 200	36 400
外资银行	3 900	2 900	3 300	3 700	1 000
农村合作金融机构	4 600	9 100	16 400	15 700	9 500
其他机构	3 400	6 500	10 100	9 600	400

数据来源：Wind数据库。

从发行的收益类型看（见表8.3，因2015年及以后未有相关统计，数据期限为 2006—2014 年），在银行理财产品发行过程中，随着时间的推移，保本固定型理财产品发行在整个发行规模的占比在不断减小，从 2006 年第一季度的 45.27% 下降到 2014 年第四季度的 12.18%；保本浮动性理财产品发行占比有着一定程度下降，但相对于保本固定型理财产品，其降幅不大：从 2006 年第一季度的 32.92% 下降到 2014 年第四季度的 21.61%；非保本型理财产品发展尤为突出，从 2006 年第一季度的 21.81% 上升至 2014 年年末的 66.21%，占据了发行规模的大部分比例。

表 8.3　银行理财产品发行规模（以收益分类）

年份	收益类型					
	保本固定型		保本浮动型		非保本型	
	数量/只	占比/%	数量/只	占比/%	数量/只	占比/%
2006	206	50.61	113	27.76	88	21.62
2007	214	21.88	298	30.47	466	47.65
2008	525	31.38	229	13.69	919	54.93
2009	385	13.58	484	17.07	1 967	69.36
2010	948	26.23	1 006	27.84	1 660	45.93
2011	949	14.07	1 393	20.65	4 403	65.28
2012	1 216	13.19	1 698	18.41	6 308	68.4
2013	1 397	10.4	2 464	18.34	9 575	71.26
2014	2 247	12.18	3 986	21.61	12 215	66.21

数据来源：Wind 数据库和作者计算。

以银行理财产品期限结构看（见表 8.4），银行理财产品短期化的特点非常明显，一方面源于应对监管，商业银行对存贷比考核的关键时点迫切需要发行短期理财产品以吸收存款；另一方面源于市场化的投资需求，在利率市场化以及金融"脱媒"背景下，短期银行理财产品可满足投资者对高流动性的要求。

表 8.4　商业银行理财产品期限结构（按发行数量）　　单位:%

时间	1 个月以内	1~3 个月	3~6 个月	6~12 个月	12 个月以上
2006	2.58	15.73	35.38	29.76	16.55

表8.4(续)

时间	1个月以内	1~3个月	3~6个月	6~12个月	12个月以上
2007	1.84	19.8	23.22	27.5	27.64
2008	13.77	27.38	26.15	22.06	10.64
2009	23.96	26.79	22.41	21.01	5.82
2010	30.57	29.95	18.31	17.98	3.19
2011	32.11	35.91	20.29	9.25	2.45
2012	4.98	60.07	21.88	10	3.06
2013	4.22	59.66	21.89	11.65	2.56
2014	5.8	57.92	21.73	12.6	1.95
2015	12.03	43.56	26.45	11.64	6.32
2016	8.57	51.32	26.94	10.20	2.97
2017	6.66	38.48	35.93	12.91	6.02
2018.5	6.88	33.95	32.36	19.06	7.74

数据来源：Wind 数据库。

从数据上看，商业银行理财产品的发行呈现短期化特点，发行期限在1个月以内的发行数量占比从 2006 年的 2.58%上升至 2011 年的 32.11%，而从 2012 年开始大幅度回落，这一回落原因在于监管层对超短期理财产品的打压：2011 年 9 月底，《中国银监会关于进一步加强商业银行理财业务风险管理有关问题的通知》要求商业银行不得通过发行短期和超短期、高收益的理财产品变相高息揽储，在月末、季末变相调节存贷比等监管指标，进行监管套利。由此 1 个月以内理财产品发行占比显著下降，取而代之的是 1~3 个月理财产品发行占比的迅速上升。

银行理财产品的短期化特点是其资金承压的表现，这与商业银行之前面临的存贷比约束密切相关，为在临界点实现监管要求，商业银行以发行理财产品进行变相揽储。而在利率市场化逐步推行过程中，商业银行的息差收入受到越来越明显的冲击，在传统信贷业务利润被压缩后，为保持自身竞争优势与利润增长，商业银行也越来越重视发展理财业务，以增加中间业务收入，而这种向中间业务的转变使得中国商业银行开始呈现多元化的盈利模式，并助推了中国直接融资模式的发展。

（3）理财业务的监管举措

对于银行理财业务，金融机构进行的监管套利行为主要放在存贷比套利、信贷规模和投向套利方面。而针对其监管套利行为，中国监管层出台了大量监管文件对套利行为进行约束。通过梳理，得到表8.5。

表8.5　中国银行理财业务的监管与规范

时间	监管文件	内容
2009 年 7 月	《中国银监会关于进一步规范商业银行个人理财业务投资管理有关问题的通知》（银监发〔2009〕65 号）	理财资金用于投资单一借款人及其关联企业银行贷款或信托贷款的总额不得超过发售银行资本净额的 10 %；规定理财资金不得投资于境内二级市场公开交易的股票或与其相关的证券投资基金，不得投资于未上市企业股权和上市公司非公开发行或交易的股份
2009 年 12 月	《中国银监会关于进一步规范银信合作有关事项的通知》（银监发〔2009〕111 号）	银信合作理财产品不得投资于理财产品发行银行自身的信贷资产或票据资产；对理财产品投资者投资于权益类金融产品或具备权益类特征的金融产品做了金额下限规定
2010 年 8 月	《中国银监会关于规范银信理财合作业务有关事项的通知》（银监发〔2010〕72 号）	信托公司在开展银信理财合作业务过程中不得开展通道类业务；信托公司融资类银信理财合作业务余额占银信理财合作业务余额的比例不得高于30%；商业银行应严格按照要求将表外资产在 2010 年、2011 年两年转入表内，并按照150%的拨备覆盖率要求计提拨备，同时大型银行应按照11.5%、中小银行应按照10%的资本充足率要求计提资本
2010 年 12 月	《银监会关于进一步规范银行业金融机构信贷资产转让业务的通知》（银监发〔2010〕102 号）	银行业金融机构应当严格遵守信贷资产转让和银行理财合作业务的各项规定，不得使用理财资金直接购买信贷资产
2011 年 1 月	《中国银行业监督管理委员会关于进一步规范银信理财合作业务的通知》（银监发〔2011〕7 号）	在 2011 年年底前将银信理财合作业务表外资产转入表内。银信合作贷款余额应当按照每季至少25%的比例予以压缩；对商业银行未转入表内的银信合作信托贷款，各信托公司应当按照10.5%的比例计提风险资本；信托公司信托赔偿准备金低于银信合作不良信托贷款余额150%或低于银信合作信托贷款余额 2.5%的，信托公司不得分红

表8.5(续)

时间	监管文件	内容
2011 年 5 月	《中国银监会办公厅关于规范银信理财合作业务转表范围及方式的通知》(银监发〔2011〕148 号)	关于转表范围：银信理财合作业务融资类中贷款、受让信贷和票据资产的余额应当按照每季至少 25% 的比例予以压缩。对于 2011 年内按合同约定到期的，采取自然到期的办法，不再按季度计入风险资产和计提拨备；对于 2012 年及以后到期的，从 2011 年起，按每季度 25% 计入风险资产和计提拨备
2011 年 6 月	银监会召开内部会议，要求清查 6 种违规理财产品并进行整顿	对理财业务的 6 项违规操作进行整顿，包括：同业存款、存放本行、购买他行理财产品、投向政府融资、绕过信托做信托受益权、委托贷款理财产品、票据资产理财产品
2011 年 7 月	《商业银行理财业务监管座谈会会议纪要》	商业银行不得开展多个理财产品同时对应多笔资产的资产池类理财业务，每个理财产品应单独管理；理财资金不得用于委托贷款；不得绕过信托开展信托受益权业务；商业银行之间不得相互购买理财产品或发行理财产品投资于另一款理财产品
2011 年 6 月	《中国银监会非银部关于做好信托公司净资本监管、银信合作业务转表及信托产品营销等有关事项的通知》(非银发〔2011〕14 号)	规定对各类形式的受（收）益权信托业务，除 TOT 和上市公司股票收益权业务外，原则上均应视为融资类业务，并应按照融资类业务计算风险资本；银行理财资金作为受益人的信托业务，包括银行理财资金直接交付给信托公司管理的信托业务和银行财资金间接受让信托受益权业务，一律视为银信合作业务，应按照银信合作业务融资类不得超过银信合作业务余额 30% 等相关要求予以监管，在计算风险资本时也应按照银信合作业务计算风险资本
2011 年 9 月	《中国银监会关于进一步加强商业银行理财业务风险管理有关问题的通知》(银监发〔2011〕91 号)	不得通过发行短期和超短期、高收益的理财产品变相高息揽储，在月末、季末变相调节存贷比等监管指标，进行监管套利；应重点加强对期限在一个月以内的理财产品的信息披露和合规管理；对本行资金所投资的理财产品中包含的信贷资产（包括贷款和票据融资）纳入表内核算，计算相应的存贷比等监管指标，按相应的权重计算风险资产，计提必要的风险拨备；理财业务不得进入国家法律、政策规定的限制性行业和领域

时间	监管文件	内容
2013 年 3 月	《中国银监会关于规范商业银行理财业务投资运作有关问题的通知》（银监发〔2013〕8 号）	规定商业银行理财资金投资要实现理财产品与投资标的物一一对应，单独管理、建账和核算，对于达不到要求的非标准化债券资产，按《商业银行资本管理办法（试行）》要求进行资本提计
2014 年 1 月	银监会 2014 年全国银行业监管工作会议	要求防范四种业务风险，其中对于理财业务，要求商业银行不购买本行贷款，不开展资金池业务，资金来源与运用一一对应；对于信托业务，要回归信托主业，运用净资本管理约束信贷类业务，不开展非标资金池业务
2014 年 7 月	《中国银行业监督管理委员会关于完善银行理财业务组织管理体系有关事项的通知》（银监发〔2014〕35 号）	银行业金融机构应按照单独核算、风险隔离、行为规范、归口管理等要求开展理财业务事业部制改革，设立专门的理财业务经营部门；其中单独核算是指理财业务经营部要作为独立的利润主体，建立单独的会计核算、统计分析和风险调整后的绩效考评体系；代客理财资金不得用于本行自营业务，不得通过理财产品期限设置、会计记账调整等方式调节监管指标；本行理财产品之间不得相互交易，不得相互调节收益等
2014 年 9 月	《中国银监会办公厅、财政部办公厅、人民银行办公厅关于加强商业银行存款偏离度管理有关事项的通知》（银监办发〔2014〕236 号）	规定商业银行不得设立时点性存款规模考评指标，不得通过理财产品、同业业务倒存等，并规定月末存款偏离度不得超过 3%
2016 年 10 月	《关于将表外理财业务纳入"广义信贷"测算的通知》	将表外理财业务纳入 MPA 考核
2018 年 9 月	《商业银行理财业务监督管理办法》（中国银行保险监督管理委员会令 2018 年第 6 号）	对商业银行理财产品进行的全范围规范，包括分类、业务规则、风险管理、投资运作管理、信息披露等

（4）小结

针对理财业务开展的一系列监管套利活动，风险较多，如对于个人投资者来讲面临投资风险；商业银行面临操作风险、流动性风险、声誉风险等。其中，以流动性风险最为严重，以声誉风险（包含着一定的刚性兑付风险）最为普遍。从理财产品发行期限结构看，其资金参与期限呈现明显短期特征，而这种短期流动性成为公认的流动性风险，甚至可能成为庞氏骗局（肖刚，2012）。在理财资金参与过程中，"资金池-资产池"现象在一个时间段里成为主流模式，在负债端能连续性获得资金流入，在资产端能实现多样化的资产配置。但是所有这些短期流动性的过度使用都将加剧资金的期限错配，一旦发生违约，可能会引发强烈的挤兑现象，诱发流动性危机。此外，在中国影子银行体系中，理财产生的资金主要来源于商业银行。尽管商业银行的理财子公司正准备开展业务，但就当时存量体系看，整体上并不具备独立 SPVs，在刚性兑付仍未破除情况下，商业银行大概率会受影子资金赎回波及，进而有诱发系统性风险的可能。将存量理财业务有效注入商业银行理财子公司体系内是一大重任。新老划断是一种可操作方式，存量理财产品仍保留至银行体系内直至到期清算；新的理财产品的发行由理财子公司负责开展。

8.1.2　理财部门的独立与风险隔离、刚性兑付

在中国影子银行发展过程中，理财产品作为影子银行资金主要来源与风险来源决定了它一直广受关注，当然也逃不过监管和规范（见表 8.5）。为规避监管限制及信贷配给，理财产品所募集的资金不仅为企业融资提供了新的路径，实现了资产管理，也间接推动着存款利率市场化；但是其一直被视为潜在的系统性风险源。可以看到，从理财产品投资对应的资产端看，最初理财资金对接信托计划，随着监管升级，理财资金开始对接证券资产管理计划、保险资产管理计划等。监管也使得影子银行业务通过构建更多的"过桥"方式来进行规避，套利形式变得更为复杂和隐蔽，最终影子银行资金流向了非标业务。从首尾资金链看，即为理财资金对接了非标业务，非标业务虽能获得不错的收益率，但其自身的透明度、流动性以及对接领域狭窄等劣势也为理财资金带来了风险。从理财产品募集资金所对应的负债端看，最初从单一负债源到资金负债池，再到被规范（如资金池业务的规范、期限结构的规范），其自身始终存在严重的期限错配；此外，在负债端存在一个一直考验监管层和市场的现象——刚性兑付。总之，可以认为在理财产品所涉及的资产端及负债端都存在着监管套利行为，该行为使风险更加复杂、隐蔽，互联性更强，也推高了中国金融市场的无风险

收益率，出现资本错配。以上是系统性金融风险的源头之一。

（1）理财部门的独立与风险隔离

在发达经济体中，传统商业银行与影子银行之间存在破产隔离机制（SPVs），SPVs 这类独立的法人机构承担着资产证券化等影子银行业务的风险。那么在中国，如何尽可能让商业银行等机构开展理财产品的风险隔离呢？对此，先回顾监管层对风险隔离的处置办法，风险控制是监管层把控的重要方面，对理财业务的监管出台众多文件中，在对理财产品的风险隔离措施上，例如监管层出台《中国银行业监督管理委员会关于完善银行理财业务组织管理体系有关事项的通知》（俗称"35 号文"）对银行理财业务提出了多个风险隔离要求。该要求包括理财业务和信贷业务相分离；自营业务与代客业务相分离；银行理财产品与银行代销的第三方机构理财产品相分离；银行理财产品之间相分离；要求银行业金融机构（以下简称银行）应按照单独核算、风险隔离、行为规范、归口管理等要求开展理财业务事业部制改革，设立专门的理财业务经营部门，负责集中统一经营管理银行理财业务。具有理财业务独立的标志性事件是 2018 年 9 月《商业银行理财业务监督管理办法》的出台，其要求商业银行应当通过具有独立法人地位的子公司开展理财业务，对于暂不具备条件的，商业银行总行应当设立理财业务专营部门，对理财业务实行集中统一经营管理。

由此，真正独立的理财子公司及其业务在金融体系中开始运行。监管层对理财业务的独立性考虑显然出于风控目的，并有向真正意义上发达经济体系 SPVs 的转变趋势。从局部看，借鉴发达经济体风险隔离机制，可建立一个可以实现破产的独立的法人机构充当 SPVs，理财业务脱离商业银行，有关联的影子银行业务也将脱离资产负债表，其运行将完全摆脱商业银行自身的经营管理，进而实现理财业务与商业银行主营业务的风险隔离。

SPVs 作为一种风险隔离机制，其具有三个重要特征：独立、高信用、破产隔离，设立具备独立法人主体的理财子公司符合监管层风险隔离意志。根据 2003 年修改的《中华人民共和国商业银行法》第四十三条规定：商业银行在中华人民共和国境内不得从事信托投资和证券经营业务，不得向非自用不动产投资或者向非银行金融机构和企业投资，但国家另有规定的除外。作为独立的非银行金融机构，理财子公司可以不受该商业银行法的限制。相信在多元化金融、影子银行监管套利、利率市场化等背景下，原有的分业经营限制将进一步得到放宽，为商业银行混业化经营提供小而重要的通道。

（2）理财部门的独立与刚性兑付

根据中国人民银行发布的《中国金融稳定报告（2014）》对刚性兑付的定义，刚性兑付是指当理财资金出现风险、产品可能违约或达不到预期收益时，作为发行方或渠道方的商业银行、信托公司、保险机构等为维护自身声誉，通过寻求第三方机构接盘、用自有资金先行垫款、给予投资者价值补偿等方式保证理财产品本金和收益的兑付。

在中国影子银行发展过程中，理财产品的刚性兑付问题一直存在，如中信信托兑付危机、中诚信托兑付危机、恒丰银行兑付危机等，到最后都在协调中实现了刚性兑付。刚性兑付最大的风险在于其诱发了资源的错误配置，并引发了投资者和金融机构的道德风险。倚靠银行及国家信用，理财产品即使为非保本理财产品也被视为保本金融产品，甚至无风险收益金融品种。这种隐形担保相当于重新定义了无风险收益率，只要存在高收益影子银行产品时，投资者纷纷向其投资并得到高收益，从风险溢价上直接打压资本市场。若将国债这种真正意义上由政府信用背书的债券收益率视为无风险收益率，其收益率低于影子银行产品收益率，并且其债券收益率严重受影子银行产品收益率影响，这在 2013 年 6 月"钱荒"事件中体现得淋漓尽致。

除了致使资源配置不合理之外，道德风险也是待解决的问题，应该说道德风险与资源配置的合理性息息相关。对于投资者来讲，有高风险承受能力的人追求高收益，而在理财产品依附银行信用时，即使风险承受能力较弱的投资者也会购买理财产品，成为影子银行的一部分，在投资标的风险爆发之后，其自身预期收益无法兑现便实行过激的追偿行为，银行为考虑社会影响、声誉风险等因素不得已进行刚性兑付。

理财部门在身份、资产负债以及运行上独立后，其自身自负盈亏，享有破产机制，即使投资失败也不会将风险直接嫁接给银行，也将在一定程度上有效缓解刚性兑付现象，从而在金融体系中建立起具有重要意义的契约精神，为资本市场的良好健康发展奠定基础。

8.2　中国影子银行监管套利与资产证券化的发展

　　监管层为避免资本脱离实体经济以及金融风险等展开了大量的金融业务监管措施，通过对相关监管文件的归纳和总结，可以看到监管层在监管行文上基本以"堵"为主，旨在规范交易标的的相对标准化，便于监管风险。从中国影子银行的发展过程来看，非标业务以及同业业务等显著具有影子银行色彩的业务在规模上占据着决定性位置，对于非标业务以及同业业务的持续监管使得前期隐藏的类信贷资产暴露，商业银行面临着资产负债表的调整，主要体现在入表后的资本计提而增大资本压力，而监管文件对后期非标业务的严格监管同样也使得其资本压力变大。如"72号文"规定商业银行将银信理财合作业务的这部分表外业务转入资产负债表，按照150%的拨备覆盖率要求计提拨备，大型银行按照11.5%、中小银行按照10%的资本充足率要求计提资本；《中国银监会关于进一步加强商业银行理财业务风险管理有关问题的通知》规定本行资金所投资的理财产品中包含的信贷资产要纳入资产负债表内核算，计算相应存贷比指标，计提必要的风险拨备；"127号文"在同业规模上实行限定，规定单家商业银行对单一金融机构法人的不含结算性同业存款的同业融出资金，扣除风险权重为零的资产后的净额不得超过该银行一级资本的50%，此外其规定在参与买入返售业务中，卖出回购方不得将业务项下的金融资产从资产负债表转出等。这在相当大程度上打压了非标及同业业务。而需意识到，在中国尚未实现利率市场化、形成成熟的金融市场时，影子银行存在有其合理性，特别是处于金融约束中，监管套利成为融资者迫不得已的选择，也必定是金融机构获得利润的来源之一。

　　在层出不穷的套利模式被逐步规范之后，监管影子银行的发展从"堵"到"疏"不失为一个选择。对于监管层来讲，"堵"是一时之意，有着对利润的追逐就有金融创新、监管套利，也就有着监管层持续不断的跟进，"疏"① 可借鉴的国外成熟办法——资产证券化。

为盘活及丰富金融市场产品，资产证券化已经重新得到审视，其在中国可分为三类：信贷资产证券化（CLO）、企业资产证券化（ABS）、资产支持票据（ABN）。现阶段，中国仍以间接融资为主，信贷资产作为中国金融资产的绝大部分，其证券化的推广将影响着中国金融发展的广度和深度，因此以下着重以信贷资产证券化为对象进行探讨。

8.2.1　中国信贷资产证券发展进程

中国信贷资产证券化启动较晚，2005 年 4 月中国人民银行和中国银监会联合发布《信贷资产证券化试点管理办法》，标志着中国信贷资产证券化的开始。在金融危机时期监管层考虑到风险问题而将业务暂停，2012 年《中国人民银行、中国银行业监督委员会、财政部关于进一步扩大信贷资产证券化试点有关事项的通知》发布后，信贷资产证券化得到重启，金融机构得到 500 亿元的发行额度。资产证券化的重启有利于商业银行缓解并且补偿资本金压力以及金融创新活动的开展，此外，重启后一些符合条件的基建类项目和地方融资平台项目也能入池，从而缓解了基建类公司融资和地方政府财政压力，化解了部分银行风险，缓解了影子银行风险问题，进而使商业银行拥有更大力度的盘活存量资金，并发展多层次金融，扭转银行通过非信贷业务的监管套利行为。《中国人民银行、中国银行业监管管理委员会公告（2013）第 21 号》关于风险自留比例的调整在更大程度上为刺激银行开展资产证券化做准备，主要体现在留存比例的下降将使得资本得到大幅提升，有助于商业银行实现监管资本套利。在 2014 年 11 月，《中国银行业监督委员会办公厅关于信贷资产证券化备案登记工作流程的通知》，规定信贷资产证券化业务由审批制改为业务备案制，该措施从政策层面极大简化了发行资产证券化的手续流程，显著节约了发行时间。

---

① 监管层对于"疏"的办法之一是 2013 年 12 月，中国人民银行发布《同业存单管理暂行办法》，开始推行银行间市场的同业存单业务，该业务有助于提高资产负债管理的主动性、标准化与透明度，有利于金融稳定；另外，2014 年 4 月《中国银监会、中国证监会关于商业银行发行优先股补充一级资本的指导意见》出台，允许有条件的商业银行发行优先股以补充一级资本。

表 8.6 中国资产证券化推进的相关政策措施

时间	文件	主要内容
2005 年 4 月	《信贷资产证券化试点管理办法》（中国人民银行和银监会联合发布）	规范了信贷资产证券化行为，规定银行业金融机构作为发起机构，将信贷资产信托给受托机构，由受托机构以资产支持证券的形式向投资机构发行受益证券，以该财产所产生的现金支付资产支持证券收益的结构性融资活动，国家开发银行和中国建设银行成为试点银行
2012 年 5 月	《中国人民银行、中国银行业监督管理委员会、财政部关于进一步扩大信贷资产证券化试点有关事项的通知》	鼓励金融机构选择符合条件的信贷资产作为基础资产开展信贷资产证券化；信贷资产证券化产品结构要简单明晰，扩大试点阶段禁止进行再证券化、合成证券化产品试点；要求发起机构持有由其发起的每一单资产证券化中的最低档次资产支持证券的一定比例，该比例原则上不得低于每一单全部资产支持证券发行规模的 5%
2013 年 12 月	《中国人民银行中国银行业监督管理委员会公告〔2013〕第 21 号》（简称"21 号文"，中国人民银行和银监会联合发布）	对资产证券化风险自留管理作出最新调整：明确规定了信贷资产证券化风险自留比例不得低于单只产品发行规模的 5%，同时自留最低档次的比例也不得低于最低档次发行规模的 5%
2014 年 11 月	中国银行业监督委员会办公厅《关于信贷资产证券化备案登记工作流程的通知》（中国银监会办公厅发布）	规定机构从事信贷资产证券化业务将在银监会得到审批，而证券化产品由审批制改为业务备案制
2015 年 3 月	《关于信贷资产支持证券发行管理有关事宜的公告》（中国人民银行发布）	已取得相关业务资格，发行过信贷资产支持证券，并且能够按规定披露信息的受托和发起机构，可以向央行申请注册后，在有效期内自主发行该类 ABS
2015 年 5 月	关于发布《个人汽车贷款资产支持证券信息披露指引（试行）》《个人住房抵押贷款资产支持证券信息披露指引（试行）》的公告	规范相关业务的信息披露

表8.6(续)

时间	文件	主要内容
2015年9月	《个人消费贷款资产支持证券信息披露指引（试行）》	规范相关业务的信息披露

当时中国资产证券化存在如下限制性因素：发行规模相对较小；证券化产品流动性不足；评级机构的专业性有待提高；缺乏相关法律法规等。根据监管层的相关规范文件，可以看到监管层开始不断推进信贷资产证券化的发展。从中国银行业自身信贷资产证券化动力来看，在短时期内，商业银行自身资本压力并不太大（见图8.2），且中国银行业信贷资产质量较高，银行业整体不良率较低（见图8.3），而用于证券化的基础资产质量较好，资产证券化动力略显不足。

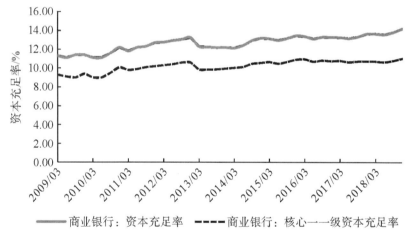

图8.2 中国商业银行整体资本充足变化情况

数据来源：Wind。

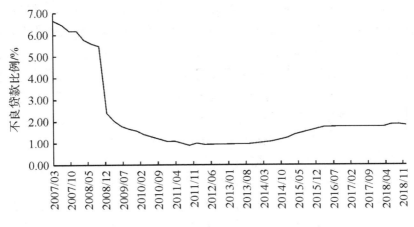

图 8.3　中国商业银行整体不良贷款比例变化情况

数据来源：Wind。

8.2.2　资产证券化是中国金融市场发展的趋势

监管层力推资产证券化，目的是盘活资本存量，而从更远来看（将视野放到商业银行），随着商业银行规模不断扩展，其资本压力将越来越大，如何去疏通这个压力将让商业银行重新审视创新方式。从发达经济体看，通过资产证券化去化解资本压力，并从中进行监管套利将是商业银行市场化运行的重点。该业务的不断发展将给金融机构和实体经济注入更多流动性。有理由相信在未来相当长的时间内，资产证券化将成为一种可以调节资本结构、丰富金融市场的非常重要的资本市场金融产品。通过证券化，商业银行贷款将变为一种流动性较强的证券。从实体经济来看，企业将会得到更多流动性支持。对于资本市场而言，证券化产品是金融市场交易一项重要的金融产品，为金融市场增添了新兴的投资工具，它收益稳定且具有长期性质，值得长期投资者关注、持有。

特别地，信贷资产证券化对商业银行的重要性尤为突出。首先，从商业银行资产负债结构看，证券化将增加商业银行资产流动性，改善商业银行的资产负债失衡结构。例如，商业银行进行金融中介活动避免不了期限错配，但短存短贷、长存长贷这种形式更利于银行安全，在开展资产证券化后，将在一定程度上改善期限错配现象，许多长期贷款、应收账款等资产将被打包为证券化产品实现出表并回笼资本金。其次，由失衡引发的监管制约着金融机构的发展，在开展证券化后商业银行监管指标也将得到改善。在资产端方面，证券化之后腾挪出了信贷额度，得到真实一级资本；在负债端方面，节约了信贷资产占用的资金额度，将重新释放商业银行的信贷额度；这相当于同时从分子与分母上提高了银行资本充足率。再者，商业银行在证券化过程中可为SPVs提供服务并为证券化资产进行增信等，由此增加表外收入。此外，对于商业银行风险控制，借助于风险隔离机制SPVs，资产证券化能够实现借贷方的破产隔离，从而利于自身的稳健运行。

需注意的是，资产证券化不仅可以提高流动性，也是一种转移风险行为：将自身持有的信贷资产风险转移至证券化产品持有者。而对于信贷资产证券化风险转移问题的处理一直是难题，如何在保证风险转移的情况下规避道德风险。现有的监管措施是风险自留，而风险自留的前提是实现资产的真实出售，但是在交易中信息不对称的存在使得发起人常以自身证券化产品提供担保作为信号给投资者提供可信赖的认可，这也破坏了转移真实风险的功能。如何权衡真实风险转移与规避道德风险仍是监管层及金融机构面临的难题。

此外，资产证券化产品的交易集中在银行间市场，而银行间对于风险的认识有着同一性，使得证券化产品交易不够活跃；银行间交易也意味着其各自交叉持有证券化产品，信贷资产的风险并未导出银行体系外，仍在体系内循环，没有发挥真正意义上的风险转移功能。由于研究关系，不再详细分析。

8.3 中国影子银行监管套利与货币市场基金的发展

货币市场基金源自美国，根据美国证券交易委员会的定义[①]，货币市场基金（Money Markets Funds，MMFs）是可以供投资者选择的、投资于一系列证券、提供比银行生息账户更高收益的一类基金。它属于开放式基金，是将众多的小额投资者资金聚集起来，由专业经理人进行投资管理，在获得投资收益后按一定期限以及持有份额进行分配的一种金融组织形式。其流动性要求较为严格，为投资者提供相对安全且具有稳定收益的金融产品，主要投资对象多为央行票据、政府债券、大额可转让存单、银行

---

① 货币市场基金定义来源于美国证券交易委员会网站. http://www.sec.gov/spotlight/money-market.shtml.

承兑汇票、回购协议等。在发达经济体系中，货币市场基金是影子银行体系的主体部分。2008 年，由于证券化产品虚拟化和击鼓传花效应，投资人在货币市场基金的挤兑造成雷曼兄弟破产而引发了更大规模的挤兑事件，造成金融危机。

首先有必要回顾美国货币市场基金发展的背景：在 20 世纪 70 年代初期，美国尚未完成利率市场化，美国联邦储备委员会颁布的 Q 条例规定对储蓄存款和定期存款的利率设定最高限度；当时美国经济处于严重的滞涨时期，居民储蓄意愿下降并伴随存款增速下降，许多中小投资者不能进入货币市场而无法享受浮动利率收益。货币市场基金利用拥有浮动利率收益优势，将众多投资者聚集起来，开展了大量货币市场交易。在 20 世纪 70 年代末期，美国货币市场的投资标的收益普遍超过 10%[1]，这些收益远远高于美联储所规定的 5.5% 的利率上限，致使储蓄机构的存款大量转向货币市场，货币市场基金得到迅速发展。

历史总是惊人的相似，中国在前往利率市场化的路上，也遇到利率管制问题[2]，在保证低风险的情况下为获得更有吸引力的收益，货币市场基金开始在中国逐渐流行。关于中国货币基金发展具体背景：根据阎庆民和李建华（2014）文献介绍，2000 年以来，在众多市场因素作用刺激下，要求创立中国货币市场基金的呼声越来越高。一方面，自 2001 年起中国股票市场经历了近五年的熊市，随后，在 2008 年国际金融危机的影响下股票市场再次遭遇重挫，这导致了以股票为主要投资对象的中国证券投资基金的收益率大幅缩减；另一方面，在于由于当时为维持经济增长、刺激投资和居民消费，中国采取了低利率货币政策，造成中国银行存款利息收益长期低位运行，再结合通货膨胀居高不下，致使银行存款利率很低，出现实际存款收益为负的现象（结合通货膨胀影响）。在这样的宏观背景下，中国投资者迫切需要一种投资工具：该工具具有低风险、高流动性特征，且可获得高于银行存款的收益。由此，货币市场基金便成了投资者的选择之一。

中国货币基金的发展时间较短，2003 年年底，经中国证监会批准，中国首只货币基金正式开始发行（第一只基金名称为华安现金富利投资基

---

[1]　数据来源于 CEIC。

[2]　截至 2015 年 3 月 1 日，中国人民银行将金融机构存款利率浮动区间的上限由存款基准利率的 1.2 倍调整为 1.3 倍。

金），标志着货币市场基金开始在中国发展。中国证监会、中国人民银行在 2004 年发布的《货币市场基金管理暂行规定》指出：货币市场基金是指仅投资于货币市场工具的基金，并对投资标的做了规定，见表 8.7。在《货币市场基金管理暂行规定》推出后，2005 年 3 月，中国证监会发布《证券投资基金信息披露编报规则第 5 号〈货币市场基金信息披露特别规定〉》，要求基金收益应标明收益分配的具体方式，及时进行收益披露等；同时《中国证券监督管理委员会关于货币市场基金投资等相关问题的通知》规定了货币市场基金投资组合的平均剩余期限，各种货币市场工具交易准则等，中国货币市场基金的发展更加专业化、法治化、规范化。2005 年 11 月，《中国证券监督管理委员会关于货币市场基金投资银行存款有关问题的通知》，规定货币市场基金可以投资于现金、通知存款、1 年以内（含 1 年）的存款，对于投资定期存款的比例，不得超过基金资产净值的 30%。对于银行存款，2011 年 10 月，中国证监会发布新规，明确规定货币市场基金投资于有存款期限，但根据协议可提前支取而且没有利息损失的银行存款的这类业务，不属于《中国证券监督管理委员会关于货币市场基金投资银行存款有关问题的通知》要求的范围内，这个新规的发布为后来货币市场基金大肆配置银行存款奠定了法律基础。

表 8.7　中国货币市场基金投资范围一览表

允许投资标的	禁止投资标的
（一）现金	（一）股票
（二）期限在 1 年以内（含 1 年）的银行存款、债券回购、中央银行票据、同业存单	（二）可转换债券、可交换债券
（三）剩余期限在 397 天以内（含 397 天）的债券、非金融企业债务融资工具、资产支持证券	（三）以定期存款利率为基准利率的浮动利率债券，已进入最后一个利率调整期的除外
（四）中国证监会、中国人民银行认可的其他具有良好流动性的货币市场工具	（四）信用等级在 AA+ 以下的债券与非金融企业债务融资工具
—	（五）中国证监会、中国人民银行禁止投资的其他金融工具

8.3.1　货币市场基金与影子银行监管套利

在中国利率市场化推进过程中，货币基金的发展与中国影子银行开展的监管套利行为密切相关。例如，在银基合作方面，中国流行由商业银行代发基金产品，通过商业银行渠道优势实现资金量的最大募集，然后基金根据自身投资策略进行资金运用，或者是借助信托、券商渠道实现再投资，当然这些基金主要是风险偏好较大的基金，如证券投资基金。由于风险管控较为严格，货币市场基金参与直接的借道套利业务不多，但是其在中国同业业务中存在相当强烈的套利行为。这种套利行为依托的金融背景包括利率市场化进程中的存款利率管制，以及中国影子银行发展的迅猛增长，后者推动了同业业务爆炸式发展。具体来看，初期影子银行业务被"堵"后，其将套利业务推向同业业务，同业业务得到迅速发展。在金融市场缺乏流动性时，考虑到同业市场的相对安全性与较高收益性，货币市场基金为同业市场等提供流动性并获取相应收益，如货币市场基金能在同业市场上借助其议价能力与商业银行达成大额协议存款而得到高于官方存款利息的收益。许多货币市场基金将其主要资金通过与商业银行签订大额协议存款而投资于拆借市场，以此为投资者提供较高的收益率。

关于货币市场收益情况，以天弘增利宝货币市场基金——余额宝为例，将当时的余额宝 7 日年化收益率与七天通知存款利率、活期存款以及一年期存款利率相比较，见图 8.4。从余额宝发行之日开始，其收益率远高于活期、七天通知存款利率。而在 2013 年年底至 2014 年年初，余额宝收益率超过 6%。

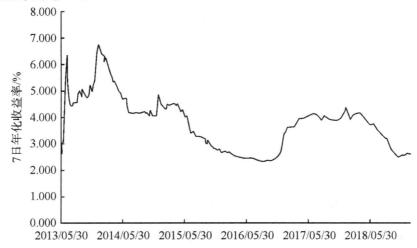

图 8.4　余额宝收益率走势

数据来源：Wind。

作为中国货币基金的代表性基金，天弘增利宝货币市场基金在中国货币市场基金占据相当重要的位置，因此分析其投资结构（见表8.8），可映射中国货币市场基金主流投资方向。从天弘增利宝货币市场基金发布的较为详细的公报看，2013年投资于银行存款的资金规模占其整个资产规模的92.21%，也是占比峰值，随后银行存款占比不断下降，一直下降至2018年的48.61%；与之相对应的是，从2013年后，投资于买入返售资产的占比开始逐渐提高，到2018年年底，买入返售占比已达到36.72%。天弘增利宝货币市场基金主要的投资对象随着发展而不断调整，而调整的背后有监管原因，也有市场变化原因：银行存款占比下降原因之一在于商业银行，特别是大型国有商业银行对大额协议存款的集体排斥，也由于在经历2013年6月份"钱荒"事件之后，中国人民银行警惕金融流动性危机，开始采取一些中短期流动性工具为金融市场补充流动性。在各监管层联手规范影子银行后，同业市场资金需求程度下降，拆借利率自然随之下降。

从规模上看，在2017年，该基金规模达到历史最高的15 806.95亿元，后由于监管层对货币基金进行规范，如提出风险准备金要求［发布《公开募集开放式证券投资基金流动性风险管理规定（征求意见稿）》］，致使货币基金主动压缩规模；再者，收益率的下降也部分影响了市场对货币基金的投资需求。

表8.8　天弘增利宝货币市场基金资产构成情况　　单位：亿元

	2018年	2017年	2016年	2015年	2014年	2013年
资产总值	11 333.59	15 806.95	8 107.14	6 255.21	5 792.40	1 903.76
债券市值	1 637.39	1 409.51	938.51	1 538.95	461.91	127.62
银行存款	5 509.06	8 954.86	5 697.18	4 347.09	4 905.82	1 755.41
其他资产	4 187.14	5 442.58	1 471.45	369.17	424.67	20.73
买入返售证券	4 161.16	5 394.60	1 454.86	357.71	411.56	15.81

数据来源：Wind及天弘基金的披露信息。

8.3.2　中国货币市场基金的未来展望

中国货币市场基金发展迅速，从其规模绝对值来看（见表8.9），资产净值从2007年的1 110.46亿元发展到2018年的81 628.70亿元，资产净值基本保持高速增长（除2010年外）；进一步，从相对量看，虽然与整体基金规模的占比情况相比存在波动，但从 2011 年起，货币市场基金占整个基金业的规模从 13.60% 扩展到 2018 年年底的 63.15%。

表 8.9　中国货币市场基金发展情况

截止时间	全部基金		货币市场型基金			
	截止日份额/亿份	截止日资产净值/亿元	截止日份额/亿份	占比/%	截止日资产净值/亿元	占比/%
2007	22 331.61	32 755.90	1 110.46	4.97	1 110.46	3.39
2008	25 741.30	19 388.67	3 891.74	15.12	3 891.74	20.07
2009	24 535.95	26 695.44	2 595.27	10.58	2 595.27	9.72
2010	24 228.41	24 972.49	1 532.77	6.33	1 532.77	6.14
2011	26 510.50	21 680.55	2 948.95	11.12	2 948.95	13.6
2012	31 558.97	27 971.95	7 074.89	22.42	7 075.41	25.29
2013	31 180.10	29 295.39	8 801.44	28.23	8 802.29	30.05
2014	42 153.73	44 499.18	21 900.72	51.95	21 873.81	49.16
2015	76 856.01	83 478.20	45 763.00	59.54	45 761.33	54.82
2016	88 636.17	91 069.79	44 686.49	50.42	44 686.86	49.07
2017	110 377.27	115 507.65	71 329.03	64.62	71 315.28	61.74
2018	128 750.26	129 257.07	81 706.63	63.46	81 628.70	63.15

数据来源：Wind。

相对于发达经济体，中国货币市场基金显得发育不足。以美国为例，在经历金融危机之后，货币市场基金资产占商业银行总资产的比例有一定程度下降，但可以看到 2011—2018 年占比基本保持在 17%~21%（见表 8.10）。同时，由于中国处于利率市场化背景下，随着金融市场得到不断深化，2011—2018 年，货币市场基金资产占商业银行总资产的比例呈快速上升趋势，并在 2018 年达到了 4.01%（见图 8.11）。与美国相比，中国货币市场基金有较大发展空间。

表 8.10　美国货币市场基金与商业银行的规模对比

年份	货币市场基金总资产/百万美元	商业银行总资产/百万美元	占比/%
2011	2 697 908.00	12 624 891.00	21.37

表8. 10(续)

年份	货币市场基金总资产/百万美元	商业银行总资产/百万美元	占比/%
2012	2 668 218. 00	13 207 120. 00	20. 20
2013	2 719 379. 00	14 078 449. 00	19. 32
2014	2 726 358. 00	14 846 063. 00	18. 36
2015	2 758 515. 00	15 428 948. 00	17. 88
2016	2 729 239. 00	15 968 549. 00	17. 09
2017	2 847 454. 00	16 761 504. 00	16. 99
2018	3 038 926. 00	17 099 268. 00	17. 77

数据来源：Wind 数据库和作者计算。

表 8. 11   中国货币市场基金与商业银行的规模对比

年份	货币基金总资产/亿元	商业银行总资产/亿元	占比/%
2011	2 949. 00	819 975. 00	0. 36
2012	7 075. 00	959 141. 00	0. 74
2013	8 832. 00	1 077 144. 00	0. 82
2014	21 873. 81	1 308 017. 00	1. 67
2015	45 761. 33	1 509 380. 00	3. 03
2016	44 686. 86	1 759 383. 00	2. 54
2017	71 315. 28	1 904 180. 00	3. 75
2018	81 628. 70	2 034 114. 00	4. 01

数据来源：Wind 数据库和作者计算。

当前中国货币市场基金也具有自身特点，最为明显的特点是货币市场基金互联网化。在利率市场化大背景下，借助互联网技术的便利，投资者可以轻松地申购货币市场基金，这极大地降低了投资者的申购成本，同时也减少了发行货币市场基金所需的大量成本。货币市场基金因此吸收大量社会闲散资金，并对存款类金融机构造成了存款分流，迅速成为基金里的主流。中国货币市场基金逐渐存款化，流动性上越来越靠近活期存款。可以预见到，当越来越多的金融产品出现在中国金融市场里时，货币市场基金以其专业的投资能力与规模化效应将会受到更多的关注。

从公众投资需求看，货币市场基金将众多的小额投资者资金撮合起来进行专业化投资。由于金融行业一般存在资格限制，货币市场基金能将小额投资者集合起来形成大规模的公募基金，突破较多金融行业投资限制，使得众多投资人能参与投资、分享收益。在中国，公众的投资渠道相对有限，大部分人群有一定的风险厌恶特征，为回避风险他们倾向于将资金存入商业银行获取相应利息收入。随着利率市场化和多层次资本市场的发展，中国的投资渠道将逐渐增多，金融"脱媒"现象将越发明显。商业银行存款分流现象将随之出现，奖金将流向其他低风险投资品种，正如上述阐述的货币市场基金等。

从金融体系发展看，货币市场基金从本质上来讲属于金融创新产物，其在中国发展时间较短，其发展壮大对中国金融市场深化有着极其重要的作用。它是资本市场的补充，一方面表现为对资本市场产品的丰富，其流动性方面接近于银行存款，且货币市场基金每日派发收益，而又不类似于股票基金、债券基金一样存在着一定的高风险性，作为一种开放式较为稳健的基金，其给予市场投资人更多投资选择；另一方面在于其的发展壮大为资本市场提供更多有效资金，在利率市场化过程中，中国金融机构监管套利行为普遍存在，而当前货币市场基金作为监管套利的一部分也参与了提供资金、缓解流动性的业务。可以预见到，随着中国监管套利业务监管的规范化，商业银行体系中影子银行业务将受到进一步规范，这使得货币市场基金可成为影子银行资本的有力补充。此外，在中国式影子银行逐渐发展的过程中，资产证券化是未来金融发展的方向，其发展也极有可能带来新的套利方式——监管资本套利，从而形成类似发达经济体的影子银行体系。资产证券化过程中除了发行人、SPVs 等外，投资者是必不可少的，在发达经济体的影子银行体系里，货币市场基金作为一种非常重要的投资者为影子银行体系提供了大量资金。可以推断，在中国资产证券化，特别是信贷资产证券化过程中，大量资金被运用于与资产证券化相关的影子银行业务。而影子银行体系的运转使得体系自身成为流动性的风险点，影子银行体系的规模越大，就需要越多的投资者提供长期稳定的资金支持，作为市场主要参与人之一，货币市场基金的规模将越来越大，或将充当主要影子资金。进一步地，虽目前中国暂未规模化开展转抵押回购业务，但从更远的金融市场发展考虑，由资产证券化引发的回购业务也将在更大程度上加大对资金的需求，当然也会增加货币市场基金的参与度。

总之，在中国由上而下的推动多元化金融、直接金融和普惠金融发展的背景下，在政策层面或许也会出台相关措施去支持发展货币市场基金。目前中国资产证券化业务正有序推进，在规模不断扩大且流动性逐步改善后，中国货币市场基金将成为证券化产品的主要投资者之一，同时货币市场基金与证券化二者将相互促进、相互发展，共同推动中国金融体系向前发展。此外，如何让货币市场基金具有吸引力？货币市场基金投资标的具有相当的稳定与流动性，其最高收益率自然不比高风险投资品种收益率，或许当中国经济不幸跨入滞涨，又或者中国金融体系出现流动性短缺时，货币市场基金将被引爆。

参考文献

[1] 巴曙松, 朱元倩, 等. 巴塞尔资本协议Ⅲ研究 [M]. 北京: 中国金融出版社, 2011: 259-265.

[2] 巴曙松. 应从金融结构演进角度客观评估影子银行 [J]. 经济纵横, 2013 (4): 27-30.

[3] 程琳, 孟超. 国内外影子银行比较研究 [J]. 经济研究参考, 2013 (32): 76-82.

[4] 陈诗一, 汪莉, 杨立. 影子银行活动对银行效率的影响: 来自中国商业银行的证据 [J]. 武汉大学学报 (哲学社会科学版), 2018 (2): 103-118.

[5] 陈雨露, 汪昌云. 金融学文献通论: 宏观金融卷 [M]. 北京: 中国人民大学出版社, 2006: 389-404, 444-469.

[6] 戴维·皮林. 中国"影子"银行悖论 [EB/OL]. FT 中文网, 2013. http://www.ftchinese.com/story/001049191.

[7] 方意, 韩业, 荆中博. 影子银行系统性风险度量研究: 基于中国信托公司逐笔业务的数据视角 [J]. 国际金融研究, 2019 (1): 57-66.

[8] 范希文. 监管套利与监管蒙蔽 [J]. 金融博览, 2017 (3): 42-43.

[9] 黄国平. 监管资本、经济资本及监管套利: 妥协与对抗中演进的巴塞尔协议 [J]. 经济学季刊, 2014 (4): 863-886.

[10] 何平, 刘泽豪, 方志玮. 影子银行、流动性与社会融资规模 [J]. 经济学季刊. 2017 (10): 46-72.

[11] 胡志鹏. "影子银行"对中国主要经济变量的影响 [J]. 世界经济, 2016 (1): 152-169.

[12] 高善文. 贷存比约束小制度大问题 [J]. 清华金融评论, 2014 (6): 27-30.

[13] 高善文，莫倩，瞿灿. 中国影子银行业务的兴起及其风险 [J]. 新金融评论，2013（2）：27-40.

[14] 霍光宇，陈剑. 资本充足率高代表资本充足吗?：基于中国上市银行 2007—2011 年季度数据分析 [J]. 国际金融研究，2011（10）：65-71.

[15] 霍光宇. 存贷比监管指标是否应该放松：基于中国上市银行 2007—2012 年的季度数据分析[J]. 经济理论与经济管理，2013（6）：91-100.

[16] 黄洁莉，汤佩，汤佩. 表外业务真的给银行带来风险和收益了吗?：基于中国上市银行 2007—2011 年均衡面板数据的研究 [C]. 中国会计学会 2013 年学术年会论文集，2013：1-8.

[17] 胡雪琴. 从风险视角探讨影子银行及其中国化现状 [J]. 金融管理与研究，2011（9）：15-17.

[18] 江曙霞，任婕茹. 资本充足率监管压力下资本与风险的调整：基于美国商业银行数据的实证分析 [J]. 厦门大学学报，2009（4）：79-85.

[19] 凯恩斯. 就业、利息与货币通论 [M]. 北京：华夏出版社，2005.

[20] 李波，伍戈. 影子银行的信用创造功能及其对货币政策的挑战 [J]. 金融研究，2011（12）：77-84.

[21] 连飞. 中国式影子银行与货币供给：促进还是抑制：基于信用创造视角的研究 [J]. 武汉金融，2018（8）：24-29.

[22] 林晶，张昆. "影子银行"体系的风险特征与监管体系催生 [J]. 改革，2013（7）：51-57.

[23] 李建军. 中国未观测信贷规模的变化：1978—2008 年 [J]. 金融研究，2010（4）：40-49.

[24] 刘吕科，张定胜，邹恒甫. 证券价格、资产证券化和道德风险：一个理论模型 [J]. 世界经济文汇，2013（1）：1-14.

[25] 卢盛荣，郭学能，游云星. 影子银行、信贷资源错配与中国经济波动 [J]. 国际金融研究，2019（4）：66-76.

[26] 李新功. 影子银行对中国货币供应量影响的实证分析 [J]. 当代经济研究，2014（1）：71-76.

[27] 李小开，影子银行与广义货币供应量动态关系的实证分析 [J]. 财会月刊，2013（10）：82-84.

[28] 李扬，影子银行体系发展与金融创新 [J]. 中国金融，2011

（12）：31-32.

［29］李扬，王国刚. 中国金融发展报告（2014）［M］. 北京：社会科学文献出版社，2013：144-146.

［30］马亚明，贾月华，侯金丹. 影子银行对我国房地产市场的影响：基于监管套利视角［J］. 广东财经大学，2018，33（1）：39-48.

［31］马亚明，徐洋. 影子银行、货币窖藏与货币政策冲击的宏观经济效应：基于 DSGE 模型的分析［J］. 国际金融研究，2017（8）：54-64.

［32］马轶群，崔伦刚. 论国家审计对金融行业监管套利的监督：以交叉金融创新为例［J］. 审计研究，2016（5）：27-31.

［33］彭文生，林墩，赵扬. 影子银行风险暴露［J］. 金融发展评论，2013（2）：53-61.

［34］齐森. 中美影子银行体系的运行机制、监管及比较［D］. 上海：复旦大学，2011.

［35］裘翔，周强龙. 影子银行与货币政策传导［J］. 经济研究，2014（5）：91-105.

［36］钱雪松，李晓阳. 委托贷款操作机理与金融风险防范：源自2004—2013 年上市公司公告数据［J］. 改革，2013（10）：125-134.

［37］孙国峰，贾君怡. 中国影子银行界定及其规模测算：基于信用货币创造的视角［J］. 中国社会科学，2015（11）：92-110.

［38］石磊. 影子银行，还是银行的影子［EB/OL］. FT 中文网，2012. http://www.ftchinese.com/story/001047822？page＝1.

［39］沈庆劼. 商业银行监管资本套利的均衡分析［J］. 经济评论，2010（6）：49-58.

［40］沈庆劼. 商业银行监管资本套利的动因、模式与影响研究［J］. 经济管理，2010（11）：1-6.

［41］沈庆劼，张钰涵. 新巴塞尔协议下商业银行监管资本套利研究［J］. 华北金融，2013（7）：18-22.

［42］沈庆劼. 资本压力、股权结构与商业银行监管资本套利：基于1994—2011 年中国商业银行混合截面数据［J］. 管理评论，2014（10）：56-63.

［43］邵宇. 影子银行：国际图景及中国形态（上）［J］. 金融发展评论，2013（8）：25-40.

［44］邵宇. 影子银行：国际图景及中国形态（下）［J］. 金融发展评论，2013（8）：48-84.

［45］邵宇. 中国应分拆银行理财［EB/OL］. FT 中文网，2015. http://www.ftchinese.com/story/001060204。

［46］宋永明. 监管资本套利和国际金融危机：对 2007—2009 年国际金融危机成因的分析［J］. 金融研究，2009（12）：81-90.

［47］谭中明，周扬帆. 中国影子银行对中小企业成长影响的实证分析［J］江苏大学学报（社会科学版），2016（5）：74-78.

［48］王国刚. 从次贷危机看资产证券化［J］. 中国金融，2013（21）：29-31.

［49］王好强. 委托贷款：即将被监管的"非标"？［N］. 金融时报，2014-05-08.

［50］王增武. 影子银行体系对中国货币供应量的影响：以银行理财产品市场为例［J］. 中国金融，2010（23）：30-31.

［51］王家辉. 委托贷款业务的特征、影响及风险监测［J］. 新金融，2013（2）：38-42.

［52］吴红毓然，霍侃. 银监剑指同业与理财［J］. 新世纪周刊，2014（4）：40-43.

［53］吴晓灵. 首届清华五道口全球金融论坛主体报告：影子银行与中国金融结构，2014. http://business.sohu.com/20140511/n399404524. shtml.

［54］吴晓求. 银证合作：中国金融大趋势［J］. 金融研究，2002（8）：19-25.

［55］肖立强，罗毅，邹添杰. 中国影子银行众生相［J］. 银行家，2013（3）：92-96.

［56］肖立晟. 中国影子银行体系发展状况研究报告之一：人民币理财产品分析. 中国社会科学世界经济与政治研究所国际研究中心，Working Paper No. 2013W06.

［57］肖琦. 商业银行监管资本套利与资本有效配置［J］. 新金融，2006（4）：35-38.

［58］徐宝林，刘百花. 监管资本套利动因及对银行的影响分析：兼论对中国银行业资本监管和管理的启示［J］. 中国金融，2006（5）：43-44.

［59］亚当·斯密. 国富论［M］. 郭大利，译. 北京：商务印书馆，

1972.

[60] 杨继光，刘海龙. 监管资本的适度性研究：基于中国上市银行的实证分析 [J]. 财经研究，2009（2）：65-85.

[61] 银监会，中国银行业监督委员会 2012 年报 [R]. 2013：59.

[62] 殷剑锋，王增武. 影子银行与银行的影子 [M]. 北京：社会科学文献出版社，2014：49-55.

[63] 阎庆民. 国内商业理财业务与影子银行关系研究 [J]. 新金融评论，2013（5）：5-19.

[64] 阎庆民，李建华. 中国影子银行监管研究 [M]. 北京：中国人民大学出版社，2014：38-53.

[65] 杨新兰. 反思监管套利与监管改进 [J]. 中国银行业，2018（2）：44-50.

[66] 原清青. 关于加强中国影子银行风险监管的对策 [J]. 东方企业文化，2012（1）：1-2.

[67] 易宪容. 美国次贷危机的信用扩张过度的金融分析 [J]. 国际金融研究，2009（12）：14-23.

[68] 朱慈蕴. 中国影子银行：兴起、本质、治理与监管创新 [J]. 清华法学，2017（11）：6-24.

[69] 曾刚. 监管套利视角的"影子银行" [J]. 金融市场研究，2013a（4）：51-57.

[70] 曾刚. "影子银行"的特征与影响 [J]. 农村金融研究，2013b（11）：5-11.

[71] 中国人民银行稳定分析小组. 中国金融稳定报告 2014 [M]. 北京：中国金融出版社，2014.

[72] 中国人民银行调查统计司与成都分行调查统计处联合课题组. 影子银行体系的内涵及外延 [J]. 金融发展评论，2012（8）：61-76.

[73] 中国人民银行货币政策分析小组. 中国货币政策执行报告 2013 年第一季度 [EB/OL]. 央行官网，2013. http://www.pbc.gov.cn/publish/goutongjiaoliu/524/2013/20130509184054861375112/20130509184054861375112_.html.

[74] 祝继高，胡诗阳，陆正飞. 商业银行从事影子银行业务的影响因素与经济后果：基于影子银行体系资金融出方的实证研究 [J]. 金融研究，

2016（1）：66-81.

[75] 中央国债登记结算有限公司. 中国银行业理财市场半年度报告（2013 年）[EB/OL]. 中国理财网，2014a. http://www.chinawealth.com.cn/zzlc/sjfx/lcbg/20141014/131663.shtml.

[76] 中央国债登记结算有限公司. 中国银行业理财市场半年度报告（2014 上半年）[EB/OL]. 中国理财网，2014b. http://www.chinawealth.com.cn/zzlc/sjfx/lcbg/20141014/131631.shtml.

[77] 张慧毅，蒋玉洁. 中国影子银行体系的风险及其监管研究 [J]. 中央财经大学学报，2013（9）：26-32.

[78] 张金城，李成. 金融监管国际合作失衡下的监管套利理论透析 [J]. 国际金融研究，2011（8）：56-65.

[79] 张维迎. 博弈论与信息经济学 [M]. 上海：上海人民出版社，1999：235-320.

[80] 周莉萍. 货币乘数还存在吗 [J]. 国际金融研究，2011（1）：18.

[81] 周莉萍. 论影子银行体系国际监管的进展、不足、出路 [J]. 国际金融研究，2012（1）：44-53.

[82] 张桥云，王纬，吴静. 贷款证券化、监管资本套利与资本监管改进 [J]. 投资研究，2012（5）：23-33.

[83] 周卫江. 影子银行的发展及其监管 [J]. 财经理论与实践，2012（3）：2-4.

[84] 周小川. 金融政策对金融危机的响应：宏观审慎政策框架的形成背景、内在逻辑和主要内容 [J]. 金融研究，2011（1）：1-14.

[85] 周小川. 国际金融危机：观察、分析与应对 [M]. 北京：中国金融出版社，2012：208-230.

[86] 张明. 中国影子银行：界定、成因、风险与对策 [J]. 国际经济评论，2023（3）：81-92.

[87] 张玉喜. 商业银行资产证券化中的监管资本套利研究 [J]. 当代财经，2008（4）：58-62.

[88] ACHARYA, V. V., SCHNABL, P., SUAREZ, G., 2013. "Securitization without risk transfer", Journal of Financial Economics, Vol. 107, No. 3, pp: 515-536.

[89] AGGGRWAL, R., K. T. JACQUES, 1998. "Assessing the Im-

pact of Prompt Corrective Action on Bank Capital and Risk", FRBNY Economic Policy Review, October 1998: 1-10.

[90] ALLEN, F., D. GALE, 1995. "A Welfare Comprarison of Intermediaries and Financial Markets in Germany and US", European Economic Review, 1995 (39): 179-209.

[91] AMBROSE, B. W, LACOUR-LITTLE, M., SANDERS, A. B., "Does Regulatory Capital Arbitrage, Reputation or Asymmetric Information Drive Securitization", Journal of Financial Services Research, Vol. 28, No. 1, pp: 113-134.

[92] ANABTAWI, I., S. L. SCHWARCZ, 2011 "Regulating Systemic Risk: Towards an Analytical Framew ork", Notre Dame Law Review, Vol. 86, No. 4, 2011: 1349- 1412.

[93] AVGOULEAS, E., 2012, "Governance of Global Financial Markets: The Law,, the Economics, the Politics", Cambridge University Press, April 2012.

[94] AWREY, D., 2012, "Complexity, Innovation and the Regulation of Modern Financial Markets", Harvard Business Law Review, Vol. 2, Issue 2, 2012: 236-294.

[95] BALTENSPERGER, E., "Credit Rationing: Issues and Questions", Journal of Money, Credit and Banking, vol. 10, num. 2, Columbus Ohio, The Ohio State University, 1978: 170-183.

[96] BERNANKE, B. S., 2009, "Financial Regulation and Supervision after the Crisis: The Role of the Federal Reserve", At the Federal Reserve Bank of Boston 54th Economic Conference, Chatham, Massachusetts, October23, 2009. http://www. federalreserve. gov/newsevents/speech/bernanke2009 1023a.htm.

[97] BERNANKE, B. S., 2012, "Fostering Financial Stability", At the 2012 Federal Reserve Bank of Atlanta Financial Markets Conference, Stone Mountain, Georgia, April 9, 2012. http:// www.federalreserve.gov/ newsevents/speech/ Bernanke 201204 09a.htm.

[98] BOLLARD, A., 2007, "Easy money: global liquidity and its impact on New Zealand", Speech by Dr Alan Bollard, Governor of the Reserve

Bank of New Zealand, to the Wellington Chamber of Commerce, Wellington, 15 March 2007. http://www.bis.org/ review/r070315 a.pdf.

[99] BOYSON, N. M, FAHLENBRACH, R., STULZ, R. M., "Why Do Banks Practice Regulatory Arbitrage? Evidence from Usage of Trust Preferred-Securities", Working Paper: 1-49.

[100] DANIELSSON, J., SHIN, H. S., J. P. ZIGRAND, 2013, "Endogenous and Systemic Risk", in quantifying systemic risk, published in January 2013 by University of Chicago Press.

[101] D'ARISTA, J. W., SCHLESINGER, T., "The Parallel Banking System", Economic Policy Institute, Briefing Paper, 1994: 288-312.

[102] DIAMOND, D, P. DYBVIG, "Bank Runs, Deposit Insurance, and Liquidity", Journal of Political Economy, Vol. 91, No. 3, 1983: 401-419.

[103] DONAHOO, K. K., S. SHALLER, 1991, "Capital Requirements and the Securitization Decision", Quarterly Review of Economics and Business. Vol. 31, No. 4, 1991: 12-23.

[104] FINANCIAL CRISIS INQUIRY COMMISSION, 2010, "Shadow Banking and the Financial Crisis", Working Paper Draft: Comments Invited, May4, 2010: 1-48.

[105] FLEISCHER, V., 2010, "Regulatory Arbitrage", Texas Law Review, Vol. 89, No. 2, 2010: 227 -289.

[106] FSB, 2011, "Shadow Banking: Scoping the Issues", a background note of the Financial Stability Board, 12 April 2011: 1-11.

[107] FSB, 2012, "Global Shadow Banking Monitoring Report 2012", 18 November 2012: 1-45.

[108] FSB, 2013, "Global Shadow Banking Monitoring Report 2013", 14 November 2013: 1-48.

[109] GANG, X., 2012, "Regulating shadow banking", China Saily, Updated: 2012-10-12. http://www.Chinadaily.com.cn/opinion/2012-10/12/content_15812305. htm.

[110] GORTON, G., A. METRICK, 2010a "Securitized Banking and the Run on Repo", Yale and NBER Working Paper, November 13, 2010: 1-56.

[111] GORTON, G., A. METRICK, 2010b, "Regulating the Shadow Banking System", Yale and NBER Working Paper, October 18, 2010: 1-41.

[112] GHOSH, S., GONZALEZ, I, MAZO, D., INCI ÖTKER - ROBE, 2012, "Chasing the Shadows: How Significant Is Shadow Banking in E-merging Markets?", Economic premise, Number 88, September 2012: 1-7.

[113] GURLEY, J., E. SHAW, 1960, "Money in A Theory of Fi-nance", The Brookings Institution, Washington, D. C., ISBN: 0815733224.

[114] HALSTRICK, P., 2011, "Tighter bank rules give fillip to shadow banks", Dec 2011. http://uk.reuters.com/article/2011/12/20/uk-regulation-shadow-banking-idUKLNE7BJ00T20111220.

[115] HELLMAN, T., MURDOCK, K., STIGLITZ, J., 1996, "Finan-cial Restraint: Toward a New Paradigm", New York: OxfordUniversity Press.

[116] HOSONO, K. SAKURAGAWA, M., 2013, "RegulatoryArbitrage and Bad Loans", Social Science Research Network, Working paper, pp: 1-47.

[117] IMF. Global Financial Stability Report: Restoring Confidence and Progressingon Reforms [EB/OL]. 2012: 1-186. http://www.imf.org/Exter-nal/Pubs/FT/GFSR/2012/02/

[118] IMF. Global Financial Stability Report: Moving from Liquidity-to Growth -DrivenMarkets [EB/OL]. 2014: 1-170. http://www.imf.org/exter-nal/pubs/FT/GFSR/2014/01/index.htm

[119] JOÃO. A. C. SANTOS, 2000, "Bank Capital Regulation in Con-temporary Banking Theory: a Review of the Literature", BIS Working Paper, No. 90, September 2000: 1-44.

[120] JEFFERS, E., C. BAICU, 2013, "The Interconnections Be-tween the Shadow Banking System and the Regular Banking System. Evidence from the Euro Area", CITYPERC Working Paper Series, No. 2013/07: 1-15.

[121] JOO. A. C. SANTOS, 2000, "Bank Capital Regulation in Con-temporary Banking Theory: a Review of the Literature", BIS Working Paper, No. 90, September 2000: 1-44.

[122] JONES, D., 2000, "Emerging problems with the Capital Accord

Basel: Regulatory capital arbitrage and related issues", Journal of Banking & Finance, Vol. 24, No. 1, 2000: 35-58.

[123] KIM, D., A. M. SANTOMERO, 1988, "Risk in Banking and Capital Regulation", The Journal of Finance, Vol. 43, No. 5, 1988: 1219-1233.

[124] KODRES, L. E., 2013, "What Is Shadow Banking", Finance and Development, June 2013: 42-43.

[125] KOEHN, M., A. M. SANTOMERO, 1980, "Regulation of Bank Captial and Portfolio Risk", TheJournal of Finance, Vol. 35, No. 5, Dec, 1980, 1235-1244.

[126] KRUGMAN, P., 2009, "The Return of Depression Economics and the Crisis of 2008". Publisher: W. W. Norton&Company; Reprint edition, September 8, 2009.

[127] LANGEVOORT, D. C., 2010, "Global Securities Regulation after the Financial Crisis", Oxford University Press 2010: 799-803.

[128] MCCULLEY, P., "Teton Reflections", 2007, Global Central Bank Focus, PIMCO, September 2007.

[129] MCKINNON, R., 1973, "Money and Capital in Economic Development". The Brookings Institute, Washington DC.

[130] PANAGEAS, K. G., 2009, "The Decline and Fall of the Securitization Markets", J. P. MorganReport. http://faculty.chicagobooth.edu/brian.barry/igm/Chicago_DFofSec.pdf.

[131] PARTNOY, M., 1997, "Financial Derivatives and the Costs of Regulatory Arbitrage", The Journal of Corporation Law, Vol. 22 No. 2, 1997: 212-256.

[132] POZSAR, Z., ADRIAN, T., ASHCRAFT, A., H. BOESKY, 2010, "Shadow Banking", Federal Rese- rve Bank of New York Staff Report, No. 458, July 2010: 1-81.

[133] POZSAR, Z., 2011, "Institutional Cash Pools and the Triffin Dilemma of the U. S. Banking System", IMF Working Paper, No. 11/190, August 2011: 1-35.

[134] POZSAR, Z., ADRIAN, T., ASHCRAFT, A., H. BOESKY,

2013, "Shadow Banking", Federal Reserve Bank of New York Economic Policy Review, December 2013: 1-16.

[135] RICKS, M., 2010, "Shadow Banking and Financial Regulation", Working Paper, August 30, 2010: 1-58.

[136] RIME, B., 2001, "Capital Requirements and Bank Behaviors: Empirical Evidence for Switzerland", Journal of Banking and Finance, Vol. 25, No. 4, 2001: 789-805.

[137] SCHWARCZ, S. L., 2009, "RegulatingComplexity in Financial-Market", Washington University Law Review, Vol. 87, No. 2, 2009: 211-268.

[138] SCHWARCZ, S. L., 2011, "Securitization and Structured Finance", in Elsevier's Encyclo-pedia of Financial Globalzation, 2011: 1-22.

[139] SCHWARCZ, S. L., 2012, "Regulation Shadow Banking", Review of Banking &Financial Law, Vol. 31, No. 1, 2012: 619-642.

[140] SHAW, E. S., 1973, "Financial Deepening in EconomicDevelopment". Oxford University Press, Oxford.

[141] SHIN, H. S., 2009, "Financial Intermediation and the Post-Crisis Financial System", Working Papers, prepared for the 8th BIS Annual Conference, June, 2009: 1-32.

[142] SHRECVES, R. E., D. DAHL, 1992, "The relationship between risk and capital in commercial banks", Journal of Banking and Finance, Vol. 16, No. 2, 1992: 439-457.

[143] TARULLO, D. K., 2013, "Shadow Banking and Systemic Risk Regulation ", at the Americans for Financial Reform and Economic Policy Institute Conference, Washington, D. C., November 22, 2013: 1-18.

[144] TUCKER, P., 2010, "Shadow Banking, Financing Markets and Financial Stability", BIS Review, January 2010: 1-8.

[145] YORULMAZER, T., "Has Financial Innovation Made the World Riskier? CDS, Regulatory Arbitrage and Systemic Risk", Federal Reserve Bank of New York Working Paper, 2012: 1-29.

附录一——第四章表4.1相关文件

中国银监会关于印发
《银行与信托公司业务合作指引》的通知

银监发〔2008〕83号

各银监局，各政策性银行、国有商业银行、股份制商业银行，邮政储蓄银行，银监会直接监管的信托公司：

现将《银行与信托公司业务合作指引》印发给你们，请认真贯彻执行。请各银监局将本通知转发给辖内各银行业金融机构。

中国银行业监督管理委员会
二〇〇八年十二月四日

银行与信托公司业务合作指引

第一章　总则

第一条　为规范银行与信托公司开展业务合作的经营行为，引领银行、信托公司依法创新，促进银信合作健康、有序发展，保护银信合作相关当事人的合法权益，根据《中华人民共和国银行业监督管理法》、《中华人民共和国商业银行法》和《中华人民共和国信托法》等法律，以及银行、信托公司的有关监管规章，制定本指引。

第二条　银行、信托公司在中华人民共和国境内开展业务合作，适用本指引。

第三条　本指引所称银行，包括中华人民共和国境内依法设立的商业银行、农村合作银行、城市信用合作社、农村信用合作社等吸收公众存款的金融机构以及政策性银行。

本指引所称信托公司是指中华人民共和国境内依法设立的主要经营信托业务的金融机构。

第四条　银行、信托公司开展业务合作，应当遵守国家宏观政策、产业政策和环境保护政策等要求，充分发挥银行和信托公司的各自优势，平等协商、互惠互利、公开透明、防范风险，实现合作双方的优势互补和双赢。

第五条　中国银监会对银行、信托公司开展业务合作实施监督管理。

第二章　银信理财合作

第六条　本指引所称银信理财合作，是指银行将理财计划项下的资金交付信托，由信托公司担任受托人并按照信托文件的约定进行管理、运用和处分的行为。

第七条　银信理财合作应当符合以下要求：

（一）坚持审慎原则，遵守相关法律法规和监管规定；

（二）银行、信托公司应各自独立核算，并建立有效的风险隔离机制；

（三）信托公司应当勤勉尽责独立处理信托事务，银行不得干预信托公司的管理行为；

（四）依法、及时、充分披露银信理财的相关信息；

（五）中国银监会规定的其他要求。

第八条　银行、信托公司应当建立与银信理财合作相适应的管理制度，包括但不限于业务立项审批制度、合规管理和风险管理制度、信息披露制度等，并建立完善的前、中、后台管理系统。

第九条　银行开展银信理财合作，应当有清晰的战略规划，制定符合本行实际的合作战略并经董事会或理事会通过，同时遵守以下规定：

（一）严格遵守《商业银行个人理财业务管理暂行办法》等监管规定；

（二）充分揭示理财计划风险，并对客户进行风险承受度测试；

（三）理财计划推介中，应明示理财资金运用方式和信托财产管理方式；

（四）未经严格测算并提供测算依据和测算方式，理财计划推介中不得使用"预期收益率"、"最高收益率"或意思相近的表述；

（五）书面告知客户信托公司的基本情况，并在理财协议中载明其名称、住所等信息；

（六）银行理财计划的产品风险和信托投资风险相适应；

（七）每一只理财计划至少配备一名理财经理，负责该理财计划的管理、协调工作，并于理财计划结束时制作运行效果评价书；

（八）依据监管规定编制相关理财报告并向客户披露。

第十条　信托公司开展银信理财合作，应当和银行订立信托文件，并遵守以下规定：

（一）严格遵守《信托公司管理办法》、《信托公司集合资金信托计划管理办法》等监管规定；

（二）认真履行受托职责，严格管理信托财产；

（三）为信托财产开立信托财产专户，并将信托财产与固有财产分别管理、分别记账；

（四）每一只银信理财合作产品至少配备一名信托经理；

（五）按照信托文件约定向银行披露信托事务处理情况。

第十一条　信托公司应自己履行管理职责。出现信托文件约定的特殊事由需要将部分信托事务委托他人代为处理的，信托公司应当于事前十个工作日告知银行并向监管部门报告；应自行向他人支付代理费用，对他人代为处分的行为承担责任。

第十二条　信托公司开展银信理财合作，可以将理财资金进行组合运用，组合运用应事先明确运用范围和投资策略。

第十三条　银行开展银信理财合作，应当按照现有法律法规的规定和理财协议约定，及时、准确、充分、完整地向客户披露信息，揭示风险。

信托公司开展银信理财合作，应当按照现有法律法规的规定和信托文件约定，及时、准确、充分、完整地向银行披露信息，揭示风险。

第十四条　信托公司除收取信托文件约定的信托报酬外，不得从信托财产中谋取任何利益。信托终止后，信托公司应当将信托财产及其收益全部转移给银行。

第十五条　银行按照理财协议收取费用后，应当将剩余的理财资产全部向客户分配。

第三章　银信其他合作

第十五条　银行和信托公司开展信贷资产证券化合作业务，应当遵守以下规定：

（一）符合《信贷资产证券化试点管理办法》、《金融机构信贷资产证券化试点监督管理办法》等规定；

（二）拟证券化信贷资产的范围、种类、标准和状况等事项要明确，且与实际披露的资产信息相一致。信托公司可以聘请中介机构对该信贷资产进行审计；

（三）信托公司应当自主选择贷款服务机构、资金保管机构、证券登记托管机构，以及律师事务所、会计师事务所、评级机构等其他为证券化交易提供服务的机构，银行不得代为指定；

（四）银行不得干预信托公司处理日常信托事务；

（五）信贷资产实施证券化后，信托公司应当随时了解信贷资产的管理情况，并按规定向资产支持证券持有人披露。贷款服务机构应按照约定及时向信托公司报告信贷资产的管理情况，并接受信托公司核查。

第十六条　信托公司委托银行代为推介信托计划的，信托公司应当向银行提供完整的信托文件，并对银行推介人员开展推介培训；银行应向合格投资者推介，推介内容不应超出信托文件的约定，不得夸大宣传，并充分揭示信托计划的风险，提示信托投资风险自担原则。银行接受信托公司委托代为推介信托计划，不承担信托计划的投资风险。

第十七条　信托公司可以与银行签订信托资金代理收付协议。代理收付协议应明确界定信托公司与银行的权利义务关系，银行只承担代理信托资金收付责任，不承担信托计划的投资风险。

第十八条　信托财产为资金的，信托公司应当按照有关规定，在银行开立信托财产专户。银行为信托资金开立信托财产专户时，应要求信托公司提供相关开户材料。

第十九条　信托公司设立信托计划，应当选择经营稳健的银行担任保管人。受托人、保管人的权利义务关系，应当遵守《信托公司集合资金信托计划管理办法》的有关规定。

第二十条　信托公司可以将信托财产投资于金融机构股权。信托公司将信托财产投资于与自身存在关联关系的金融机构的股权时，应当以公平的市场价格进行，并逐笔向中国银监会报告。

第二十一条　银行、信托公司开展银信合作业务过程中，可以订立协议，为对方提供投资建议、财务分析与规划等专业化服务。

第四章　风险管理与控制

第二十二条　银行、信托公司开展业务合作，应当制订合作伙伴的选择标准，并在各自职责范围内建立相应的风险管理体系，完善风险管理制度。

第二十三条　银行、信托公司开展业务合作，应当各自建立产品研发、营销管理、风险控制等部门间的分工与协作机制。

第二十四条　银行应当根据客户的风险偏好、风险认知能力和承受能力，为客户提供与其风险承受力相适应的理财服务。信托公司发现信托投资风险与理财协议约定的风险水平不适应时，应当向银行提出相关建议。

第二十五条　银信合作过程中，银行、信托公司应当注意银行理财计划与信托产品在时点、期限、金额等方面的匹配。

第二十六条　银行不得为银信理财合作涉及的信托产品及该信托产品项下财产运用对象等提供任何形式担保。

第二十七条　信托公司投资于银行所持的信贷资产、票据资产等资产的，应当采取买断方式，且银行不得以任何形式回购。

第二十八条　银行以卖断方式向信托公司出售信贷资产、票据资产等资产的，事先应通过发布公告、书面通知等方式，将出售信贷资产、票据资产等资产的事项，告知相关权利人。

第二十九条　在信托文件有效期内，信托公司发现作为信托财产的信贷资产、票据资产等资产在入库起算日不符合信托文件约定的范围、种类、标准和状况，可以要求银行予以置换。

第三十条　信托公司买断银行所持的信贷资产、票据资产等资产的，应当为该资产建立相应的档案，制订完整的资产清收和管理制度，并依据有关规定进行资产风险分类。

信托公司可以委托银行代为管理买断的信贷、票据资产等资产。

第三十一条　银行、信托公司进行业务合作应该遵守关联交易的相关规定，并按规定进行信息披露。

第三十二条　中国银监会依法对银行、信托公司开展业务合作实施现场检查和非现场监管，可以要求银行、信托公司提供相关业务合作材料，核对双方账目，保障客户的合法权益。

第三十三条　中国银监会依法对银行、信托公司开展业务合作中违法违规行为进行处罚。

中国银监会关于进一步规范商业银行个人理财业务投资管理有关问题的通知

银监发〔2009〕65 号

各银监局，各国有商业银行、股份制商业银行，邮政储蓄银行：

为进一步规范商业银行个人理财业务的投资管理活动，促进理财业务健康有序发展，针对商业银行个人理财业务发展的实际情况，依据《商业银行个人理财业务管理暂行办法》（以下简称《办法》）等相关监管法律法规，现就商业银行个人理财业务投资管理有关问题通知如下：

一、商业银行开展个人理财业务应严格遵守国家法律法规，以及《办法》的有关规定，审慎尽职地对销售理财产品汇集的资金（以下简称理财资金）进行科学有效地投资管理。

二、商业银行应按照符合客户利益和风险承受能力的原则，建立健全相应的内部控制和风险管理制度体系，并定期或不定期检查相关制度体系和运行机制，保障理财资金投资管理的合规性和有效性。

三、商业银行应在充分分析宏观经济与金融市场的基础上，确定理财资金的投资范围和投资比例，合理进行资产配置，分散投资风险。

四、商业银行应坚持审慎、稳健的原则对理财资金进行投资管理，不得投资于可能造成本金重大损失的高风险金融产品，以及结构过于复杂的金融产品。

五、商业银行应科学合理地进行客户分类，根据客户的风险承受能力提供与其相适应的理财产品。商业银行应将理财客户划分为有投资经验客户和无投资经验客户，并在理财产品销售文件中标明所适合的客户类别；仅适合有投资经验客户的理财产品的起点金额不得低于 10 万元人民币（或等值外币），不得向无投资经验客户销售。

六、商业银行应尽责履行信息披露义务，向客户充分披露理财资金的投资方向、具体投资品种以及投资比例等有关投资管理信息，并及时向客户披露对投资者权益或者投资收益等产生重大影响的突发事件。

七、商业银行应将理财业务的投资管理纳入总行的统一管理体系之中，实行前、中、后台分离，加强日常风险指标监测和内控管理。

八、商业银行可以独立对理财资金进行投资管理，也可以委托经相关监管机构批准或认可的其他金融机构对理财资金进行投资管理。

商业银行委托其他金融机构对理财资金进行投资管理，应对其资质和信用状况等做出尽职调查，并经过高级管理层核准。

九、商业银行发售理财产品，应按照企业会计准则（2006）第23号"金融资产转移"及其他相关规定，对理财资金所投资的资产逐项进行认定，将不符合转移标准的理财资金所投资的资产纳入表内核算，并按照自有同类资产的会计核算制度进行管理，对资产方按相应的权重计算风险资产，计提必要的风险拨备。

十、商业银行发售理财产品，应委托具有证券投资基金托管业务资格的商业银行托管理财资金及其所投资的资产。

十一、理财资金用于投资固定收益类金融产品，投资标的市场公开评级应在投资级以上。

十二、理财资金用于投资银行信贷资产，应符合以下要求：

（一）所投资的银行信贷资产为正常类。

（二）商业银行应独立或委托其他商业银行担任所投资银行信贷资产的管理人，并确保不低于管理人自营同类资产的管理标准。

十三、理财资金用于发放信托贷款，应符合以下要求：

（一）遵守国家相关法律法规和产业政策的要求。

（二）商业银行应对理财资金投资的信托贷款项目进行尽职调查，比照自营贷款业务的管理标准对信托贷款项目做出评审。

十四、理财资金用于投资单一借款人及其关联企业银行贷款，或者用于向单一借款人及其关联企业发放信托贷款的总额不得超过发售银行资本净额的10%。

十五、理财资金用于投资公开或非公开市场交易的资产组合，商业银行应具有明确的投资标的、投资比例及募集资金规模计划，应对资产组合及其项下各项资产进行独立的尽职调查与风险评估，并由高级管理层核准评估结果后，在理财产品发行文件中进行披露。

十六、理财资金用于投资金融衍生品或结构性产品，商业银行或其委托的境内投资管理人应具备金融机构衍生品交易资格，以及相适应的风险管理能力。

十七、理财资金用于投资集合资金信托计划，其目标客户的选择应参照《信托公司集合资金信托计划管理办法》对于合格投资者的规定执行。

十八、理财资金不得投资于境内二级市场公开交易的股票或与其相关的证券投资基金。理财资金参与新股申购，应符合国家法律法规和监管规定。

十九、理财资金不得投资于未上市企业股权和上市公司非公开发行或交易的股份。

二十、对于具有相关投资经验，风险承受能力较强的高资产净值客户，商业银行可以通过私人银行服务满足其投资需求，不受本通知第十八条和第十九条限制。

二十一、理财资金投资于境外金融市场，除应遵守本通知相关规定外，应严格遵守《商业银行代客境外理财业务管理暂行办法》和《关于调整商业银行代客境外理财业务境外投资范围的通知》（银监办发〔2007〕114号）等相关监管规定。

严禁利用代客境外理财业务变相代理销售在境内不具备开展相关金融业务资格的境外金融机构所发行的金融产品。严禁利用代客境外理财业务变相代理不具备开展相关金融业务资格的境外金融机构在境内拓展客户或从事相关类似活动。

二十二、商业银行因违反上述规定，或因相关责任人严重疏忽，造成客户重大经济损失，监管部门将依据《银行业监督管理法》的有关规定，追究发售银行高级管理层、理财业务管理部门以及相关风险管理部门、内部审计部门负责人的相关责任，暂停该机构发售新的理财产品。

本通知自发布之日起生效。请各银监局将本通知转发至辖内银监分局和相关银行业金融机构。

二〇〇九年七月六日

中国银监会关于进一步规范银信合作有关事项的通知

银监发〔2009〕111号

各银监局，各政策性银行、国有商业银行、股份制商业银行，邮政储蓄银行，银监会直接监管的信托公司：

为进一步规范商业银行与信托公司业务合作行为，促进银信合作健康、有序发展，保护相关当事人的合法权益，并引导信托公司以受人之托、代人理财为本发展自主管理类信托业务，实现内涵式增长，现就银信合作业务有关事项通知如下：

一、信托公司在银信合作中应坚持自主管理原则，提高核心资产管理能力，打造专属产品品牌。

自主管理是指信托公司作为受托人，在信托资产管理中拥有主导地位，承担产品设计、项目筛选、投资决策及实施等实质管理和决策职责。

二、银信合作业务中，信托公司作为受托人，不得将尽职调查职责委托给其他机构。

在银信合作受让银行信贷资产、票据资产以及发放信托贷款等融资类业务中，信托公司不得将资产管理职能委托给资产出让方或理财产品发行银行。信托公司将资产管理职能委托给其他第三方机构的，应提前十个工作日向监管部门事前报告。

三、商业银行应在向信托公司出售信贷资产、票据资产等资产后的十个工作日内，书面通知债务人资产转让事宜，保证信托公司真实持有上述资产。

四、商业银行应在向信托公司出售信贷资产、票据资产等资产后的十五个工作日内，将上述资产的全套原始权利证明文件或者加盖商业银行有效印章的上述文件复印件移交给信托公司，并在此基础上办理抵押品权属的重新确认和让渡。如移交复印件的，商业银行须确保上述资产全套原始权利证明文件的真实与完整，如遇信托公司确须提供原始权利证明文件的，商业银行有义务及时提供。

信托公司应接收商业银行移交的上述文件材料并妥善保管。

五、银信合作理财产品不得投资于理财产品发行银行自身的信贷资产或票据资产。

六、银信合作产品投资于权益类金融产品或具备权益类特征的金融产品的，商业银行理财产品的投资者应执行《信托公司集合资金信托计划管理办法》第六条确定的合格投资者标准，即投资者需满足下列条件之一：

（一）单笔投资最低金额不少于 100 万元人民币的自然人、法人或者依法成立的其他组织；

（二）个人或家庭金融资产总计在其认购时超过 100 万元人民币，且能提供相关财产证明的自然人；

（三）个人收入在最近三年内每年收入超过 20 万元人民币或者夫妻双方合计收入存最近三年内每年收入超过 30 万元人民币，且能提供相关财产证明的自然人。

七、银信合作产品投资于权益类金融产品或具备权益类特征的金融产品，且聘请第三方投资顾问的，应提前十个工作日向监管部门事前报告。

八、银信合作产品投资于政府项目的，信托公司应全面了解地方财政收支状况、对外负债及或有负债情况，建立并完善地方财力评估、授信制度，科学评判地方财政综合还款能力；禁止同出资不实、无实际经营业务和存在不良记录的公司开展投融资业务。

九、对干银信合作业务中存在两个（含）以上信托产品间发生交易的复杂结构产品，信托公司应按照《信托公司管理办法》有关规定向监管部门事前报告。

十、信托公司应加强产品研发和投资管理团队建设，积极开发适应市场需求的信托产品，切实提高自主管理能力，为商业银行高端客户提供专业服务，积极推动银信合作向高端市场发展。

十一、银信合作业务中，各方应在确保风险可控的情况下有序竞争。相关行业协会可视情形制定行业标准和自律公约，维护良好市场秩序。

二○○九年十二月十四日

中国银监会关于规范银信理财合作业务有关事项的通知

银监发〔2010〕72 号

各银监局，各政策性银行、国有商业银行、股份制商业银行，邮政储蓄银行，银监会直接监管的信托公司：

为促进商业银行和信托公司理财合作业务规范、健康发展，有效防范银信理财合作业务风险，现将银信理财合作业务有关要求通知如下：

一、本通知所称银信理财合作业务，是指商业银行将客户理财资金委托给信托公司，由信托公司担任受托人并按照信托文件的约定进行管理、运用和处分的行为。上述客户包括个人客户（包括私人银行客户）和机构客户。

商业银行代为推介信托公司发行的信托产品不在本通知规范范围之内。

二、信托公司在开展银信理财合作业务过程中，应坚持自主管理原则，严格履行项目选择、尽职调查、投资决策、后续管理等主要职责，不得开展通道类业务。

三、信托公司开展银信理财合作业务，信托产品期限均不得低于一年。

四、商业银行和信托公司开展融资类银信理财合作业务，应遵守以下原则：

（一）自本通知发布之日起，对信托公司融资类银信理财合作业务实行余额比例管理，即融资类业务余额占银信理财合作业务余额的比例不得高于30％。上述比例已超标的信托公司应立即停止开展该项业务，直至达到规定比例要求。

（二）信托公司信托产品均不得设计为开放式。上述融资类银信理财合作业务包括但不限于信托贷款、受让信贷或票据资产、附加回购或回购选择权的投资、股票质押融资等类资产证券化业务。

五、商业银行和信托公司开展投资类银信理财合作业务，其资金原则上不得投资于非上市公司股权。

六、商业银行和信托公司开展银信理财合作业务，信托资金同时用于融资类和投资类业务的，该信托业务总额应纳入本通知第四条第（一）项规定的考核比例范围。

七、对本通知发布以前约定和发生的银信理财合作业务，商业银行和信托公司应做好以下工作：

（一）商业银行应严格按照要求将表外资产在今、明两年转入表内，并按照150%的拨备覆盖率要求计提拨备，同时大型银行应按照11.5%、中小银行按照10%的资本充足率要求计提资本。

（二）商业银行和信托公司应切实加强对存续银信理财合作业务的后续管理，及时做好风险处置预案和到期兑付安排。

（三）对设计为开放式的非上市公司股权投资类、融资类或含融资类业务的银行理财产品和信托公司信托产品，商业银行和信托公司停止接受新的资金申购，并妥善处理后续事宜。

八、鼓励商业银行和信托公司探索业务合作科学模式和领域。信托公司的理财要积极落实国家宏观经济政策，引导资金投向有效益的新能源、新材料、节能环保、生物医药、信息网络、高端制造产业等新兴产业，为经济发展模式转型和产业结构调整做出积极贡献。

九、本通知自发布之日起实施。

请各银监局将本通知转发至辖内银监分局及有关银行业金融机构。

二〇〇九年八月十二日

中国银行业监督管理委员会关于进一步规范银行业金融机构信贷资产转让业务的通知

银监发〔2010〕102号

各银监局，各政策性银行、国有商业银行、股份制商业银行，中国邮政储蓄银行，各省级农村信用联社，银监会直接监管的信托公司、企业集团财务公司、金融租赁公司：

为进一步规范银行业金融机构信贷资产转让，促进相关业务规范、有序、健康发展，现就有关事项通知如下：

一、银行业金融机构开展信贷资产转让业务，应当严格遵守国家法律、法规、规章和规范性文件的相关规定，健全并严格执行相应风险管理制度和内部操作规程。

二、本通知所称信贷资产是指确定的、可转让的正常类信贷资产，不良资产的转让与处置不适用本通知规定。

信贷资产的转出方应征得借款人同意方可进行信贷资产的转让，但原先签订的借款合同中另有约定的除外。

三、信贷资产转入方应当做好对拟转入信贷资产的尽职调查，包括但不限于借款方资信状况、经营情况、信贷资产用途的合规性和合法性、担保情况等。

信贷资产转入方应当将拟转入的信贷资产提交授信审批部门进行严格审查、核实，复评贷款风险度，提出审核意见，按规定履行审批手续。

四、银行业金融机构转让信贷资产应当遵守真实性原则，禁止资产的非真实转移。

转出方不得安排任何显性或隐性的回购条款；转让双方不得采取签订回购协议、即期买断加远期回购等方式规避监管。

五、银行业金融机构转让信贷资产应当遵守整体性原则，即转让的信贷资产应当包括全部未偿还本金及应收利息，不得有下列情形：

（一）将未偿还本金与应收利息分开；

（二）按一定比例分割未偿还本金或应收利息；

（三）将未偿还本金及应收利息整体按比例进行分割；

（四）将未偿还本金或应收利息进行期限分割。

银行业金融机构转让银团贷款的，转出方在进行转让时，应优先整体转让给其他银团贷款成员；如其他银团贷款成员均无意愿接受转让，且对转出方将其转给银团贷款成员之外的银行业金融机构无异议，转出方可将其整体转让给银团贷款成员之外的银行业金融机构。

六、银行业金融机构转让信贷资产应当遵守洁净转让原则，即实现资产的真实、完全转让，风险的真实、完全转移。

信贷资产转入方应当与信贷资产的借款方重新签订协议，确认变更后的债权债务关系。

拟转让的信贷资产有保证人的，转出方在信贷资产转让前，应当征求保证人意见，保证人同意后，可进行转让；如保证人不同意，转出方应和借款人协商，更换保证人或提供新的抵质押物，以实现信贷资产的安全转让。

拟转让的信贷资产有抵质押物的，应当完成抵质押物变更登记手续或将质物移交占有、交付，确保担保物权有效转移。

银行业金融机构在签订信贷资产转让协议时，应当明确双方权利和义务，转出方应当向转入方提供资产转让业务涉及的法律文件和其他相关资料；转入方应当行使信贷资产的日常贷后管理职责。

七、信贷资产转出方将信用风险、市场风险和流动性风险等完全转移给转入方后，应当在资产负债表内终止确认该项信贷资产，转入方应当在表内确认该项信贷资产，作为自有资产进行管理；转出方和转入方应当做到衔接一致，相关风险承担在任何时点上均不得落空。

信贷资产转让后，转出方和转入方的资本充足率、拨备覆盖率、大额集中度、存贷比、风险资产等监管指标的计算应当作出相应调整。

八、银行业金融机构应当严格按照《企业会计准则》关于"金融资产转移"的规定及其他相关规定进行信贷资产转移确认，并做相应的会计核算和账务处理。

九、银行业金融机构应当严格遵守信贷资产转让和银信理财合作业务的各项规定，不得使用理财资金直接购买信贷资产。

十、银行业金融机构开展信贷资产转让业务，不论是转入还是转出，应按照监管部门的要求及时完成相应信息的报送，并应当在每个季度结束后30个工作日内，向监管机构报送信贷资产转让业务报告。报告应当至少包括以下内容：

（一）信贷资产转让业务开展的整体情况；

（二）具体的转让笔数，每一笔交易的标的、金额、交易对手方、借款方、担保方或担保物权的情况等；

（三）信贷资产的风险变化情况；

（四）其他需要报告的情况。

十一、银行业金融机构开展信贷资产转让业务未能审慎经营，违反本通知规定的，监管机构可以根据《中华人民共和国银行业监督管理法》的有关规定，责令其暂停信贷资产转让业务，给予相应处罚，并追究相关人员责任。

请各银监局将本通知转发至辖内银监分局和银行业金融机构。

二〇一〇年十二月三日

中国银行业监督管理委员会关于进一步规范银信理财合作业务的通知

银监发〔2011〕7号

各银监局，各政策性银行、国有商业银行、股份制商业银行，邮政储蓄银行，银监会直接监管的信托公司：

为进一步防范银信理财合作业务风险，促进商业银行和信托公司理财合作业务健康发展，结合《中国银监会关于规范银信理财合作业务有关事项的通知》（银监发〔2010〕72号，以下简称《通知》）有关规定，现就有关事项通知如下：

一、各商业银行应当按照《通知》要求在2011年底前将银信理财合作业务表外资产转入表内。各商业银行应当在2011年1月31日前向银监会或其省级派出机构报送资产转表计划，原则上银信合作贷款余额应当按照每季至少25%的比例予以压缩。

二、对商业银行未转入表内的银信合作信托贷款，各信托公司应当按照10.5%的比例计提风险资本。

三、信托公司信托赔偿准备金低于银信合作不良信托贷款余额150%或低于银信合作信托贷款余额2.5%的，信托公司不得分红，直至上述指标达到标准。

四、各银监局应当严格按照上述要求督促商业银行资产转表、信托公司压缩银信合作信托贷款业务。

各单位收到本通知后要立即按上述要求抓紧落实。

二〇一一年一月十三日

中国银监会办公厅关于规范
银信理财合作业务转表范围及方式的通知

银监办发〔2011〕148 号

法规部、研究局、银行一部、银行二部、银行三部、银行四部、非银部、合作部、创新监管部、统计部、财会部、信息中心：

按照《中国银监会关于规范银信理财合作业务有关事项的通知》（银监发〔2010〕72 号）和《中国银监会关于进一步规范银信理财合作业务的通知》（银监发〔2011〕7 号）等有关文件要求，各商业银行应于 2011 年底前将银信理财合作业务表外资产转入表内。为进一步做好转表工作，现将有关事项明确如下：

一、关于转表范围

原则上银信理财合作贷款余额应当按照每季至少 25% 的比例予以压缩，余额指银信理财合作业务融资类中贷款、受让信贷和票据资产的余额。对于 2011 年内按合同约定到期的，采取自然到期的办法，不再按季度计入风险资产和计提拨备；对于 2012 年及以后到期的，从 2011 年起，按每季度 25% 计入风险资产和计提拨备。

二、关于转表方式

对于符合《企业会计准则》入表标准的银信合作理财业务表外资产，各商业银行必须转入表内；不符合入表标准的部分，可将相关产品单独列示台账，并相应计提拨备和计入加权风险资产，不对账务进行调整。

三、关于调整"1104"报表

为加强对银行转表情况的日常监测，由各监管部门负责设计符合监管需要的报表和填报说明，报统计部统筹协调后交信息中心组织开发相关系统。在系统开发完成前，由各监管部门以手工方式收集相关报表。

各监管部门应严格按照上述要求，加强对被监管机构的指导，督促各商业银行按照时间表做好银信合作业务资产转表工作，加强现场检查或实地走访以核实转表情况。

特此通知。

二〇一一年五月十三日

附录二——第六章表 6.2 相关文件

中国人民银行　中国银行业监督管理委员会
关于进一步加强信贷结构调整
促进国民经济平稳较快发展的指导意见
银发〔2009〕92 号

中国人民银行上海总部，各分行、营业管理部、省会（首府）城市中心支行、副省级城市中心支行；各省、自治区、直辖市银监局；各政策性银行，国有商业银行，股份制商业银行，中国邮政储蓄银行：

为深入贯彻落实党中央、国务院关于进一步扩大内需、促进经济增长的十项措施和《国务院办公厅关于当前金融促进经济发展的若干意见》（国办发〔2008〕126 号）精神，认真执行适度宽松的货币政策，在保持货币信贷总量合理增长的基础上，进一步加强信贷结构调整，促进国民经济平稳较快发展，现提出如下意见：

一、保证符合条件的中央投资项目所需配套贷款及时落实到位

各金融机构在保持信贷总量合理均衡增长的基础上，要进一步优化信贷资金结构，统筹配置信贷资源，优先保证手续齐全、符合项目开工和建设条件的中央投资项目所需配套信贷资金及时落实到位。对中央投资计划内已经启动、正在建设中的项目，要保证必要的信贷配套资金及时安排和足额拨付；对符合中央新增投资投向、正在报批或需要继续完善新开工条件的项目，要加强与政府有关部门和项目单位的密切沟通协商，高效率、扎实做好信贷审查和信贷资金拨付的前期准备工作。鼓励和支持银行业金融机构通过银团贷款，合理分散信贷风险，为符合条件的大型中央政府投资项目提供有效信贷支持。鼓励地方政府通过增加地方财政贴息、完善信

贷奖补机制、设立合规的政府投融资平台等多种方式，吸引和激励银行业金融机构加大对中央投资项目的信贷支持力度。支持有条件的地方政府组建投融资平台，发行企业债、中期票据等融资工具，拓宽中央政府投资项目的配套资金融资渠道。对钢铁、汽车、轻工、纺织、装备制造、电子信息、船舶、有色金属、石化、物流等国家重点产业调整振兴规划已明确支持方向的专项项目以及符合条件的技术改造项目，金融机构要根据产业规划的要求和项目需求特点，积极创新融资产品和服务方式，加大必要的融资支持力度，切实做好各项配套金融支持和服务工作。

二、进一步加大涉农信贷投放，引导更多资金投向农村

各金融机构都要积极支持农村改革发展，进一步研究采取得力措施，加大对符合信贷原则的涉农信贷资金投放力度，增加农村有效信贷供给。建立和完善考核制度及奖励机制，鼓励县域内各金融机构法人和各金融机构的分支机构当年可贷资金的一定比例留在当地使用。进一步做好当前农业春耕备耕、抗旱春管和严重干旱地区人畜饮水、森林防火以及防控禽流感等重大疫情的融资支持和服务工作。对符合信贷条件的春耕备耕和发展农业生产所需的农机具、种子、化肥、农药、农用薄膜等农用生产资料的生产和经营贷款，要加快审批，及时投放。大力发展新型农村金融机构和农村微型金融，有效扩大农村小额贷款的覆盖面，提高资金使用效益。切实加快推进农村金融产品和服务方式创新，中部六省和东北三省要认真抓好试点方案实施工作。稳步推进农村融资性担保体系的建立和发展，有效完善农村信贷风险分担机制，扩大农村有效担保物范围。大力开发符合农村实际特点的"信贷+保险"金融服务新产品。支持政策性金融加大对农业开发和农田水利等农村基础设施建设的中长期信贷支持。有条件的地方可以探索开办土地经营权抵押贷款。进一步完善农村扶贫贴息信贷管理机制。积极发展林权抵押贷款。在银行间债券市场扩大发行涉农企业短期融资券、小企业集合债券和涉农信贷资产支持证券等融资工具，拓宽涉农金融机构的资金来源和涉农企业的融资渠道。努力做好"家电下乡"、"汽车下乡"、"万村千乡市场"、"双百市场"、农机具购置补贴和农村信息化建设等配套金融服务工作，为农民扩大消费提供融资便利。推进金融机构与农民专业合作组织等农村中介机构的信用合作。对县域内当年涉农贷款投放超过规定比例的存款类金融机构法人，加大再贷款、再贴现支持，并实施优惠的存款准备金率。

三、多方面拓宽中小企业的融资渠道，对中小企业的金融服务要精细化

各金融机构对已经出台的支持中小企业发展的各项信贷政策措施，要抓细、抓实、抓好落实，积极探索建立、健全中小企业融资量化考核制度。进一步完善支持中小企业发展的"六项机制"。加快设立中小企业信贷专营服务机构。鼓励各金融机构自主创新中小企业金融服务模式和业务流程，提高中小企业贷款审批效率和服务质量。加快推进企业信用体系建设，加强企业信用自律管理。支持有条件的中小企业利用电子商务平台拓展新市场。支持地方政府建立中小企业贷款风险补偿基金，完善中小企业信贷风险分担机制。规范、引导和发挥好民间金融在支持中小企业发展中的积极作用。支持金融机构发放并购贷款，及时满足中小企业合理的并购融资需求。支持地方政府在加强信用环境和金融生态建设的基础上，通过资本注入、风险补偿等方式增加对信用担保机构的支持，推进设立多层次中小企业贷款担保基金和担保机构，激励和促进金融机构稳步提高中小企业贷款比重。鼓励银行业金融机构对基本面和信用记录较好、有竞争力、有市场、有订单但暂时出现经营或财务困难的中小企业加大信贷及多元化融资支持，积极探索创新适合不同地域和不同发展阶段中小企业特点的融资产品和服务方式，利用授信开证、押汇、保理、融资租赁等多种融资手段，进一步拓宽中小企业的融资渠道，并做好对中小企业的金融信息咨询和代客理财服务。扩大中小企业短期融资券试点规模。在银行间市场加快推出高收益债券和中小企业集合债券。积极研究开发以中小企业贷款为标的资产的信用风险管理工具，有效分散中小企业信贷风险。加强中小企业金融统计和信息报送工作，探索建立适合中小企业特点的融资信息动态监测制度，及时掌握中小企业金融服务信息。

四、扎实做好就业、助学、灾后重建等改善民生类的信贷政策支持工作

认真落实《国务院关于做好当前经济形势下就业工作的通知》（国发〔2009〕4号），发挥小额担保贷款政策的积极作用，切实做好对零就业家庭、就业困难人员、高校毕业生、残疾人、返乡农民工等重点就业人群的小额担保贷款发放和金融支持帮扶工作。鼓励有条件的地方，积极创新信贷管理模式和服务方式，加大对具有比较优势的劳动密集型小企业的信贷支持，积极推动创业带动就业。加大对发展职业教育的融资支持，提高返

乡农民工就业能力。进一步推进生源地信用助学贷款、国家助学贷款管理和商业性助学贷款业务，完善助学贷款风险分担机制，扩大助学贷款覆盖面，加强政策实施效果监测评估。积极探索建立助学贷款信用保险制度。做细、做实汶川地震灾后恢复重建的各项金融支持和服务工作。对符合条件的农户灾后自住房建设、灾区基础设施建设和灾区支柱产业加大有效信贷投放。积极研究采取措施，加大对灾区农村信用社等地方法人金融机构的扶持力度。探索建立灾后重建贷款的担保和信贷风险分担及补偿机制，支持各金融机构对符合条件的因灾不良贷款按规定予以核销，增强金融机构支持灾区重建的内在激励。

五、鼓励发展消费信贷，做大做好消费信贷市场

积极研究、制定和落实有利于扩大消费的信贷政策措施，有针对性地培育和巩固消费信贷增长点，集中推进汽车、住房、家电、教育、旅游等与民生密切相关的产业的信贷消费。系统总结近年来国内消费信贷政策的实践经验，及时消除制度障碍，研究和探索拉动市场消费、特别是拉动农村扩大消费的有效措施和办法。引导金融机构加大消费信贷产品创新力度，改进消费信贷业务管理方式。支持有条件的地方试点设立消费金融公司。鼓励加强银商合作，在有效防范风险的基础上，推广银行卡使用，提高刷卡效率，促进扩大银行卡消费。拓展和完善农民工银行卡特色服务功能，支持开发符合农村市场特点的银行卡产品。完善汽车融资管理制度，加强汽车经销商的贷款管理，扩大汽车消费潜在市场。鼓励和支持各商业银行与汽车金融公司开展多方面的业务合作，支持符合条件的汽车金融公司发行金融债券，扩大汽车贷款证券化规模，拓宽汽车金融公司融资渠道。大力支持发展服务业、创意文化产业、旅游业等新型消费，鼓励发展服务外包产业和现代物流配送服务，积极开发潜在消费市场。加大对符合条件的大型流通企业集团和中小商贸企业融资支持力度，扩大信用销售。

六、落实好房地产信贷政策，支持房地产市场平稳健康发展

认真落实《国务院办公厅关于促进房地产市场健康发展的若干意见》（国办发〔2008〕131号），积极支持符合贷款条件的廉租住房、经济适用住房等保障性住房建设项目。进一步加大对中低价位、中小套型普通商品住房建设、特别是在建项目的信贷支持力度。做好对有实力、有信誉的房地产开发企业兼并重组有关企业或项目的融资支持和配套金融服务。支持资信条件较好的房地产企业发行企业债券和开展房地产投资信托基金试

点，拓宽房地产企业融资渠道。加大对自住型和改善型住房消费的信贷支持力度，鼓励普通商品住房消费。各银行业金融机构要严格贯彻落实房地产信贷政策，努力改进和完善房地产金融服务，继续支持房地产行业平稳健康发展，并切实做好风险防范工作。人民银行各分支机构和各地银监局要密切跟踪把握辖区内房地产市场变化和房地产信贷政策落实情况，及时反映新情况、新问题。

七、加大对产业转移的融资支持，支持过剩产业有序转移

鼓励金融机构开展出口信贷业务，灵活运用票据贴现、押汇贷款、对外担保等方式，培育一批具有自主知识产权、自主品牌和高附加值的出口拳头产品，促进加工贸易转型升级和梯度转移。多方面拓宽融资渠道，加大对企业参与境外基础设施建设、农业综合开发、农产品加工基地和营销网络建设、外派劳务基地建设的支持力度。支持国内有实力的企业开展高新技术领域的跨国并购。适应国内产业升级和产业梯度转移的发展要求，稳步扩大总部融资模式施行范围，支持优势企业兼并重组。支持发展特色产业区域和优势产业集群。积极促进贸易投资便利化，加快进出口核销制度改革，支持外贸出口。进一步完善出口收汇网上核销和出口退税无纸化管理，适当提高企业预收货款结汇比例和延期付款年度发生额规模，简化企业申请比例结汇和临时额度的审批程序，提高审批效率，支持境内企业加大对境外的战略性投资。鼓励金融机构扩大人民币出口买方信贷业务。完善出口信用保险项下贸易融资、境外资金管理、国际保理等配套金融服务，改进和提升支持企业"走出去"融资和结算服务。加强跨境资金流动管理，做好对进出口与贸易收付汇的真实性及一致性的审核工作。加大对企业进口先进技术设备、节能环保设备、关键零部件和重要原材料的贸易融资支持，为发展服务贸易提供更为快捷的结算便利。

八、支持区域经济协调发展，推进实施区域经济发展战略

进一步细化金融服务西部开发、振兴东北、中部崛起等国家重大区域经济发展战略的信贷政策支持措施。引导和鼓励金融机构加大金融支持和创新力度，建立长期稳定的资金开发渠道，促进东西互动、产业承接，实现东中西部优势互补，推动区域经济协调发展。鼓励地方政府加强区域信用环境和金融生态建设，不断增强欠发达地区对信贷资金的吸引力。进一步加强和改进适合区域特点的金融服务，建立健全区域经济社会加快发展的可持续机制，加大对革命老区、民族地区、边疆地区、贫困地区和人口

较少民族的金融支持，全面做好国家重点科技开发园区、经济特区、环渤海经济区、长三角区域经济一体化、天津滨海新区开发开放、重庆统筹城乡改革试验区等国家重点支持区域的各项金融服务。将民族贸易用品和民族特需用品生产企业优惠利率贷款的承贷银行，从国有商业银行扩大到股份制商业银行和农村信用社。完善边贸结算政策，引导和鼓励边贸地区的企业使用人民币进行贸易结算。认真落实广东和长江三角洲地区与港澳地区、广西和云南与东盟的货物贸易进行人民币结算试点工作。积极推动和促进海峡两岸开展和加强实质性金融合作。

九、促进自主创新成果产业化，推动产业结构优化升级

发挥科技对扩大内需的支撑作用，鼓励和引导金融机构支持企业自主创新，用好各类政府基金、财政贴息等补偿手段，加强对国家级工程技术研究中心、重点实验室建设、高新技术产业群、国家高技术示范工程建设、国家重大科技产业化项目、科技成果转化项目等方面的信贷投入，促进提高企业自主创新能力，推动自主创新成果产业化。鼓励地方政府设立创业投资引导基金，通过参股和提供融资担保等方式扶持创业投资企业，促进政府引导、市场化运作的创业投资发展。探索推进知识产权、自主品牌质押贷款，支持火炬、星火等科技发展计划项目。加快发展私募股权基金，探索发行非上市企业私募可转换债券，搭建多种形式的科技金融合作平台，促进更多资本进入创业投资市场，支持创业孵化服务机构发展。为高科技创业风险投资企业跨境资金运作创造更加宽松的金融、外汇服务环境。

十、加强信贷结构监测评估，有效防范和控制信贷风险

人民银行各分支机构和银监会各派出机构在坚持"区别对待、有保有压"的方针，积极鼓励和引导银行业金融机构对重点项目、重点产业和重点区域加大信贷支持的同时，要全面加强信贷结构监测分析和评估，对辖区内信贷资金投放的结构、节奏和进度的动态信息要及时把握，心中有数。在加强信贷结构调整的同时，要特别注意防止金融机构贷长、贷大、贷集中和严重存贷期限错配产生新的系统性金融风险。对于不符合国家产业政策规定、市场准入标准、达不到国家环评和排放要求的项目，要严格限制任何形式的新增授信支持，并依法加强监督检查，切实防止低水平重复建设。要进一步密切合作，建立和完善辖区内信贷结构定期监测分析评估制度，提高信贷结构分析监测能力，加强对国内外经济走势和各经济领域发展状况的前瞻性判断和预测，及时反映新情况、新问题，加强信贷政

策指导和风险提示，促进货币信贷政策在辖区得到有效贯彻落实。

请人民银行上海总部，各分行、营业管理部、省会（首府）城市中心支行、副省级城市中心支行会同当地银监局将本意见迅速转发至辖区内各金融机构，并结合辖区特点抓紧制定实施意见，加强组织协调，做好贯彻实施工作。本意见贯彻实施情况，请及时报告人民银行和银监会。

二〇〇九年三月十八日

国务院关于加强地方政府融资
平台公司管理有关问题的通知
国发〔2010〕19号

各省、自治区、直辖市人民政府，国务院各部委、各直属机构：

近年来，地方政府融资平台公司（指由地方政府及其部门和机构等通过财政拨款或注入土地、股权等资产设立，承担政府投资项目融资功能，并拥有独立法人资格的经济实体）通过举债融资，为地方经济和社会发展筹集资金，在加强基础设施建设以及应对国际金融危机冲击中发挥了积极作用。但与此同时，也出现了一些亟须高度关注的问题，主要是融资平台公司举债融资规模迅速膨胀，运作不够规范；地方政府违规或变相提供担保，偿债风险日益加大；部分银行业金融机构风险意识薄弱，对融资平台公司信贷管理缺失等。为有效防范财政金融风险，加强对地方政府融资平台公司管理，保持经济持续健康发展和社会稳定，现就有关问题通知如下：

一、抓紧清理核实并妥善处理融资平台公司债务

地方各级政府要对融资平台公司债务进行一次全面清理，并按照分类管理、区别对待的原则，妥善处理债务偿还和在建项目后续融资问题。

纳入此次清理范围的债务，包括融资平台公司直接借入、拖欠或因提供担保、回购等信用支持形成的债务。债务经清理核实后按以下原则分类：（1）融资平台公司因承担公益性项目建设举借、主要依靠财政性资金偿还的债务；（2）融资平台公司因承担公益性项目建设举借、项目本身有稳定经营性收入并主要依靠自身收益偿还的债务；（3）融资平台公司因承担非公益性项目建设举借的债务。

对原计划由融资平台公司承担融资的在建项目，对其后续资金应根据不同情况妥善处理。地方各级政府要严格审核项目投资预算和资金来源，各类资金要集中用于项目续建和收尾，严格控制新开工项目，防止出现"半拉子"工程。经地方政府审核后，对还款来源主要依靠财政性资金的公益性在建项目，除法律和国务院另有规定外，不得再继续通过融资平台公司融资，应通过财政预算等渠道，或采取市场化方式引导社会资金解决建设资金问题。对使用债务资金的其他在建项目，原贷款银行等要重新进行审核，凡符合国家产业政策、土地政策、环境保护政策、信贷审慎管理规定及宏观调控政策等要求的项目，要继续按协议提供贷款，推进项目建设；对不符合上述要求的项目，地方政府要尽快进行清理，妥善处置。

对融资平台公司贷款，银行业金融机构要坚持按照"逐包打开、逐笔核对、重新评估、整改保全"的原则进行全面清理，及时采取补救措施，确保信贷资产安全。

地方各级政府要采取有效措施，落实有关债务人偿债责任。对融资平台公司存量债务，要按照协议约定偿还，不得单方面改变原有债权债务关系，不得转嫁偿债责任和逃废债务。融资平台公司等要统筹安排资金，制定偿债计划，明确偿债时限，切实承担还本付息责任。

二、对融资平台公司进行清理规范

在本通知下发前已经设立的融资平台公司，要按以下要求进行清理规范：对只承担公益性项目融资任务且主要依靠财政性资金偿还债务的融资平台公司，今后不得再承担融资任务，相关地方政府要在明确还债责任，落实还款措施后，对公司做出妥善处理；对承担上述公益性项目融资任务，同时还承担公益性项目建设、运营任务的融资平台公司，要在落实偿债责任和措施后剥离融资业务，不再保留融资平台职能。对承担有稳定经营性收入的公益性项目融资任务并主要依靠自身收益偿还债务的融资平台公司，以及承担非公益性项目融资任务的融资平台公司，要按照《中华人民共和国公司法》等有关规定，充实公司资本金，完善治理结构，实现商业运作；要通过引进民间投资等市场化途径，促进投资主体多元化，改善融资平台公司的股权结构。对其他兼有不同类型融资功能的融资平台公司，也要按照上述原则进行清理规范

今后地方政府确需设立融资平台公司的，必须严格依照有关法律法规办理，足额注入资本金，学校、医院、公园等公益性资产不得作为资本注

入融资平台公司。

三、加强对融资平台公司的融资管理和银行业金融机构等的信贷管理

融资平台公司融资和担保要严格执行相关规定。经清理整合后保留的融资平台公司，其融资行为必须规范，向银行业金融机构申请贷款须落实到项目，以项目法人公司作为承贷主体，并符合有关贷款条件的规定。融资项目必须符合国家宏观调控政策、发展规划、行业规划、产业政策、行业准入标准和土地利用总体规划等要求，按照国家有关规定履行项目审批、核准或备案手续。要严格按照规定用途使用资金，讲求效益，稳健经营。

银行业金融机构等要严格规范信贷管理，切实加强风险识别和风险管理。要落实借款人准入条件，按商业化原则履行审批程序，审慎评估借款人财务能力和还款来源。凡没有稳定现金流作为还款来源的，不得发放贷款。向融资平台公司新发贷款要直接对应项目，并严格执行国家有关项目资本金的规定。严格执行贷款集中度要求，加强贷款风险控制，坚持授信审批的原则、程序与标准。要按照要求将符合抵质押条件的项目资产或项目预期收益等权利作为贷款担保。要认真审查贷款投向，确保贷款符合国家规划和产业发展政策要求。要加强贷后管理，加大监督和检查力度。适当提高融资平台公司贷款的风险权重，按照不同情况严格进行贷款质量分类。

四、坚决制止地方政府违规担保承诺行为

地方政府在出资范围内对融资平台公司承担有限责任，实现融资平台公司债务风险内部化。要严格执行《中华人民共和国担保法》等有关法律法规规定，除法律和国务院另有规定外，地方各级政府及其所属部门、机构和主要依靠财政拨款的经费补助事业单位，均不得以财政性收入、行政事业等单位的国有资产，或其他任何直接、间接形式为融资平台公司融资行为提供担保。

五、加强组织领导，确保工作落实

各地区、各部门要从大局出发，牢固树立科学发展观和正确政绩观，充分认识加强融资平台公司管理工作的重要性和紧迫性，统一思想，加强领导，精心组织，结合本地区、本部门实际认真抓好落实。财政部、发展改革委、人民银行、银监会等部门和机构，要抓紧制定具体实施方案，完善相关政策，加强对这项工作的指导监督。财政部要会同有关部门加快建

立融资平台公司债务管理信息系统、会计核算和统计报告制度，以及融资平台公司债务信息定期通报制度，实现对融资平台公司债务的全口径管理和动态监控。审计部门要加强对融资平台公司的审计监督。要研究建立地方政府债务规模管理和风险预警机制，将地方政府债务收支纳入预算管理，逐步形成与社会主义市场经济体制相适应、管理规范、运行高效的地方政府举债融资机制。

地方各级政府和有关部门、单位都要严格遵守法律制度规定，确保有法必依，违法必究。对清理规范中检查出来的问题要及时予以纠正，对清理规范后仍然违反《中华人民共和国预算法》、《中华人民共和国担保法》、《中华人民共和国商业银行法》等规定的要依法依规严肃处理，并追究相关责任人的责任。

各省（区、市）人民政府要切实履行职责，抓紧落实相关工作，并将工作落实情况于 2010 年 12 月 31 日前上报国务院，抄送财政部、发展改革委、人民银行和银监会。

二〇一〇年六月十日

中国银监会关于加强当前重点风险防范工作的通知
（银监发〔2010〕98 号）

各银监局，各政策性银行、国有商业银行、股份制商业银行、金融资产管理公司，邮政储蓄银行，银监会直接监管的信托公司、企业集团财务公司、金融租赁公司：

今年以来，我国经济逐步回归平稳增长轨道，银行业运行情况总体平稳，信贷投放节奏得到较好控制，信贷结构不断优化。但在国际经济复苏艰难、国内结构调整任务艰巨的大环境下，银行业面临的风险形势仍十分严峻。为贯彻落实党中央和国务院的最新要求，积极应对当前形势下银行业面临的问题与挑战，现就下阶段银行业金融机构的工作提出以下要求，请各银行业金融机构认真贯彻执行。

一、切实抓紧抓好地方政府融资平台贷款风险管控

一是对地方政府融资平台贷款实施动态台账管理。在前期清查规范的

基础上，尽快建立地方政府融资平台台账，明确名单、贷款金额、还款方式和来源。在平台企业净现金流的核算方面，对于土地收入返还，只有平台企业确实拥有土地所有权证的土地所产生的土地收入返还才能计入净现金流收入；对于股权收益，只有平台企业名下股权所产生的投资收益才能够计入净现金流收入。按照现金流覆盖比例将贷款划分为全覆盖、基本覆盖、半覆盖和无覆盖四类风险定性，实施分类动态管理。

二是按现金流覆盖原则开展分类处置工作。依据平台公司自身经营性现金流覆盖情况，平台贷款可通过整改为公司类贷款、保全分离为公司类贷款、清理回收、仍按平台贷款处理等四种方式进行分类处置，各银行业金融机构要以省为单位，做好与政府相关部门及平台公司的会谈工作，通报四类风险定性情况，研究协商各类平台贷款的整改措施。基本原则为；第一，对整改为公司类贷款的实行逐户监测。这类贷款为现金流可全覆盖、拟整体划转为一般公司类管理的贷款。各银行业金融机构要与地方政府充分沟通与协调，确定名单，明确风险承担与问责机制，要逐户关注整改进展和贷款要素的合规性，确保存量债务能够按照协议约定及时足额偿还。第二，保全分离为公司类贷款和清理回收类贷款须设定处置时间表。各银行业金融机构及各级分支机构应拟定保全分离和清理回收工作推进时间安排表，通过项目剥离、公司重组、增加新的借款主体和担保主体来补足现金流，或是通过追加股权、土地等合法足值的抵（质）押品以及直接收回等方式，严格按照时限要求完成各项工作。银监会各级派出机构要建立定期报告制度，及时监督掌握贷款处置进展。第三，对仍按平台公司处理的贷款要实施严格监控。各银行业金融机构要积极协助地方政府做好不再承担融资任务的平台转轨改制工作，逐户明确地方政府的还债责任。对主要依靠财政性资金偿还本息的贷款应纳入地方财政预算，制订还款计划并落实还款措施，必要时应督促地方政府追加风险缓释措施或逐步收回存量贷款。对于不符合国发〔2010〕19号文要求，项目没有足额资产抵押和现金流的，严禁新增贷款（授信）。

三是切实加强平台贷款押品、项目现金流和还贷条件以及资产分类、拨备计提的管理。对各类平台贷款要定期开展押品价值评估，及时补充抵（质）押物，防范减值风险。要持续、动态测算贷款项目现金流状况，提前采取应对措施。要在充分协商基础上，有力推动修订原贷款合同中"整借整还"等不科学条款。建成之后的项目（包括铁路、公路、基础设施等）贷款应立即进入还本期，原则上每年应至少两次等额还本，有的小额贷款可以争取做到每季还本，利随本清，以实现风险的准确暴露和稳步缓释，严格防止常青贷款。平台贷款到期后不应展期或随意重组，要按照项目现金流、押品价值、还款能力和意愿等因素，对平台贷款实行严格分类，并做好准备计提。贷款的准确分类、相应的准备计提以及资本权重确定必须与早期风险信号相匹配。平台贷款的拨备覆盖率及贷款拨备率，不得低于一般贷款拨备水平。在内部资本管理中，各银行业金融机构要根据贷款项目现金流覆盖程度和其他相关因素，适当调整贷款风险权重和其他经济资本系数，合理确定预期和非预期损失的水平。

二、高度关注房地产贷款风险

一是继续严格执行差别化住房信贷政策。暂停发放居民家庭第三套及以上住房贷款；对不能提供一年以上当地纳税证明或社保缴纳证明的非本地居民暂停发放购房贷款。贷款购买商品住房的首付款比例不低于30%。其中，对二套房贷首付成数应不低于50%，利率不低于基准利率的1.1倍。加强对个人消费贷款、个人经营性贷款的管理及其用途的跟踪监测，严禁用于购买住房。各银行业金融机构总行（公司）要确保各级分支机构信贷政策执行的统一性。各级银监会派出机构要努力实现属地各银行业金融机构信贷政策执行的一致性，严防政策执行在机构间、地区间的差别导致监管套利。

二是严控大型房企集团贷款风险。对于大型房企集团，要以集团为单位，以名单为基础，实行集团并表授信管理，集团及各成员企业贷款总额不得超过在建工程的五成。大额集中度风险评估应涵盖银行持有的房地产公司短期、中期票据以及其他形式的各类授信。同时，对集团内部关联交易要进行跟踪监测，严密审查集团企业内部与关联企业之间，尤其是母子公司之间的关联交易，严防信贷资金转移或挪用。要核实项目资本金的真实来源，防止企业通过关联交易抽逃资本或以债务性资金充当资本金。严格控制贷款关联担保，禁止互保。

三是预先布防高风险房地产企业风险暴露。对于存在高价购地、跨业经营、过度扩张、负债率偏高等问题的高风险房地产开发企业，应密切关注其经营状况，一旦资金回笼出现紧张，应及时采取保全措施。对有土地闲置、改变土地用途和性质、拖延开竣工时间、捂盘惜售等违法违规记录的房地产开发企业，应停止对其发放新开发贷款和贷款展期。同时，要积极配合国土资源部门开展闲置土地核查处置工作，妥善利用闲置土地信息，对闲置土地信息和其他相关信息未进行相应使用处理的银行业金融机构，其主要负责人需向银监会或相应银监会派出机构做出书面说明。

四是合理满足中小户型、中低价位房地产开发贷款需求。在严格把握风险收益的基础上，继续支持保障性安居工程建设。

三、有效遏制部分行业和企业不良贷款反弹压力

一是持续深入贯彻落实国务院关于抑制产能过剩、淘汰落后产能、促进节能减排的各项调控要求，加大对高耗能高排放项目的信贷控制。各银行业金融机构应对不同性质的违规建设项目采取限贷、停贷和收贷等适当措施。对于不符合国家节能减排政策规定的高耗能、高排放项目，严禁发放任何形式的新增贷款及授信。对于列入淘汰类的项目，必须尽快采取措施收回并保全贷款。同时，对于合规项目要给予合理的信贷支持，在控制风险的前提下，加大对循环经济、环境保护及节能减排技术改造项目的信贷支持，促进国家节能减排目标的实现。

二是全力做好落后产能淘汰名单所列企业信贷资产的保全工作。对于列入工业和信息化部和各地落后产能淘汰名单的企业，应积极参与其关停等处置工作，及时开展信贷资产保全。形成坏账和损失的，在进行核销的同时必须核查并追究相关人员的责任。要密切跟踪各地被淘汰企业名单调整变化情况，提前制定处置预案。

三是大力推进支持节能减排的长效机制建设。要结合国家产业结构调整和节能减排的总体要求，及时调整信贷政策，完善内部程序，建立有效的授信通道，完善相应的考核激励体系。通过设立专门岗位、配备专职人员、加快人员培训等方式加强能力建设，在风险可控的前提下加快金融服务和产品创新，促进支持节能减排长效机制建设。

四是高度重视行业信贷风险发展趋势，建立有效的风险监控预警体系。要密切关注船舶制造、钢铁、平板玻璃等产能过剩行业贷款的风险波动状况，适时调整行业信贷政策取向，开展贷款组合动态管理；要大力推进银团贷款和行业信贷风险监控体系建设，及时开展风险预警；要加强贷款投向的行业集中度研究，切实防范过度集中。

四、注重防范流动性风险

一是加强银行日常流动性管理。进一步加强资产流动性和融资来源稳定性的管理，各银行业金融机构要建立月度日均存款统计制度，科学监测

流动性水平，摒弃按月末、季末时点数据进行业绩考核的不科学做法。

二是重视流动性风险的压力测试。各银行业金融机构要按照自身业务的复杂程度，至少按季开展压力测试工作。压力测试要遵循审慎原则设定压力情景，并充分考虑各类风险要素之间的关联性，通过压力测试分析银行承压能力，防范流动性危机。

三是借鉴国际监管新规提高对流动性风险的管理水平。巴塞尔委员会最新提出的流动性覆盖率（LCR）和净稳定融资比率（NSFR）指标充分考虑了市场及异质性压力（银行自身问题造成的流动性紧张）情况、存款保险情况、资金担保情况、批发与零售资金情况、定期存款的提前支取等等因素，特别是强调了表外业务及非契约性（因声誉风险而承担的资金流出）的资金流出分析，与现行流动性监测指标相比，更精细，也更具前瞻性和科学性。各银行业金融机构要深化对巴塞尔委员会流动性风险新指标的学习、理解和运用，从短期、长期两个时间维度上监测本行流动性风险。

五、不断提升信贷工作科学化水平

一是深入推进"三个办法、一个指引"的贯彻执行。"三个办法、一个指引"是对贷款发放审慎性的重要制度保证，各银行业金融机构要确保信贷资金投向事先约定和仔细审查过的交易和领域，要严格设定还贷条件。对固定资产贷款合同中的"整借整还"条款进行彻底纠正，改为在必要宽限期后至少每半年还本一次，利随本清的科学和审慎做法，做到风险早期发现、早期干预、早做损失度量与准备。

二是大力开展贷款核销工作。要加大对不良贷款的核销力度，做到账销、案存、权在。积极执行国家相关核销政策，着重及早做好地震、泥石流等受灾地区和受损行业的不良贷款核销工作。

三是认真落实综合经营风险管理要求。加强对综合经营试点的后评价，对于所投资跨业子公司一段时期后管理与业绩仍不能高于行业平均水平，对集团公司不仅没有帮助反而有所拖累的，就应该坚决退出。要加强防火墙建设和集团并表管理。开展跨业经营试点的银行业金融机构必须具备综合并表风险管理能力，并建立风险隔离安排，必须建立严格的机构、资金、业务、信息和人员的防火墙体系。

四是高度重视贷款转让的潜在风险。贷款转让在借款人、保证人不知情不签字的情况下进行，不但不符合借贷合同法的原则，也滋生了道德风险。尤其是所谓拆分性贷款转让，其实质是无监管、无约束的资产证券化粗糙翻版，只能对盲目的风险蔓延起到推波助澜的作用，应当明令禁止。

六、深入推进银行业监管制度建设

按照"国际经验和国内实际相结合"、"风险约束和长远发展相结合"、"微观审慎监管、宏观审慎监管和银行外部基础设施改革相结合"的原则，稳步而深入地推进我国银行监管制度建设。

近期银监会将着力做好资本充足率、动态拨备率、杠杆率和流动性比率四项监管工具的发展建设工作。一是资本充足率。银监会将统一研究梳理我国资本监管政策规则，统筹考虑1988年协议、新资本协议和国际金融监管改革新规则的要求，审慎设定资本充足率监管标准，明确核心一级资本、一级资本和总资本的比例水平，对所有银行实施留存资本缓冲要求，并考虑对系统重要性银行设置附加资本要求，研究探索在信贷高速增长、系统性风险不断累积的情况下实施逆周期资本缓冲要求，通过资本监管实现微观审慎监管和宏观审慎监管目标。二是动态拨备率。在风险早期暴露和审慎管理要求的基础上，进一步推进动态拨备管理，对于商业银行贷款损失准备金占贷款余额的比例原则上应不低于2.5%，同时贷款损失准备金占不良贷款的比例原则上应不低于150%，两者按孰高要求执行。同时，要建立激励相容的推动实施机制，一方面银监会将加强与财税部门的沟通，推动拨备在银行成本中的客观反映，并在资本充足评价中充分考虑一般准备的附属资本属性，另一方面，要区别各类机构风险状况，对于贷款分类偏离度低、不良贷款率低的银行，要制订激励性的过渡期安排和达标安排，着力强化机制约束，鼓励银行充分计提拨备。三是杠杆率。杠杆率的分子将采用一级资本，分母应覆盖表内外所有风险暴露，综合考虑表内风险暴露、非衍生品表外项目和金融衍生品的全额敞口头寸，对银行杠杆率水平进行审慎限制。四是流动性比率。在现有流动性指标的基础上，引进流动性覆盖率和净稳定融资比率，对银行在压力情况下的一个月内持续经营能力和一年以上长期资金匹配程度进行监测评价。以上监管要求，银监会将在进行深入讨论研究以及征求银行业金融机构和相关部门意见的基础上，设定合理的时间表，稳步推进各项标准的贯彻落实。

围绕新制度建设，各银行业金融机构要重点做好三项工作。一是继续深化对四大监管工具具体规则的讨论和研究，并及时将意见建议反馈给银监会，以科学规划推广实施工作。二是加强定量测算，摸清家底。参加新规则抽样测算工作的银行业金融机构要高度重视并抓紧学习国际监管新规则，全面理解填报要求，准确报送数据，为政策制定提供有力保障和支持。三是分析差距，做好准备工作。此次监管制度建设更加重视推动银行的管理机制和经营模式变革，各银行业金融机构不仅要明确自身在资本、拨备、杠杆和流动性指标的差距，分析资产负债或业务结构的弱点不足，更要在发展战略、风险政策、绩效评估与考核等方面加强分析研究，发现内部机制建设中需要改进和提高的薄弱环节，加大银行内外和机构上下的沟通交流，充分进行动员和讨论，积极分析影响，并制定可行方案。

请各银监局将此文转发至辖内各银监分局和银行业金融机构。

二〇一〇年十一月十五日

中国银监会办公厅关于印发
地方政府融资平台贷款监管有关问题说明的通知
银监办发〔2011〕191号

各银监局，各政策性银行、国有商业银行、股份制商业银行、金融资产管理公司，邮政储蓄银行，各省级农村信用联社，银监会直接监管的信托公司、企业集团财务公司、金融租赁公司：

银监会于 2011 年 6 月 8 日—9 日在廊坊召开了地方政府融资平台贷款监管工作会议。现将根据会议讨论研究确定的《关于地方政府融资平台贷款监管有关问题的说明》印发给你们，请参照执行。

特此通知。

二〇一一年六月十七日

关于地方政府融资平台贷款监管有关问题的说明

根据 2011 年 6 月 8 日、9 日在廊坊召开的"地方政府融资平台贷款监管工作会议"精神，现将地方政府融资平台贷款监管有关问题说明整理如下，供各参会单位参考：

一、平台定义

地方政府融资平台是由地方政府出资设立并承担连带还款责任的机

关、事业、企业三类法人。监管部门和各银行业金融机构按包含退出类和仍按平台贷款处理两大类的全口径统计平台贷款。退出平台整改为一般公司类贷款的，银行可按照商业化原则自主放贷，自担风险责任；仍按平台管理的，如符合条件可以新增贷款。

二、新增贷款

各银行对平台贷款要按照"保在建、压重建、禁新建"的总体思路，将有限的信贷资源着重用于生产经营性的项目建成完工和投产上，严格按照政策要求管控新增平台贷款，以实现全年"降旧控新"的总体目标。

（一）可放贷条件。一是符合《中华人民共和国公路法》；二是符合《国务院关于加强国有土地资产管理的通知》（国发〔2001〕15号），含有偿还能力的公租房、廉租房、棚户区改造项目；三是国务院审批或核准的重大项目；四是对于符合国家宏观调控政策、发展规划、行业规划、产业政策、行业准入标准、土地利用总体规划以及信贷审慎管理规定等要求的融资平台在建项目贷款，其现金流能够达到全覆盖要求，资产负债率不高于80%，且存量贷款已在抵押担保、贷款期限、还款方式、合同补正等方面整改合格。

（二）不可贷规定。一是不得向银行"名单制"管理系统以外的融资平台发放贷款；二是不得再接受地方政府以直接或间接形式提供的任何担保和承诺；三是不得再接受以学校、医院、公园等公益性资产作为抵质押品；四是不得再接受以无合法土地使用权证的土地预期出让收入承诺作为抵质押。

（三）时点划分。按照国发〔2010〕19号文要求，新增贷款指2010年6月30日之后新发放贷款。对于不得向"名单制"管理系统以外的融资平台发放贷款等银监发〔2011〕34号文中明确的政策要求，以文件印发时间为准。对于文件时点之前的违规行为，各银行要限期进行整改；对于时点之后的违规行为，监管部门应依法进行问责处罚。

（四）对于公路、保障性住房新增贷款的要求。对于公路行业贷款，银行在符合条件的收费公路项目上可以新增贷款，但不得新增非收费公路项目贷款。对于保障性住房领域贷款，必须符合以下要求：一是仅包括棚户区改造、廉租房和公租房，不包括其他类型的保障性住房，如经济适用房。二是贷款期限原则上不超过15年，且不得设立宽限期。三是严格按照每半年一次还本付息要求偿还贷款本息，同时在贷款合同中新增加交叉违约条款，如未按约定期限偿还本息，即中止所有银行对该融资平台的全部贷款支持。四是借款人项目资本金全部到位，不得使用银行贷款、理财、信托资金作为项目资本金。五是各银行应对贷款流向和使用进行严格监控，一旦发生挪用，同样中止所有银行对该融资平台的全部贷款支持。

三、平台管理

（一）名单制管理。各银行应建立符合自身经营实际情况的融资平台"名单制"管理系统，由银行法人总行（部）统一规划，合理确定融资平台客户名单，适时动态调整，并向监管部门备案。不得向该名单之外的融资平台发放贷款。

（二）集中审批管理。各银行应在"名单制"管理基础上，将平台信贷审批权限统一上收至法人总行（部），制定相应的平台贷款管理制度，实行法人总行（部）统一审批，并落实信贷管理问责机制。分支机构无审批权限，仅承担前台营销和贷后管理职责。

（三）分类管理。对于平台类客户，实行名单制管理制度，纳入名单制客户贷款要严格遵循平台贷款相关各项政策，不得向名单制管理系统以外的平台发放贷款。对于到期的平台贷款，一律不得展期和以各种方式借新还旧（含跨行）。对于退出类平台客户，建立监测制度和台账统计机制，密切关注整改后贷款风险情况，并明确风险自担，在原有债权债务关系不变的前提下，一旦因非不可抗力因素形成风险，按照"谁签字谁负责"原则，严肃追究贷款方的签字人及相关责任人的责任。

四、平台整改

（一）抵押担保整改。各银行应严格执行《担保法》、《物权法》、《预算法》、《银行业监督管理法》等法律法规规定，动态关注抵质押品的合法合规性。特别是对于以政府承诺担保、以无合法土地使用权证的土地出让收入承诺、非专业土地储备机构以储备土地（如土地储备证）进行抵押的等，应作为抵押担保整改的重点，及时追加合法有效足值的抵质押品，消除违规担保的风险隐患。

（二）贷款期限整改。各银行应根据项目预期现金流情况和实际建设期、达产期及运营期，合理确定平台贷款的期限结构。项目建成后，应按照等额分摊等审慎原则，每年至少两次偿还本金，利随本清。

（三）还款方式整改。各银行应根据借款人现金流特点合理确定贷款还款方式。对于整借整还的存量平台贷款，应根据平台自由现金流和地方政府财力情况，与地方政府和平台客户协商贷款合同修订和补充完善工作，整改为每半年一次分期偿还、利随本清，化解集中还款风险。对于专业土地储备机构的土地储备贷款，可在政策规定的贷款期限内，在完成土地一级开发、招拍挂上市后即一次性偿还贷款。对于平台承建 BT 项目贷款，可在项目回购产生现金流后即一次性偿还贷款。

五、平台退出

（一）退出条件。满足以下全部条件的企业法人类平台，可以退出平台贷款管理，按照商业化原则运作。一是符合"全覆盖"原则；二是符合"定性一致"原则；三是符合"三方签字"原则。同时，退出类平台必须是企业法人，并已按要求进行公司治理、抵押担保、贷款期限、还款方式和贷款利率等方面整改，合格后方可退出。

（二）退出程序。平台退出应按照"由牵头行发起，所有贷款人共同参与，属地银监局组织协调（也可根据实际情况交由地方银行业协会组织）"的程序规范操作。通过召开由地方政府相关部门、融资平台、各债权行及银监部门共同参与的联席会议，集体会商确定将融资平台整改为一般公司类，并印发联席会议既要，由各方遵照执行。2011 年 6 月末前，按借款人属地原则，将符合条件的企业法人类融资平台统一组织退出；2011 年 6 月末后，如有符合条件的融资平台，可按上述程序个案研究，成熟一家，退出一家。

（三）退出责任。凡退出平台管理的，在原有债权债务和担保关系不改变的前提下，再出现风险损失，由借贷双方自行承担。

六、平台现金流

（一）可以计入现金流的还贷资金来源。一是借款人自身经营性收入；二是已明确归属于借款人的专项规费收入；三是借款人拥有所有权和使用权的自有资产可变现价值。其中，已明确归属于借款人的合法专项规费收入，除车辆通行费外，还可以包括具有法律约束力的差额补足协议所形成的补差收入，具有质押权的取暖费、排污费、垃圾处理费等稳定有效的收入。

（二）不得计入现金流的还贷资金来源。地方政府提供的信用承诺、没有合法土地使用权证的土地预期出让收入（专业土地储备机构除外）、一般预算资金、政府性资金预算收入、国有资本经营预算收入、预算外收入等财政性资金承诺，均不得计入借款人自有现金流。

七、平台统计

各监管部门和各银监局应按照严格执行平台贷款统计制度要求，按照"银监局报名单、银行业机构填贷款、监管部门审数据、统计部门汇报表"的分工，各司其职，协调配合，确保数据及时有效报送。其中，各银监局应按季确定平台统计名单，填报平台基本情况、风险定性（四覆盖）结果和退出平台时间。各机构主监管员要按银监发【2010】338号文规定职能和要求，对照银监局确定的平台名单和定性分类及时审验核对，确认无误后方可点送统计部。无论平台退出与否，各银监局及各银行业金融机构均要按照报表要求全面、如实填列平台名单及贷款信息。

八、现场检查

2011年平台贷款现场检查按照属地原则进行，由各银监局、银监分局组织实施，重点选取各行业的平台大户进行检查。各季度现场检查内容应有侧重：第一季度重点检查平台贷款客户的资产负债、现金流覆盖等情况；第二季度重点检查已整改为一般公司类贷款客户的合规情况；第三季度重点检查平台新增贷款的合规情况；第四季度重点检查平台类贷款的整改情况。

二〇一一年六月十七日

中国银监会关于加强2012年地方政府融资平台贷款风险监管的指导意见

银监发〔2012〕12号

各银监局，各政策性银行、国有商业银行、股份制商业银行、金融资产管理公司，邮政储蓄银行，各省级农村信用联社，银监会直接监管的信托公司、企业集团财务公司、金融租赁公司：

2012年，各银行业金融机构要遵循"政策不变、深化整改、审慎退出、重在增信"的总体思路，以缓释风险为目标，以降旧控新为重点，以现金流覆盖率为抓手，继续推进地方政府融资平台（以下简称融资平台）贷款风险化解工作。为深化融资平台贷款风险缓释工作，现提出如下指导意见：

一、严格监控，及时化解到期风险

（一）逐户按月统计到期贷款。各银行、各银监局要建立融资平台（包含仍按平台管理类和退出类平台，下同）贷款今年到期情况的台账统计制度，逐月统计融资平台贷款的到期时间、金额、偿债资金来源、实际偿还情况等，按季报送银监会。

（二）落实到期贷款偿还方案。对于今年到期的融资平台贷款，各银行要在全面调查统计的基础上，与各融资平台共同制定详细的还款方案。牵头银行即最大债权银行要按融资平台名录负责测算和还款方案制定工作，将还款方案于 2012 年 4 月底前报送各银监局。

（三）加强到期贷款风险分析监测。各银行、各银监局要根据专项统计结果和银企共同制定的还款方案，密切跟踪融资平台运营状况和到期贷款的还款进度。对不能按方案落实资金来源、可能造成还款违约和存在以贷还贷问题的，要及早采取处置措施，并专报银监会。

二、分类处置，切实缓释存量风险

（四）对于融资平台的存量贷款，应按照"分类管理、区别对待、逐步化解"的原则，按照以下情形分别处理。

（五）对于自身现金流 100% 覆盖贷款本息且项目已建成达产、形成了经营性现金流的融资平台，要以现金流来源为基础，制定均衡的分期还贷计划，并专户集并、封闭现金流收入，确保及时足额清收到期贷款本息。

（六）对于自身现金流 100% 覆盖贷款本息，项目已建成但尚未达产形成经营性现金流的融资平台，在借款人的抵押担保、还款方式等方面整改合格的前提下，经各银行总行审批，可在原有贷款额度内进行再融资，切实支持项目早达产、早创收，早日增加还款资金来源。

（七）对于自身现金流 100% 覆盖贷款本息，贷款到期而项目尚未建成的融资平台，在借款人的抵押担保、还款方式等方面整改合格的前提下，经各银行总行审批后，可按照工程建设实际周期合理确定贷款期限，一次性修订贷款合同，使贷款期限符合项目建成要求。

（八）对于自身现金流不能够 100% 覆盖贷款本息，但项目能够吸引社会资金投资的融资平台，各银行要在现有贷款余额不增加的前提下，积极协助地方政府相关部门和借款人，制定资产重组、合并、转让或引入新投资者等市场化处置方案，提高现金流覆盖程度，在项目建成达产后及时按约清收贷款本息。

（九）对于自身现金流不能够100%覆盖贷款本息，且工程项目不宜吸引社会资金投资的融资平台，各银行要在不增加新贷的前提下，与地方政府积极沟通，按原定承诺，量化还款数额，纳入财政预算，分期清收贷款。

三、严格标准，有效控制新增贷款

（十）严格降旧控新要求。按照"保在建、压重建、控新建"的基本要求，今年融资平台贷款要严格准入标准和放贷条件，坚持有保有压和结构调整。对仍按平台管理类的新增贷款进行重点监管，对退出类贷款的变动情况进行跟踪监测，以实现全年融资平台贷款"降旧控新"的总体目标。

（十一）严格控制总量。今年各银行在年度信贷计划安排上不得新增融资平台贷款规模；各地区的融资平台贷款余额不得超过当地政府可承受债务规模上限；各银行不得对信贷分类中列为压缩类的融资平台新发放贷款。

（十二）严格把握投向。融资平台新增贷款应优先保证重点在建项目需求，既要避免重点项目出现"半拉子"工程，又要防范融资平台假借"保续建"之名套取贷款。仍按平台管理类的新增贷款的投向主要为五个方面：一是符合《公路法》的收费公路项目；二是国务院审批或核准通过且资本金到位的重大项目；三是土地储备类和保障性住房建设项目；四是农业发展银行支持且符合中央政策的农田水利类项目；五是工程进度达到60%以上，且现金流测算达到全覆盖的在建项目。

（十三）严格新增贷款条件。仍按平台管理类的新增贷款必须满足五个前提条件：一是公司治理完善；二是现金流全覆盖；三是抵押担保符合现行规定且存量贷款已在抵押担保、贷款期限、还款方式等方面整改合格；四是借款人资产负债率低于80；五是融资平台存量贷款中需要财政偿还的部分已纳入地方财政预算管理，并已落实预算资金来源。

四、审慎退出，加强退后动态管理

（十四）严格平台退出管理。各银行应以现金流覆盖率为抓手，严格把握融资平台退出条件，审慎评估退出后平台贷款风险，强化退出类平台贷款的风险管控。

（十五）严格平台退出条件。融资平台退出需满足五个条件：一是符合现代公司治理要求，属于按照商业化原则运作的企业法人；二是资产负债率在70%以下，财务报告经过会计师事务所审计；三是自身现金流100

覆盖贷款本息，且各债权银行对融资平台的风险定性均为全覆盖；四是存量贷款的抵押担保、贷款期限、还款方式等已整改合格；五是诚信经营，无违约记录，可持续独立发展。

（十六）严格平台退出程序。融资平台退出应严格按照以下程序进行：一是牵头行发起。由牵头行发起，各债权银行认真审核并形成一致性退出意见。二是各总行审批。各债权银行分支机构将融资平台退出申请报各总行审核批准。三是三方签字。各债权银行获总行退出审批通过后，与地方政府相关部门、平台公司进行沟通协商并由三方签字确认。四是退出承诺。在三方签字的同时，地方政府及相关部门应明确承诺不再为退出类平台新增贷款提供任何担保；各银行应明确承诺按审慎信贷原则进行贷款管理，并独立承担新增贷款风险。五是监管备案。牵头行将有关资料收集完整后向融资平台属地银监部门报备，监管部门在融资平台报表中标示退出。

（十七）严格平台退后管理。对退出类平台，各银行要在落实"名单制"管理的基础上，严格按照商业化原则加强风险管控。监管部门要实施动态监测，对于退出类平台五项条件之一低于监管要求和违背退出承诺的，要重新纳入平台管理。退出类新增贷款应严格遵循产业政策、信贷政策和一般公司贷款条件，实行"谁贷款，谁承担风险"的责任追究机制。各银行不得向退出类平台发放保障性住房和其他公益性项目贷款。

五、完善制度，深化平台贷款管理

（十八）实行信贷分类制度。各银行应在原有"名单制"管理的基础上，对融资平台按照"支持类、维持类、压缩类"进行信贷分类。"支持类"指符合融资平台贷款的新增条件和银行信贷政策及风险偏好，可以新增贷款的融资平台；"维持类"指不完全满足融资平台贷款的新增条件，但未超越银行风险容忍度，可以为保项目完工进行再融资但贷款余额不超过年初水平的融资平台；"压缩类"指既不符合融资平台贷款的新增条件和银行信贷政策，又超越银行风险容忍度，贷款余额不得增加且不得以任何形式新发放贷款的融资平台。针对上述信贷分类，各银行总行要结合自身经营实际情况，制定出具体的分类条件和标准。

（十九）强化授信审批制度。各银行应按照"统一授信、总量控制、逐笔审批、监督支付"的原则，加强总行对仍按平台管理类贷款的集中审批和管理，对于新增贷款，由总行统一授信、逐笔审批，加强支付监督，防止贷款挪用。

（二十）健全统计分析制度。各银行、各银监局要加强对融资平台贷款的动态监测分析，继续按季做好台账统计工作。各银监局应继续做好协调工作，确保每个融资平台只有一个风险定性结果（"全覆盖、基本覆盖、半覆盖、无覆盖"），并根据既定要求按季报送。各银行应对融资平台按"支持类、维持类、压缩类"进行信贷分类，并于2012年4月将分类结果通过平台信息系统报送银监会。

六、明确职责，强化监管约束

（二十一）强化信贷约束。对于存在以下情形的融资平台，各银行一律不得新发放任何形式的贷款：一是信贷分类结果为"压缩类"的；二是借款人为异地融资平台的；三是所在地区地方政府债务规模达到或超出限额的；四是地方政府以直接或间接形式为新增贷款提供担保承诺的；五是以学校、医院、公园等公益性资产作为抵质押品的；六是以无合法土地使用权证的土地预期出让收入承诺作为质押的；七是存量贷款担保抵押、贷款合同等方面整改不到位的；八是资产负债率和现金流覆盖率不符合规定要求的。

（二十二）实施现场检查。2012年融资平台贷款现场检查按照属地原则，上下半年各进行一次，由各银监局、银监分局组织实施。各银监局、银监分局应围绕现金流测算、存量贷款风险缓释、新增贷款控制以及平台退出等方面开展检查。上半年检查对象为2011年末退出类平台贷款余额最大的一户，下半年检查对象为2012年上半年仍按平台管理类新增贷款最多的一户。

（二十三）严肃责任追究。各银监局、银监分局应通过现场检查和非现场监管，及时发现银行在融资平台贷款经营活动中的各种违法违规问题。各银行应建立融资平台贷款风险管控的问责机制，出现问题的，要严格按照职责规定追究责任。

（二十四）银行法人总行职责。实施信贷分类；审批新增贷款；审批融资平台退出；审批存量贷款分类处置方案；控制融资平台贷款总量。

（二十五）银行分支机构职责。正确执行信贷分类管理制度；正确发起融资平台退出；正确发起新放贷款；正确落实存量贷款增信整改；正确计算现金流覆盖率；正确填报融资平台信息（名单、违约、重组等）。

（二十六）法人机构监管部门职责。督促各银行法人总部落实"降旧控新"目标、准确信贷分类、规范审批融资平台退出、合理处置存量贷款风险、及时准确报送信息。

（二十七）分支机构监管部门职责。督促银行分支机构正确执行信贷分类管理制度、规范发起融资平台退出、确保新发放贷款依法合规、正确整改增信存量贷款、正确计算现金流覆盖率、正确填报融资平台信息。

（二十八）银监局（分局）职责。确定辖内融资平台名单；按是否退出对辖内融资平台进行分类；明确辖内融资平台的风险定性；填报"三项整改"（抵押担保、贷款期限、还款方式）信息；逐户监测融资平台贷款增减变化情况；开展融资平台贷款现场检查；关注今年融资平台贷款到期及还款情况。对于未按照监管规定对辖内银行落实本指导意见的情况进行及时检查或检查后未责令银行对所发现的问题采取整改措施的，依照有关规定追究相关责任人的责任。

（二十九）统计信息部门职责。开发维护平台信息采集系统；及时汇总报表数据；及时分析研究数据；提出违规问题并告知相关监管部门。请各银行业金融机构将本指导意见尽快传达至本系统各级分支机构，并结合本行实际制定具体的落实措施及管理办法。各银监局要将本指导意见转发至辖内银行业金融机构，同时向地方政府做好政策汇报和解释工作。如在执行过程中发现问题，请及时向银监会报告。

中国银监会关于加强 2013 年地方政府融资平台贷款风险监管的指导意见

银监发〔2013〕10 号

各银监局，各政策性银行、国有商业银行、股份制商业银行、金融资产管理公司，邮政储蓄银行，各省级农村信用联社，银监会直接监管的信托公司、企业集团财务公司、金融租赁公司：

2013 年，各银行业金融机构要遵循"总量控制、分类管理、区别对待、逐步化解"的总体原则，以控制总量、优化结构、隔离风险、明晰职责为重点，继续推进地方政府融资平台（简称"融资平台"）贷款风险管控。现就 2013 年融资平台贷款风险监管提出如下指导意见：

一、总体要求

（一）严格把握定义。地方政府融资平台是指由地方政府出资设立并承担连带还款责任的机关、事业、企业三类法人。

（二）完善"名单制"管理。各银行要继续完善融资平台"名单制"管理信息系统，及时更新客户信息，并按季报送监管机构。

（三）动态调整风险定性。各银行要继续按照融资平台自身现金流覆盖债务本息的情况，将融资平台分为"全覆盖"、"基本覆盖"、"半覆盖"、"无覆盖"。"全覆盖"是指借款人自有现金流量占其全部应还债务本息的比例为100%（含）以上；"基本覆盖"是指借款人自有现金流占其全部应还债务本息的比例为70%（含）至100%之间；"半覆盖"是指借款人自有现金流占其全部应还债务本息的比例为30%（含）至70%之间；"无覆盖"是指借款人自有现金流占其全部应还债务本息的比例为30%以下。各银行应审慎合理测算融资平台自身现金流，并对分类结果进行动态调整，及时报牵头行汇总形成一致性意见，并按季上报监管机构。

（四）坚持退出分类制度。各银行要继续将融资平台划分为"仍按平台管理类"和"退出为一般公司类"（以下简称"退出类"。如无特殊说明，本指导意见所称融资平台均含这两类），加强对两类融资平台的统一监测和分类管理。

"退出类"，是指经核查评估和整改后，已具备商业化贷款条件，自身具有充足稳定的经营性现金流，能够全额偿还贷款本息，整体转化为一般公司类客户管理的融资平台。

凡不符合退出条件以及未完成退出流程的融资平台，均作为"仍按平台管理类"管理。

二、化解到期

（五）制订到期还款方案。对于今年到期的融资平台贷款，各银行要与融资平台、地方政府制定详细的还款方案，逐笔明确还款日期、还款金额和偿债资金来源，并于5月30日前报各银监局和各银行总行。

（六）密切监测到期贷款风险。各银行、各银监局要共同对今年到期的融资平台贷款逐笔建立统计监测制度，逐笔统计到期金额和偿债资金来源。各银监局要汇总辖内融资平台贷款偿还情况，按季进行风险分析。对于不能按方案落实资金来源、未能按期偿还到期贷款或存在以贷还贷问题的，各银行要立即向监管机构报告，并及时与地方政府进行沟通，采取措施及时处置，避免出现重大违约事件。

三、控制总量

（七）控制平台贷款总量。按照"保在建、压重建、控新建"的基本要求，继续坚持总量控制。各银行业金融机构法人不得新增融资平台贷款规模。

四、优化结构

（八）实施平台层级差异化管理。新增贷款应主要支持符合条件的省级融资平台、保障性住房和国家重点在建续建项目的合理融资需求。对于现金流覆盖率低于100%或资产负债率高于80%的融资平台，各银行要确保其贷款占本行全部平台贷款的比例不高于上年水平，并采取措施逐步减少贷款发放，加大贷款清收力度。

五、严控新增

（九）严格新发放平台贷款条件。融资平台新发放贷款必须满足六个前提条件：一是现金流全覆盖；二是抵押担保符合现行规定，不存在地方政府及所属事业单位、社会团体直接或间接担保，且存量贷款已在抵押担保、贷款期限、还款方式等方面整改合格；三是融资平台存量贷款中需要财政偿还的部分已纳入地方财政预算管理，并已落实预算资金来源；四是借款人为本地融资平台；五是资产负债率低于80%；六是符合《关于制止地方政府违法违规融资行为的通知》（财预〔2012〕463号）文件有关要求。

（十）控制平台贷款投向。对于"仍按平台管理类"，新发放贷款的投向主要为五个方面：一是符合《公路法》的收费公路项目；二是国务院审批或核准通过且资本金到位的重大项目；三是符合《关于加强土地储备与融资管理的通知》（国土资发〔2012〕162号）要求，已列入国土资源部名录的土地储备机构的土地储备贷款；四是保障性安居工程建设项目；五是工程进度达到60%以上，且现金流测算达到全覆盖的在建项目。

农业发展银行的平台贷款投向还包括符合中央政策的农田水利类项目。

（十一）强化贷款审批制度。各银行应按照"统一授信、总量控制、逐笔审批、监督支付"的原则，加强总行对"仍按平台管理类"贷款的集中审批和管理，对于新增贷款，由总行统一授信和审批，加强支付监督，防止贷款挪用。

六、缓释存量

（十二）持续推进存量平台贷款整改。各银行要加强抵押担保整改，严格执行《担保法》、《物权法》、《预算法》等法律法规规定，及时落实和追加合法、有效、足值的抵质押品。要加强贷款合同整改，根据项目预期现金流情况和实际建设期、达产期及运营期，限期整改贷款合同中的整借整还和期限过长问题。对于整借整还的中长期贷款，原则上按照等额分摊的方式，每年至少两次偿还本金，利随本清。要加强贷款条件整改，全面核实存量平台贷款的合同条款和信贷条件，采取措施限期整改借款人资质不健全、项目资本金不达标、审批文件和手续不合法不齐全等问题。

（十三）分类缓释存量贷款风险。各银行应根据融资平台现金流能否达到全覆盖、项目建设进度等情况，采取"及时收贷、收回再贷、据实定贷、引资还贷、只收不贷"的方式，逐步缓释存量平台贷款风险。

"及时收贷"是指对于融资平台现金流全覆盖、已经完工达产且形成现金流收入的项目，要封闭现金流，对回笼款进行专户管理，按照原来的约定及时清收贷款。

"收回再贷"是指对于融资平台现金流全覆盖、已建成但还没有产生足够现金流偿还贷款本息（没有经济建成）的项目，可以在原有贷款额度内进行再融资。

"据实定贷"是指对于融资平台现金流全覆盖、已经确定工期但因有不可抗拒的因素导致不能如期完工，但贷款已经到期的项目，要一次性修改贷款合同，根据实际工期重新确定贷款期限。

"引资还贷"是指对于融资平台现金流不能够全覆盖，能够吸引社会资金投资的项目，在现有贷款余额不增加的前提下，可以通过资产重组、引入新投资者、项目出售等方式，引进资金用于还贷。

"只收不贷"是指对于融资平台现金流不能够全覆盖，不宜吸引社会资金投资的项目，银行只能只收不贷，并要求地方政府将偿债资金纳入预算，明确偿债资金来源。

（十四）严格把握实施条件。各银行要严格执行融资平台存量贷款风险缓释的各项要求。实施"收回再贷"和"据实定贷"的，借款人必须满足抵押担保、还款方式等方面整改合格的前提条件，必须经各银行总行审批同意，并及时向属地监管机构备案。

七、隔离风险

（十五）建立全口径融资平台负债统计制度。各银行和各级监管机构均要建立包括银行贷款、企业债券、中期票据、短期融资券、信托计划、理财产品等在内的全口径融资平台负债统计制度。各银行要统筹考虑融资平台总负债规模与其偿债能力的匹配程度，加强对融资平台的全面风险管理。

（十六）审慎持有融资平台债券。各银行应将购买持有融资平台发行债券的审批权限上收至总行，并参照新增融资平台贷款条件，制定相应的融资平台债券管理制度，实行总行统一授信、全口径监控和逐笔审批。各银行不得为融资平台发行债券提供担保。

（十七）防范融资平台变相融资。继续严格执行"名单制"管理制度，符合国发〔2010〕19号、财预〔2010〕412号及财预〔2012〕463号文件规定继续保留和新设的融资平台，必须纳入"名单制"进行统计。各银行不得对未纳入"名单制"管理的融资平台发放任何形式由财政性资金承担直接或间接还款责任的贷款。

八、审慎退出

（十八）严格平台退出条件。融资平台退出需满足五个条件：一是符合现代公司治理要求，属于按照商业化原则运作的企业法人；二是资产负债率在70%以下，财务报告经过会计师事务所审计；三是各债权银行对融资平台的风险定性均为全覆盖；四是存量贷款中需要财政偿还的部分已纳入地方财政预算管理并已落实预算资金来源，且存量贷款的抵押担保、贷款期限、还款方式等已整改合格；五是诚信经营，无违约记录，可持续独立发展。

（十九）严格平台退出程序。融资平台退出继续按照以下程序进行：一是牵头行发起。由牵头行发起，各债权银行认真审核并形成一致性退出意见。二是各总行审批。各债权银行分支机构将融资平台退出申请报各总行审核批准。三是三方签字。各债权银行获总行退出审批通过后，与地方政府相关部门、平台公司进行沟通协商并由三方签字确认。四是退出承诺。在三方签字的同时，地方政府及相关部门应明确承诺不再为"退出类"平台新增贷款提供任何担保；各银行应明确承诺按审慎信贷原则进行贷款管理，并独立承担新增贷款风险。五是监管备案。牵头行将有关资料收集完整后向融资平台属地监管机构报备，监管机构在融资平台报表中标示退出。平台退出时间以三方签字时间为准。

（二十）严格平台退后管理。"退出类"新增贷款应严格遵循产业政策、信贷政策和一般公司贷款条件，实行"谁贷款，谁承担风险"的责任追究机制。各银行总行应于 2013 年 6 月 30 日和 12 月 31 日前对已实施退出的融资平台的合规性和风险性进行检查，对于五项指标低于本指导意见有关退出条件监管要求、违背退出程序和贷款承诺的，应及时向融资平台属地监管机构反馈并重新纳入平台管理。各银行不得向"退出类"平台发放保障性住房和其他公益性项目贷款。

九、明晰职责

（二十一）明确各方职责。各银行作为融资平台贷款风险管控的第一责任人，要自主判定融资平台贷款是否存有风险，并应建立融资平台贷款风险问责机制。出现问题的，要严格按照规定追究责任。监管机构负责风险监管政策的制定，指导银行实施，并通过现场检查和非现场监管及时发现银行在融资平台贷款经营活动中的各种违法违规问题。

（二十二）实施现场检查。各银监局要结合 2013 年现场检查计划，按照属地原则对平台贷款开展现场检查，上下半年各进行一次，由各银监局、银监分局分别组织实施。其中，上半年检查重点为 2012 年末"退出类"平台贷款余额最大的一户，下半年检查重点为 2013 年上半年"仍按平台管理类"新增贷款最多的一户。检查对象原则上不与 2011 年、2012 年重复。现场检查报告由各银监局收集汇总后，分别于 2013 年 7 月 31 日和 2014 年 1 月 31 日前报送银监会。银监会于年中开展一次针对"退出类"平台合规性的检查（形式为现场检查或抽查），重点检查已退出平台是否存在突破本指导意见有关退出条件要求以及违反退出程序的情形，一经发现，将直接重新纳入"仍按平台类管理"，并严格处理银行的相关责任人。

（二十三）加强问责机制。对于非现场监管和现场检查中发现的违规问题，要严肃追究银行相关责任人的责任，并采取监管通报、约见高级管理人员、暂停所有市场准入等监管措施。

请各银行将本指导意见尽快传达至本系统各级分支机构，并结合本行实际制定具体的落实措施及管理办法。各银监局要向地方政府做好政策汇报和解释工作。如在执行过程中发现问题，请及时向银监会报告。

二〇一三年四月九日

附录三——第八章表 8.6 相关文件

中国人民银行 中国银行业监督管理委员会公告

〔2005〕第 7 号

为规范信贷资产证券化试点工作，保护投资人及相关当事人的合法权益，提高信贷资产流动性，丰富证券品种，中国人民银行、中国银行业监督管理委员会制定了《信贷资产证券化试点管理办法》，现予公布。

人民银行

银监会

二○○五年四月二十日

信贷资产证券化试点管理办法

第一章　总　则

第一条　为了规范信贷资产证券化试点工作，保护投资人及相关当事人的合法权益，提高信贷资产流动性，丰富证券品种，根据《中华人民共和国中国人民银行法》、《中华人民共和国银行业监督管理法》、《中华人民共和国信托法》等法律及相关法规，制定本办法。

第二条　在中国境内，银行业金融机构作为发起机构，将信贷资产信托给受托机构，由受托机构以资产支持证券的形式向投资机构发行受益证券，以该财产所产生的现金支付资产支持证券收益的结构性融资活动，适用本办法。

受托机构应当依照本办法和信托合同约定，分别委托贷款服务机构、资金保管机构、证券登记托管机构及其他为证券化交易提供服务的机构履行相应职责。

受托机构以信托财产为限向投资机构承担支付资产支持证券收益的义务。

第三条　资产支持证券由特定目的信托受托机构发行，代表特定目的信托的信托受益权份额。

资产支持证券在全国银行间债券市场上发行和交易。

第四条　信贷资产证券化发起机构、受托机构、贷款服务机构、资金保管机构、证券登记托管机构、其他为证券化交易提供服务的机构和资产支持证券投资机构的权利和义务，依照有关法律法规、本办法的规定和信托合同等合同（以下简称相关法律文件）的约定。

受托机构依照有关法律法规、本办法的规定和相关法律文件约定，履行受托职责。发起机构、贷款服务机构、资金保管机构、证券登记托管机构及其他为证券化交易提供服务的机构依照有关法律法规、本办法的规定和相关法律文件约定，履行相应职责。

资产支持证券投资机构（也称资产支持证券持有人）按照相关法律文件约定享有信托财产利益并承担风险，通过资产支持证券持有人大会对影响其利益的重大事项进行决策。

第五条　从事信贷资产证券化活动，应当遵循自愿、公平、诚实信用的原则，不得损害国家利益和社会公共利益。

第六条　受托机构因承诺信托而取得的信贷资产是信托财产，独立于发起机构、受托机构、贷款服务机构、资金保管机构、证券登记托管机构及其他为证券化交易提供服务的机构的固有财产。

受托机构、贷款服务机构、资金保管机构及其他为证券化交易提供服务的机构因特定目的信托财产的管理、运用或其他情形而取得的财产和收益，归入信托财产。

发起机构、受托机构、贷款服务机构、资金保管机构、证券登记托管机构及其他为证券化交易提供服务的机构因依法解散、被依法撤销或者被依法宣告破产等原因进行清算的，信托财产不属于其清算财产。

第七条　受托机构管理运用、处分信托财产所产生的债权，不得与发起机构、受托机构、贷款服务机构、资金保管机构、证券登记托管机构及其他为证券化交易提供服务机构的固有财产产生的债务相抵销；受托机构管理运用、处分不同信托财产所产生的债权债务，不得相互抵销。

第八条　受托机构、贷款服务机构、资金保管机构、证券登记托管机构及其他为证券化交易提供服务的机构，应当恪尽职守，履行诚实信用、谨慎勤勉的义务。

第九条　中国银行业监督管理委员会（以下简称中国银监会）依法监督管理有关机构的信贷资产证券化业务活动。有关监管规定由中国银监会另行制定。

第十条　中国人民银行依法监督管理资产支持证券在全国银行间债券市场上的发行与交易活动。

第二章　信贷资产证券化发起机构与特定目的信托

第十一条　信贷资产证券化发起机构是指通过设立特定目的信托转让信贷资产的金融机构。

第十二条　发起机构应在全国性媒体上发布公告，将通过设立特定目的信托转让信贷资产的事项，告知相关权利人。

第十三条　发起机构应与受托机构签订信托合同，载明下列事项：

（一）信托目的；

（二）发起机构、受托机构的名称、住所；

（三）受益人范围和确定办法；

（四）信托财产的范围、种类、标准和状况；

（五）本办法第十四条规定的赎回或置换条款；

（六）受益人取得信托利益的形式、方法；

（七）信托期限；

（八）信托财产的管理方法；

（九）发起机构、受托机构的权利与义务；

（十）接受受托机构委托代理信托事务的机构的职责；

（十一）受托机构的报酬；

（十二）资产支持证券持有人大会的组织形式与权力；

（十三）新受托机构的选任方式；

（十四）信托终止事由。

第十四条　在信托合同有效期内，受托机构若发现作为信托财产的信贷资产在入库起算日不符合信托合同约定的范围、种类、标准和状况，应当要求发起机构赎回或置换。

第三章　特定目的信托受托机构

第十五条　特定目的信托受托机构（以下简称受托机构）是因承诺信托而负责管理特定目的信托财产并发行资产支持证券的机构。

第十六条　受托机构由依法设立的信托投资公司或中国银监会批准的其他机构担任。

第十七条　受托机构依照信托合同约定履行下列职责：

（一）发行资产支持证券；

（二）管理信托财产；

（三）持续披露信托财产和资产支持证券信息；

（四）依照信托合同约定分配信托利益；

（五）信托合同约定的其他职责。

第十八条　受托机构必须委托商业银行或其他专业机构担任信托财产资金保管机构，依照信托合同约定分别委托其他有业务资格的机构履行贷款服务、交易管理等其他受托职责。

第十九条　有下列情形之一的，受托机构职责终止：

（一）被依法取消受托机构资格；

（二）被资产支持证券持有人大会解任；

（三）依法解散、被依法撤销或者被依法宣告破产；

（四）受托机构辞任；

（五）法律、行政法规规定的或信托合同约定的其他情形。

第二十条　受托机构被依法取消受托机构资格、依法解散、被依法撤销或者被依法宣告破产的，在新受托机构产生前，由中国银监会指定临时受托机构。

受托机构职责终止的，应当妥善保管资料，及时办理移交手续；新受托机构或者临时受托机构应及时接收。

第四章　贷款服务机构

第二十一条　贷款服务机构是接受受托机构委托，负责管理贷款的机构。贷款服务机构可以是信贷资产证券化发起机构。

第二十二条　受托机构应与贷款服务机构签订服务合同，载明下列事项：

（一）受托机构、贷款服务机构的名称、住所；

（二）贷款服务机构职责；

（三）贷款管理方法与标准；

（四）受托机构、贷款服务机构的权利与义务；

（五）贷款服务机构的报酬；

（六）违约责任；

（七）其他事项。

第二十三条　贷款服务机构依照服务合同约定管理作为信托财产的信贷资产，履行下列职责：

（一）收取贷款本金和利息；

（二）管理贷款；

（三）保管信托财产法律文件，并使其独立于自身财产的法律文件；

（四）定期向受托机构提供服务报告，报告作为信托财产的信贷资产信息；

（五）服务合同约定的其他职责。

第二十四条　贷款服务机构应有专门的业务部门，对作为信托财产的信贷资产单独设账，单独管理。

第二十五条　贷款服务机构应按照服务合同要求，将作为信托财产的信贷资产回收资金转入资金保管机构，并通知受托机构。

第二十六条　受托机构若发现贷款服务机构不能按照服务合同约定的方式、标准履行职责，经资产支持证券持有人大会决定，可以更换贷款服务机构。

受托机构更换贷款服务机构应及时通知借款人。

第五章　资金保管机构

第二十七条　资金保管机构是接受受托机构委托，负责保管信托财产账户资金的机构。

信贷资产证券化发起机构和贷款服务机构不得担任同一交易的资金保管机构。

第二十八条　受托机构应与资金保管机构签订资金保管合同，载明下列事项：

（一）受托机构、资金保管机构的名称、住所；

（二）资金保管机构职责；

（三）资金管理方法与标准；

（四）受托机构、资金保管机构的权利与义务；

（五）资金保管机构的报酬；

（六）违约责任；

（七）其他事项。

第二十九条　资金保管机构依照资金保管合同管理资金，履行下列职责：

（一）安全保管信托财产资金；

（二）以信贷资产证券化特定目的信托名义开设信托财产的资金账户；

（三）依照资金保管合同约定方式，向资产支持证券持有人支付投资收益；

（四）依照资金保管合同约定方式和受托机构指令，管理特定目的信托账户资金；

（五）按照资金保管合同约定，定期向受托机构提供资金保管报告，报告资金管理情况和资产支持证券收益支付情况；

（六）资金保管合同约定的其他职责。

依照信托合同约定，受托机构也可委托其他服务机构履行上述（三）、（四）、（五）项职责。

第三十条　在向投资机构支付信托财产收益的间隔期内，资金保管机构只能按照合同约定的方式和受托机构指令，将信托财产收益投资于流动性好、变现能力强的国债、政策性金融债及中国人民银行允许投资的其他金融产品。

第三十一条　受托机构若发现资金保管机构不能按照合同约定方式、标准保管资金，经资产支持证券持有人大会决定，可以更换资金保管机构。

第六章　资产支持证券发行与交易

第三十二条　受托机构在全国银行间债券市场发行资产支持证券应当向中国人民银行提交下列文件：

（一）申请报告；

（二）发起机构章程或章程性文件规定的权力机构的书面同意文件；

（三）信托合同、贷款服务合同和资金保管合同及其他相关法律文件草案；

（四）发行说明书草案（格式要求见附）；

（五）承销协议；

（六）中国银监会的有关批准文件；

（七）执业律师出具的法律意见书；

（八）注册会计师出具的会计意见书；

（九）资信评级机构出具的信用评级报告草案及有关持续跟踪评级安排的说明；

（十）中国人民银行规定提交的其他文件。

第三十三条　中国人民银行应当自收到资产支持证券发行全部文件之日起 5 个工作日内决定是否受理申请。中国人民银行决定不受理的，应书面通知申请人不受理原因；决定受理的，应当自受理申请之日起 20 个工作日内作出核准或不核准的书面决定。

第三十四条　资产支持证券可通过内部或外部信用增级方式提升信用等级。

第三十五条　资产支持证券在全国银行间债券市场发行与交易应聘请具有评级资质的资信评级机构，对资产支持证券进行持续信用评级。

资信评级机构应保证其信用评级客观公正。

第三十六条　发行资产支持证券时，发行人应组建承销团，承销人可在发行期内向其他投资者分销其所承销的资产支持证券。

第三十七条　资产支持证券名称应与发起机构、受托机构、贷款服务机构和资金保管机构名称有显著区别。

第三十八条　资产支持证券的发行可采取一次性足额发行或限额内分期发行的方式。分期发行资产支持证券的，在每期资产支持证券发行前 5 个工作日，受托机构应将最终的发行说明书、评级报告及所有最终的相关法律文件报中国人民银行备案，并按中国人民银行的要求披露有关信息。

第三十九条　资产支持证券的承销可采用协议承销和招标承销等方式。承销机构应为金融机构，并须具备下列条件：

（一）注册资本不低于 2 亿元人民币；

（二）具有较强的债券分销能力；

（三）具有合格的从事债券市场业务的专业人员和债券分销渠道；

（四）最近两年内没有重大违法、违规行为；

（五）中国人民银行要求的其他条件。

第四十条　资产支持证券在全国银行间债券市场发行结束后 10 个工作日内，受托机构应当向中国人民银行和中国银监会报告资产支持证券发行情况。

第四十一条　资产支持证券可以向投资者定向发行。定向发行资产支持证券可免于信用评级。定向发行的资产支持证券只能在认购人之间转让。

第四十二条　资产支持证券在全国银行间债券市场发行结束之后 2 个月内，受托机构可根据《全国银行间债券市场债券交易流通审核规则》的规定申请在全国银行间债券市场交易资产支持证券。

第四十三条　资产支持证券在全国银行间债券市场登记、托管、交易、结算应按照《全国银行间债券市场债券交易管理办法》等有关规定执行。

第七章　信息披露

第四十四条　受托机构应当在资产支持证券发行前和存续期间依法披露信托财产和资产支持证券信息。信息披露应通过中国人民银行指定媒体进行。

受托机构及相关知情人在信息披露前不得泄露其内容。

第四十五条　受托机构应保证信息披露真实、准确、完整、及时，不得有虚假记载、误导性陈述和重大遗漏。

接受受托机构委托为证券化交易提供服务的机构应按照相关法律文件约定，向受托机构提供有关信息报告，并保证所提供信息真实、准确、完整、及时。

第四十六条　受托机构应当在发行资产支持证券 5 个工作日前发布最终的发行说明书。

第四十七条　受托机构应在发行说明书的显著位置提示投资机构：资产支持证券仅代表特定目的信托受益权的相应份额，不是信贷资产证券化发起机构、特定目的信托受托机构或任何其他机构的负债，投资机构的追索权仅限于信托财产。

第四十八条　在资产支持证券存续期内，受托机构应核对由贷款服务机构和资金保管机构定期提供的贷款服务报告和资金保管报告，定期披露受托机构报告，报告信托财产信息、贷款本息支付情况、证券收益情况和中国人民银行、中国银监会规定的其他信息。

第四十九条　受托机构应及时披露一切对资产支持证券投资价值有实质性影响的信息。

第五十条　受托机构年度报告应经注册会计师审计，并由受托机构披露审计报告。

第五十一条　受托机构应于信息披露前将相关信息披露文件分别报送全国银行间同业拆借中心和中央国债登记结算有限责任公司。

全国银行间同业拆借中心和中央国债登记结算有限责任公司应为资产支持证券信息披露提供服务，及时将违反信息披露规定的行为向中国人民银行报告并公告。

第八章　资产支持证券持有人权利及其行使

第五十二条　资产支持证券持有人依照相关法律文件约定，享有下列权利：

（一）分享信托利益；

（二）参与分配清算后的剩余信托财产；

（三）依法转让其持有的资产支持证券；

（四）按照规定要求召开资产支持证券持有人大会；

（五）对资产支持证券持有人大会审议事项行使表决权；

（六）查阅或者复制公开披露的信托财产和资产支持证券信息资料；

（七）信托合同和发行说明书约定的其他权利。

第五十三条　下列事项应当通过召开资产支持证券持有人大会审议决定，信托合同如已有明确约定，从其约定。

（一）更换特定目的信托受托机构；

（二）信托合同约定的其他事项。

第五十四条　资产支持证券持有人大会由受托机构召集。受托机构不召集的，资产支持证券持有人有权依照信托合同约定自行召集，并报中国人民银行备案。

第五十五条　召开资产支持证券持有人大会，召集人应当至少提前三十日公告资产支持证券持有人大会的召开时间、地点、会议形式、审议事项、议事程序和表决方式等事项。

资产支持证券持有人大会不得就未经公告的事项进行表决。

第五十六条　资产支持证券持有人大会可以采取现场方式召开，也可以采取通讯等方式召开。

资产支持证券持有人依照信托合同约定享有表决权，资产支持证券持有人可以委托代理人出席资产支持证券持有人大会并行使表决权。

第五十七条　资产支持证券持有人大会决定的事项，应当报中国人民银行备案，并予以公告。

第九章　附　则

第五十八条　与信贷资产证券化相关的会计、税收处理规定和房地产抵押登记变更规定，由国务院有关部门另行规定。

第五十九条　购买和持有资产支持证券的投资管理政策由有关监管机构另行规定。

第六十条　本办法自发布之日起实施。

第六十一条　本办法由中国人民银行和中国银行业监督管理委员会负责解释。

中国人民银行、中国银行业监督管理委员会、财政部关于进一步扩大信贷资产证券化试点有关事项的通知

国家开发银行，各政策性银行、国有商业银行、股份制商业银行，中国邮政储蓄银行，各金融资产管理公司，各会计师事务所，各信托公司、企业集团财务公司、汽车金融公司：

根据国务院批复精神和前期信贷资产证券化试点实践经验，结合国际金融危机以后国际资产证券化业务监管的趋势性变化，为了进一步完善制度，防范风险，扎实推进我国信贷资产证券化业务健康可持续发展，现就扩大信贷资产证券化试点有关事项通知如下：

一、基础资产。信贷资产证券化入池基础资产的选择要兼顾收益性和

导向性，既要有稳定可预期的未来现金流，又要注重加强与国家产业政策的密切配合。鼓励金融机构选择符合条件的国家重大基础设施项目贷款、涉农贷款、中小企业贷款、经清理合规的地方政府融资平台公司贷款、节能减排贷款、战略性新兴产业贷款、文化创意产业贷款、保障性安居工程贷款、汽车贷款等多元化信贷资产作为基础资产开展信贷资产证券化，丰富信贷资产证券化基础资产种类。信贷资产证券化产品结构要简单明晰，扩大试点阶段禁止进行再证券化、合成证券化产品试点。

二、机构准入。扩大试点阶段，金融机构信贷资产证券化业务准入条件及审批程序继续按照《信贷资产证券化试点管理办法》（中国人民银行中国银行业监督管理委员会公告〔2005〕第7号公布）和《金融机构信贷资产证券化试点监督管理办法》（中国银行业监督管理委员会令2005年第3号发布）有关规定执行。鼓励更多经审核符合条件的金融机构参与信贷资产证券化业务。银监会在收到发起机构和受托机构联合报送的完整申请材料之日起五个工作日内决定是否受理申请。银监会决定不受理的，应当书面通知申请人并说明理由；决定受理的，应当自受理之日起三个月内做出批准或者不批准的书面决定。

三、风险自留。扩大试点阶段，信贷资产证券化各发起机构应持有由其发起的每一单资产证券化中的最低档次资产支持证券的一定比例，该比例原则上不得低于每一单全部资产支持证券发行规模的5%，持有期限不得低于最低档次证券的存续期限。本通知施行前，已经发行的资产支持证券不受此规定限制。发起机构原则上应担任信贷资产证券化的贷款服务机构，切实履行贷款服务合同各项约定。

四、信用评级。资产支持证券在全国银行间债券市场发行与交易初始评级应当聘请两家具有评级资质的资信评级机构，进行持续信用评级，并按照有关政策规定在申请发行资产支持证券时向金融监管部门提交两家评级机构的评级报告。鼓励探索采取多元化信用评级方式，支持对资产支持证券采用投资者付费模式进行信用评级。参与资产支持证券评级的各信用评级机构要努力提高对资产支持证券信用评级的透明度和公信力。同时，资产支持证券投资者应建立内部信用评级体系，加强对投资风险自主判断，减少对外部评级的依赖。

五、资本计提。扩大试点阶段，各银行业金融机构仍按照《商业银行资本充足率管理办法》（中国银行业监督管理委员会令2007年第11号发布）、《金融机构信贷资产证券化试点监督管理办法》（中国银行业监督管理委员会令 2005 年第 3 号发布）和《商业银行资产证券化风险暴露监管资本计量指引》（银监发〔2009〕116 号）等规定，计提监管资本。本通知施行后，如中国银行业监督管理委员会发布新的资本监管规定，按新规定有关要求执行。

六、会计处理。扩大试点阶段，信贷资产证券化会计处理按照《企业会计准则第 23 号——金融资产转移》（财会〔2006〕3 号）及财政部发布的相关《企业会计准则解释》的有关规定执行。参与资产证券化业务的各会计师事务所应严格执行财政部相关规定，按要求做好信贷资产证券化会计处理工作。

七、信息披露。信贷资产证券化发起机构、受托机构、信用评级机构或其他证券化服务机构应严格按照《信贷资产证券化试点管理办法》（中国人民银行中国银行业监督管理委员会公告〔2005〕第 7 号公布）、《资产支持证券信息披露规则》（中国人民银行公告〔2005〕第 14 号公布）、《信贷资产证券化基础资产池信息披露有关事项》（中国人民银行公告〔2007〕第 16 号公布）等政策规定，做好信贷资产证券化业务信息披露工作，按投资人要求及时、准确、真实、完整披露资产支持证券相关信息。在遵循法律法规有关信贷资产证券化相关方私密性权利规定要求的基础上，鼓励创造条件逐步实现对每一笔入池资产按要求进行规范信息披露。

八、投资者要求。稳步扩大资产支持证券机构投资者范围，鼓励保险公司、证券投资基金、企业年金、全国社保基金等经批准合规的非银行机构投资者投资资产支持证券。单个银行业金融机构购买持有单支资产支持证券的比例，原则上不得超过该单资产支持证券发行规模的 40%。

九、中介服务。信贷资产证券化各受托机构、贷款服务机构、资金保管机构、信用增级机构和承销机构及其他为信贷资产证券化发行交易提供服务的中介服务机构，应认真总结前期资产证券化试点实践经验，勤勉尽责，规范经营，在有效识别、计量、监测和控制相关风险的前提下，合理匹配证券风险收益，进一步提高中介服务的质量和水平。

十、本通知自发布之日起施行。前期试点过程中已经发布的信贷资产证券化有关政策规定中的具体条款有与本通知不一致的，在扩大试点阶段按本通知有关规定执行。本通知执行过程中遇到的相关情况和问题，请及时报告。

二〇一二年五月十七日

中国人民银行 中国银行业监督管理委员会

公告〔2013〕第 21 号

为进一步规范信贷资产证券化发起机构风险自留行为，维护投资者合法权益，防范风险，促进我国资产证券化业务健康可持续发展，现就有关事项公告如下：

一、信贷资产证券化发起机构需保留一定比例的基础资产信用风险，该比例不得低于 5%。

二、信贷资产证券化发起机构应按以下要求保留基础资产信用风险：

（一）持有由其发起资产证券化产品的一定比例，该比例不得低于该单证券化产品全部发行规模的 5%。

（二）持有最低档次资产支持证券的比例不得低于该档次资产支持证券发行规模的 5%。

（三）若持有除最低档次之外的资产支持证券，各档次证券均应持有，且应以占各档次证券发行规模的相同比例持有。

（四）持有期限不低于各档次资产支持证券存续期限。

（五）中国人民银行、中国银行业监督管理委员会规定的其他要求。

三、信贷资产证券化发起机构可按照上述要求，根据实际情况灵活确定风险自留的具体方式。信贷资产证券化发起机构原则上应担任信贷资产证券化的贷款服务机构，切实履行贷款服务合同各项约定。

四、本公告自发布之日起施行。前期试点过程中已经发布的信贷资产证券化有关政策规定中的具体条款有与本公告不一致的，在扩大试点阶段按本公告有关规定执行。

信贷资产证券化发起机构应根据本公告要求，进一步加强和完善信贷资产证券化业务管理，严格做好信贷资产证券化风险自留工作。相关部门将继续深入研究资产证券化风险自留豁免条件以及商业银行持有最低档次资产支持证券的风险权重等问题，不断完善信贷资产证券化发起机构风险自留制度。本公告执行过程中遇到的相关情况和问题，请及时报告中国人民银行和中国银行业监督管理委员会。

二〇一三年十二月三十一日

关于信贷资产证券化备案登记工作流程的通知

银监办便函〔2014〕1092号

各银监局，政策性银行、国有商业银行、股份制商业银行、金融资产管理公司、中国邮政储蓄银行. 银监会直接监管的信托公司、企业集团财务公司、金融租赁公司：

为加大金融支持实体经济力度，加快推进信贷资产证券化工作，根据金融监管协调部际联席第四次会议和我会 2014 年第 8 次主席会议的决定，信贷资产证券化业务将由审批制改为业务备案制。本着简政放权原则，我会不再针对证券化产品发行进行逐笔审批，银行业金融机构应在申请取得业务资格后开展业务，在发行证券化产品前应进行备案登记现就有关事项通知如下

一、业务资格审批

银行业金融机构开展信贷资产证券化业务应向我会提出申请相关业务资格。应依据《金融机构信贷资产证券化业务试点监督管理办法》相关规定，将申请材料报送各机构监管都并会签创新部。对已发行过信贷资产支持证券的银行业金融机构豁免资格审批，但需履行相应手续.

二、产品备案登记

银行业金融机构发行证券化产品前需进行备案登记. 信贷资产证券化产品的备案申请由创新部统一受理、核实、登记：转送各机构监管部实施备案统计；备案后由创新部统一出口. 银行业金融机构在完成备案登记后可开展资产支持证券的发行工作. 已备案产品需在三个月内完成发行，三个月内未完成发行的须重新备案。

在备案过程中，各机构监管部应对发起机构合规性进行考察，不再打开产品"资产包"对基础资产等具体发行方案进行审查，会计师事务所.律师事务所、评级机构等合格中舟机构应针对证券化产品发行方案出具专业意见，并向投资者充分披露；各银行业金融机构应选择符合国家相关政策的优质资产，采取简单透明的交易结构开展证券化业务，盘活信贷存量。

三、过渡期安排

在本通知正式发布前已报送我会、正处于发行审批通道内的证券化产品仍按照原审批制下工作流程继续推进。本通知正式发布后，已发行过信贷资产支持证券的银行业金融机构被视为已具备相关业务资格，可按照上述新工作流程开展产品报备登记，并应补充完成业务资格审批手续；束发行过证券化产品的机构则需在获得业务资格后再进行产品备案。

请各银监局将本通知转发至辖内银监分局和银行业金融机构。

二〇一四年十一月二十日

中国人民银行公告〔2015〕第 7 号

为简化信贷资产支持证券发行管理流程，提高发行管理效率和透明度，促进受托机构与发起机构提高信息披露质量，切实保护投资人合法权益，推动信贷资产证券化业务健康发展，根据《中华人民共和国中国人民银行法》和《信贷资产证券化试点管理办法》（中国人民银行公告〔2005〕第 7 号公布），现就信贷资产支持证券发行管理有关事宜公告如下：

一、已经取得监管部门相关业务资格、发行过信贷资产支持证券且能够按规定披露信息的受托机构和发起机构可以向中国人民银行申请注册，并在注册有效期内自主分期发行信贷资产支持证券。申请注册发行的证券化信贷资产应具有较高的同质性。

二、受托机构和发起机构应提交注册申请报告、与交易框架相关的标准化合同文本、评级安排等文件。

注册申请报告应包括以下内容：

（一）信贷资产支持证券名称；

（二）证券化的信贷资产类型；

（三）信贷资产支持证券注册额度和分期发行安排；

（四）证券化的信贷资产发放程序、审核标准、担保形式、管理方法、过往表现、违约贷款处置程序及方法；

（五）交易结构及各当事方的主要权利与义务；

（六）贷款服务机构管理证券化信贷资产的方法、标准；

（七）拟披露信息的主要内容、时间及取得方式；

（八）拟采用簿记建档发行信贷资产证券化产品的，应说明采用簿记建档发行的必要性，定价、配售的具体原则和方式，以及防范操作风险和不正当利益输送的措施。

三、中国人民银行接受注册后，在注册有效期内，受托机构和发起机构可自主选择信贷资产支持证券发行时机，在按有关规定进行产品发行信息披露前5个工作日，将最终的发行说明书、评级报告及所有最终的相关法律文件和信贷资产支持证券发行登记表（见附件）送中国人民银行备案。

四、按照投资者适当性原则，由市场和发行人双向选择信贷资产支持证券交易场所。

五、受托机构、发起机构可与主承销商或其他机构通过协议约定信贷资产支持证券的做市安排。

六、采用分层结构的信贷资产支持证券，其最低档次证券发行可免于信用评级。

七、受托机构和发起机构应向中国人民银行报送书面的注册登记材料和发行材料，同时提交电子版文件光盘。

八、中国人民银行在其官方网站（WWW. PBC. GOV. CN）"银行间债券市场"栏目下实时公开信贷资产支持证券发行管理信息。

九、受托机构和发起机构在信贷资产支持证券发行前和存续期间，应切实履行信息披露职责，并承担主体责任。采用注册方式分期发行的，可在注册后即披露产品交易结构等信息，每期产品发行前披露基础资产池相关信息。受托机构、承销机构、信用评级机构、会计师事务所、律师事务所等中介机构要按合同约定切实履行尽职调查责任，依法披露信息。

十、中国银行间市场交易商协会应组织市场成员起草并发布信贷资产支持证券相关标准合同范本和信息披露指引，定期跟踪市场成员对信贷资产证券化信息披露情况的评价，对不能按相关规定进行信息披露的，应及时报告中国人民银行。

十一、本公告自发布之日起施行。

二〇一五年三月二十六日

关于发布《个人汽车贷款资产支持证券信息披露指引（试行）》、《个人住房抵押贷款资产支持证券信息披露指引（试行）》的公告

为规范信贷资产支持证券信息披露行为，提高信贷资产证券化业务透明度，维护投资者合法权益，促进信贷资产证券化业务规范化、常态化，推动债券市场发展，盘活存量资金，更好地支持实体经济的发展，根据《资产支持证券信息披露规则》（中国人民银行公告〔2005〕第 14 号）、《信贷资产支持证券发行管理有关事宜》（中国人民银行公告〔2015〕第 7 号）及相关法律法规，中国银行间市场交易商协会组织市场成员制定了《个人汽车贷款资产支持证券信息披露指引（试行）》和《个人住房抵押贷款资产支持证券信息披露指引（试行）》，于 2015 年 5 月 11 日经交易商协会第三届债券市场专业委员会第三次会议审议通过，并经人民银行同意，现予公布施行。

附件：个人汽车贷款资产支持证券信息披露指引（试行）

第一章 总则

第一条 【制定依据】为规范个人汽车贷款资产支持证券信息披露行为，提高信贷资产证券化业务透明度，维护投资者合法权益，促进信贷资产证券化业务规范化、常态化，推动债券市场发展，根据《信贷资产证券化试点管理办法》（中国人民银行公告〔2005〕第 7 号）、《资产支持证券信息披露规则》（中国人民 银行公告〔2005〕第 14 号）、《信贷资产证券化基础资产池信 息披露有关事项》（中国人民银行公告〔2007〕第 16 号）、《关于进一步扩大信贷资产证券化试点有关事项的通知》（银发〔2012〕127 号）、《信贷资产支持证券发行管理有关事宜》（中国人民银行公告〔2015〕第 7 号）等有关规定，制定本指引。

第二条 【产品定义】以注册方式发行的个人汽车贷款资产支持证券

的信息披露适用本指引，以其他方式发行的个人汽车贷款 资产支持证券的信息披露参照本指引执行。本指引所称个人汽车贷款资产支持证券，是指在中国境内，商业银行、汽车金融公司等金融机构作为发起机构，将个人汽车 贷款（包括信用卡分期汽车贷款、汽车抵押贷款）信托给受托机构，由受托机构以资产支持证券的形式向投资机构发行受益证券，以该个人汽车贷款所产生的现金支付资产支持证券收益的证券化融资工具。2 个人汽车贷款应当符合法律法规规定，权属明确，能够产生可预期的现金流。

第三条 【自律管理】中国银行间市场交易商协会（以下简称交易商协会）对个人汽车贷款资产支持证券信息披露工作开展自律管理。

第四条 【信息披露责任】受托机构和发起机构应切实履行信息披露职责，保证信息披露真实、准确、完整、及时，不得有虚假记载、误导性陈述和重大遗漏，并承担主体责任。发起机构和接受受托机构委托为证券化提供服务的机构应 按照信托合同和服务合同等相关约定，及时向受托机构提供相关报告，并保证所提供信息真实、准确、完整。本指引所称的为证券化提供服务的机构包括但不限于承销机构、贷款服务机构、资金保管机构、信用评级机构、律师事务所、会计师事务所、信用增进机构等。

第五条 【中介机构尽职履责】承销机构、信用评级机构、律师事务所、会计师事务所及其他为证券化提供服务的机构应按合同约定切实履行尽职调查责任，依法披露信息，对所出具的专业报告和专业意见负责。

第六条 【投资者风险自担】投资者应对披露的信息进行独立分析，独立判断个人汽车贷款资产支持证券投资价值，自行承担投资风险。

第七条 【信息披露内容】受托机构、发起机构及为证券化提供服务的机构应根据本指引及相关表格体系要求，在注册环节、发行环节及存续期充分披露个人汽车贷款资产支持证券相关信息。

第八条 【信息披露渠道】受托机构、发起机构及为证券化提供服务的机构应通过交易商协会信息披露服务系统、中国货币网、中国债券信息网、与交易商协会信息披露服务系统直连模板化披露的北京金融资产交易所官方网站及交易商协会认可的其他方式进行个人汽车贷款资产支持证券相关信息披露。信息披露相关服务平台应及时以书面形式将违反信息披露规定的行为向中国人民银行报告、同时告知交易商协会，并向市场公告。信息披露相关服务平台应严格按照银行间市场法律法规及交易商协会相关自律规范文件要求，规范开展信息披露工作，不断完善信息披露基础设施，提高技术支持、信息披露服务和信息安全管理水平。

第九条　【信息保密义务】受托机构、发起机构及为证券化提供服务的机构、全国银行间同业拆借中心、中央国债登记结算有限责任公司、北京金融资产交易所及其他相关知情人在信息披露前不得泄露拟披露的信息。

第十条　【信息披露豁免】因涉及国家机密、技术性困难或其他客观原因确实无法披露相关信息的，相关信息披露义务人应对无法披露信息的情况及原因进行说明，向投资者披露情况说明书并向中国人民银行报告，同时告知交易商协会。

第二章　注册环节信息披露

第十一条　【注册文件】受托机构、发起机构应在个人汽车贷款资产支持证券接受注册后十个工作日内，披露注册申请报告等文件。注册申请报告包括但不限于以下内容：（一）个人汽车贷款资产支持证券名称、资产类型、注册额度、分期发行安排等基本信息；（二）发行方式可选择招标或簿记建档；拟采用簿记建档发行的，应说明采用簿记建档发行的必要性，定价、配售的具体原则和方式，以及防范操作风险和不正当利益输送的措施；（三）风险提示及风险披露；（四）受托机构、发起机构及其他为证券化提供服务的机构信息，发起机构证券化的信贷资产发放程序、审核标准、担保形式、管理办法、过往表现、违约贷款处置程序及方法等，贷款服务机构管理证券化信贷资产的方法、标准；（五）交易结构及各当事方的主要权利与义务等信息；（六）个人汽车贷款入池筛选标准；（七）发起机构个人汽车贷款历史数据信息；（八）发行及存续期的信息披露安排。

第十二条　【风险提示】受托机构应在注册申请报告显著位置提示投资者：投资者购买本期个人汽车贷款资产支持证券，应当认真阅读本文件及有关的信息披露文件，进行独立的投资判断。主管部门对本期证券发行的注册，并不表明对本期证券的投资价值作出了任何评价，也不表明对本期证券的投资风险作出了任何判断。

第十三条　【风险披露】受托机构应在注册申请报告中充分披露个人汽车贷款资产支持证券可能存在的投资风险，包括但不限于早偿风险、信用风险、流动性风险、法律风险、抵押车辆贬值风险（如有）等。

第十四条　【历史数据信息】受托机构应在注册申请报告中披露发起

机构个人汽车贷款资产的历史数据信息，包括但不限于动态数据信息、静态数据信息等。受托机构应披露发起机构个人汽车贷款至少五年的完整数据，经营不足五年的，应提供自开始经营时起的完整数据。

第十五条 【信息披露精简原则】在注册环节已披露的信息，如受托机构、发起机构及其他为证券化提供服务的机构信息、交易条款信息等，在发行环节及存续期内可免于披露，鼓励在注册环节披露更多信息。若注册环节已披露的前述信息发生变化或需要变更的，应在发行环节披露变更后的信息，并向中国人民银行报告，同时告知交易商协会。

第十六条 【投资者保护机制】受托机构应在注册申请报告或发行说明书中披露各档投资者保护机制，包括但不限于：（一）各档证券的支付顺序变化（如类似加速清偿事件以及违约事件触发后的支付顺序）；（二）基础资产现金流恶化或其它可能影响投资者利益等情况的应对措施；（三）优先档证券发生违约后的债权及权益保障及清偿安排；（四）发生基础资产权属争议时的解决机制；（五）持有人大会的召开条件、议事程序等安排；（六）其他投资者保护措施或相关安排。

第三章 发行环节信息披露

第十七条 【发行文件】受托机构和发起机构应至少于发行日前五个工作日，披露信托公告、发行说明书、评级报告、募集办法和承销团成员名单等文件。发行说明书包括但不限于以下内容：（一）本次发行个人汽车贷款资产支持证券名称、受托机构、发起机构以及其他为证券化提供服务的机构名称、分档情况等发行基本信息；（二）风险提示及风险披露；（三）交易结构信息；（四）个人汽车贷款入池资产总体特征；（五）个人汽车贷款入池资产分布信息；（六）证券基础信息；（七）其他为证券化提供服务的机构的专业意见；（八）跟踪评级及后续信息披露安排。

第十八条 【风险提示】受托机构应在发行说明书显著位置提示投资者：投资者购买本期个人汽车贷款资产支持证券，应当认真阅读本文件及有关的信息披露文件，进行独立的投资判断。主管部门对本期证券发行的备案，并不表明对本期证券的投资价值作出了任何评价，也不表明对本期证券的投资风险作出了任何判断。受托机构需在发行说明书显著位置提示投资者：本期个人汽车贷款资产支持证券仅代表特定目的信托受益权的相应份额，不是发起机构、特定目的信托受托机构或任何其他机构的负债，投资机构的追索权仅限于信托财产。

第十九条 【风险披露】受托机构应在发行说明书中充分披露本期发行个人汽车贷款资产支持证券的投资风险，包括但不限于：信用风险、交易结构风险、集中度风险、流动性风险、利率风险、抵押车辆贬值风险（如有）、操作风险、法律风险、交易对手方的违约风险和发生重大不利变化风险等。

第二十条 【交易结构】受托机构应在发行说明书中披露本期发行个人汽车贷款资产支持证券的交易结构信息，包括但不限于本期发行交易结构示意图、受托机构、发起机构以及其他为证券化提供服务的机构简介、受托机构、发起机构以及其他为证券化提供服务的机构权利与义务、本期发行的现金流分配机制、本期发行信用增进措施、资产支持证券持有人大会的组织形式与权利等。

第二十一条 【基础资产总体信息】受托机构应在发行说明书中披露本期发行个人汽车贷款资产支持证券的基础资产总体信息，包括但不限于入池资产笔数与金额特征、入池资产期限特征、利率特征、借款人特征、抵押物特征（如有）等。个人汽车贷款入池资产如设置抵押的，还需重点披露入池资产抵押车辆的初始评估价值合计、加权平均初始贷款价值比、资产池抵押新车占比等信息。

第二十二条 【基础资产分布信息】受托机构应在发行说明书中披露本期发行个人汽车贷款资产支持证券的入池个人汽车贷款资产分布信息，包括但不限于贷款分布、借款人分布、抵押物分布（如有）。个人汽车贷款入池资产如设置抵押的，还需重点披露入池资产抵押车辆的初始贷款价值比分布、抵押车辆品牌分布、新旧车 分布等信息。

第二十三条 【发行结果信息披露】受托机构应在每期个人汽车贷款资产支持证券发行结束的当日或次一工作日公布资产支持证券发行情况。

第二十四条 【发行环节信息披露查阅途径】受托机构需在发行说明书显著位置载明投资者在个人汽车贷款资产支持证券发行期间和存续期内查阅基础资产池具体信息的途径和方法。

第四章 存续期定期信息披露

第二十五条 【定期披露】在个人汽车贷款资产支持证券存续期内，受托机构应依据贷款服务机构和资金保管机构提供的贷款服务报告和资金保管报告，按照本指引及相关表格体系的要求，在每期资产支持证券本息兑付日的三个工作日前披露受托机构报告；每年 4 月 30 日前披露经具有从事证券期货相关业务资格的会计师审计的上年度受托机构报告。对于信托设立不足二个月的，受托机构可以不编制年度受托机构报告。

第二十六条　【受托机构报告】受托机构报告应当包括但不限于以下内容：（一）受托机构和证券化服务机构的名称、地址；（二）资产支持证券基本信息；（三）各档次证券的本息兑付及税费支付情况；（四）本期资产池表现情况，包括资产池整体表现、累计违约率、现金流归集表、资产池现金流入情况等；（五）基础资产存续期总体信息，包括入池资产笔数与金额特征、期限特征、利率特征等；（六）内外部信用增进情况说明；（七）资产池中进入法律诉讼程序的个人汽车贷款情况，法律诉讼程序进展等。

第二十七条　【跟踪评级】受托机构应与信用评级机构就个人汽车贷款资产支持证券跟踪评级的有关安排作出约定，并应于资产支持证券存续期内的每年 7 月 31 日前向投资者披露上年度的跟踪评级报告。

第五章　存续期重大事件信息披露

第二十八条　【重大事件信息披露】在发生可能对个人汽车贷款资产支持证券投资价值有实质性影响的临时性重大事件时，受托机构应在事发后三个工作日内披露相关信息，并向交易商协会报告。前款所称重大事件包括但不限于以下事项：（一）发生或预期将发生受托机构不能按时兑付个人汽车贷款资产支持证券本息等影响投资者利益的事项；（二）受托机构和证券化服务机构发生影响个人汽车贷款资产支持证券投资价值的违法、违规或违约事件；（三）个人汽车贷款资产支持证券受托机构及其他为证券化提供服务的机构发生变更；（四）个人汽车贷款资产支持证券的信用评级发生不利变化；（五）受托机构和其他为证券化提供服务的机构或者基础资产涉及法律纠纷，可能影响按时分配收益；（六）受托机构、发起机构或其他为证券化提供服务的机构的经营情况发生重大变化，或者作出减资、合并、分立、解散、申请破产等决定，可能降低其从事证券化业务水平，对个人汽车贷款资产支持证券投资者利益造成严重不利影响的；（七）信托合同规定应公告的其他事项；（八）中国人民银行和中国银行业监督管理委员会等监管部门规定应公告的其他事项；（九）法律、行政法规规定应公告的其他事项。

第二十九条 【其他重大事件】本指引前条列举的重大事件是重大事件信息披露的最低要求，可能影响各档次证券本息兑付的其他重大事件，受托机构也应依据本指引在事发后三个工作日内予以及时披露。

第三十条 【重大事件进展持续披露机制】受托机构披露重大事件后，已披露的重大事件出现可能对个人汽车贷款资产支持证券的投资价值产生较大影响的进展或者变化的，应当在上述进展或者变化出现之日起三个工作日内披露进展或者变化情况。

第三十一条 【持有人大会信息披露】召开资产支持证券持有人大会，召集人应至少提前三十日公布资产支持证券持有人大会的召开时间、地点、会议形式、审议事项、议事程序和表决方式等事项，并于大会结束后十日内披露大会决议。

第六章 信息披露反馈与评价及违规处理机制

第三十二条 【投资者信息披露反馈机制】交易商协会建立信息披露的市场意见征集和反馈机制，跟踪监测个人汽车贷款资产支持证券信息披露情况。

第三十三条 【信息披露评价机制】交易商协会根据个人汽车贷款资产支持证券信息披露情况和市场成员的反馈意见，遵循公平、公正、公开原则，组织市场成员对信息披露质量进行评价。

第三十四条 【评价结果运用】交易商协会及时向市场公布信息披露评价结果，并及时向中国人民银行报告。

第三十五条 【不合规情况报告和自律处分】交易商协会在信息披露情况跟踪监测和评价过程中，对不能按相关规定进行信息披露的情况，及时向中国人民银行报告。对于未按本指引履行相应职责的受托机构、发起机构及其他为证券化提供服务的机构，经调查核实后，交易商协会视情节轻重可给予有关自律处分。涉嫌违反相关法律法规的，交易商协会将移交有关部门处理。

第七章 附 则

第三十六条 【解释权】本指引由交易商协会秘书处负责解释。

第三十七条 【生效时间】本指引自发布之日起施行。

附件 2：个人住房抵押贷款资产支持证券信息披露指引（试行）

第一章 总则

第一条 【制定依据】为规范个人住房抵押贷款资产支持证券信息披露行为，提高信贷资产证券化业务透明度，维护投资者合法权益，促进信贷资产证券化业务规范化、常态化，推动债券市场发展，根据《信贷资产证券化试点管理办法》（中国人民银行公告〔2005〕第 7 号）、《资产支持证券信息披露规则》（中国 人民银行公告〔2005〕第 14 号）、《信贷资产证券化基础资产池信息披露有关事项》（中国人民银行公告〔2007〕第 16 号）、《关于进一步扩大信贷资产证券化试点有关事项的通知》（银发〔2012〕127 号）、《信贷资产支持证券发行管理有关事宜》（中国人民银行公告〔2015〕第 7 号）等有关规定，制定本指引。

第二条 【产品定义】以注册方式发行的个人住房抵押贷款资产支持证券的信息披露适用本指引，以其他方式发行的个人住房抵押贷款资产支持证券的信息披露参照本指引执行。本指引所称个人住房抵押贷款资产支持证券，是指在中国境内，银行业金融机构作为发起机构，将个人住房抵押贷款信托给受托机构，由受托机构以资产支持证券的形式向投资机构发行受益证券，以该个人住房抵押贷款所产生的现金支付资产支持证券收益的证券化融资工具。个人住房抵押贷款应当符合法律法规规定，权属明确，能够产生可预期的现金流。

第三条 【自律管理】中国银行间市场交易商协会（以下简称交易商协会）对个人住房抵押贷款资产支持证券信息披露工作开展自律管理。

第四条 【信息披露责任】受托机构和发起机构应切实履行信息披露职责，保证信息披露真实、准确、完整、及时，不得有虚假记载、误导性陈述和重大遗漏，并承担主体责任。发起机构和接受受托机构委托为证券化提供服务的机构应 按照信托合同和服务合同等相关约定，及时向受托机构提供相关报告，并保证所提供信息真实、准确、完整。本指引所称的为证券化提供服务的机构包括但不限于承销机构、贷款服务机构、资金保管机构、信用评级机构、律师事务所、会计师事务所、信用增进机构等。

第五条 【中介机构尽职履责】承销机构、信用评级机构、律师事务所、会计师事务所及其他为证券化提供服务的机构应按合同约定切实履行尽职调查责任，依法披露信息，对所出具的专业报告和专业意见负责。

第六条　【投资者风险自担】投资者应对披露的信息进行独立分析，独立判断个人住房抵押贷款资产支持证券投资价值，自行承担投资风险。

第七条　【信息披露内容】受托机构、发起机构及为证券化提供服务的机构应根据本指引及相关表格体系要求，在注册环节、发行环节及存续期充分披露个人住房抵押贷款资产支持证券相关信息。

第八条　【信息披露渠道】受托机构、发起机构及为证券化提供服务的机构应通过交易商协会信息披露服务系统、中国货币网、中国债券信息网、与交易商协会信息披露服务系统直连模板化披露的北京金融资产交易所官方网站及交易商协会认可的其他方式进行个人住房抵押贷款资产支持证券相关信息披露。信息 披露相关服务平台应及时以书面形式将违反信息披露规定的行为向中国人民银行报告、同时告知交易商协会，并向市场公告。信息披露相关服务平台应严格按照银行间市场法律法规及交易商协会相关自律规范文件要求，规范开展信息披露工作，不断完善信息披露基础设施，提高技术支持、信息披露服务和信息 安全管理水平。

第九条　【信息保密义务】受托机构、发起机构及为证券化提供服务的机构、全国银行间同业拆借中心、中央国债登记结算有限责任公司、北京金融资产交易所及其他相关知情人在信息披露前不得泄露拟披露的信息。

第十条　【信息披露豁免】因涉及国家机密、技术性困难或其他客观原因确实无法披露相关信息的，相关信息披露义务人应对无法披露信息的情况及原因进行说明，向投资者披露情况说明书并向中国人民银行报告，同时告知交易商协会。

第二章　注册环节信息披露

第十一条　【注册文件】受托机构、发起机构应在个人住房抵押贷款资产支持证券接受注册后十个工作日内，披露注册申请报告等文件。注册申请报告包括但不限于以下内容：（一）个人住房抵押贷款资产支持证券名称、资产类型、注册额度、分期发行安排等基本信息；（二）发行方式可选择招标或簿记建档；拟采用簿记建档发行的，应说明采用簿记建档发行的必要性，定价、配售的具体原则和方式，以及防范操作风险和不正当利益输送的措施；（三）风险提示及风险披露；（四）受托机构、发起机构及其他为证券化提供服务的机构信息，发起机构证券化的信贷资产发放程序、审核标准、担保形式、管理办法、过往表现、违约贷款处置程序及方法等，贷款服务机构管理证券化信贷资产的方法、标准；（五）交易结构及各当事方的主要权利与义务等信息；（六）个人住房抵押贷款入池筛选标准；（七）发起机构个人住房抵押贷款历史数据信息；（八）发行及存续期的信息披露安排。

第十二条　【风险提示】受托机构应在注册申请报告显著位置提示投资者：投资者购买本期个人住房抵押贷款资产支持证券，应当认真阅读本文件及有关的信息披露文件，进行独立的投资判断。主管部门对本期证券发行的注册，并不表明对本期证券的投资价值作出了任何评价，也不表明对本期证券的投资风险作出了任何判断。

第十三条　【风险披露】受托机构应在注册申请报告中充分披露个人住房抵押贷款资产支持证券可能存在的投资风险，包括但不限于早偿风险、信用风险、流动性风险、法律风险、不动产抵押物价值波动风险、国家房地产政策调控风险等。

第十四条　【历史数据信息】受托机构应在注册申请报告中披露发起机构个人住房抵押贷款资产的历史数据信息，包括但不限于动态数据信息、静态数据信息等。受托机构应披露发起机构个人住房抵押贷款至少十年的完整数据，经营不足十年的，应提供自开始经营时起的完整数据。

第十五条　【信息披露精简原则】在注册环节已披露的信息，如受托机构、发起机构及其他为证券化提供服务的机构信息、交易结构信息等，在发行环节及存续期内可免于披露，鼓励在注册环节披露更多信息。若注册环节已披露的前述信息发生变化、需要变更的，应在发行时披露变更后的信息，并向中国人民银行报告，同时告知交易商协会。

第十六条　【投资者保护机制】受托机构应在注册申请报告或发行说明书中披露各档投资者保护机制，包括但不限于：（一）各档证券的支付顺序变化（如类似加速清偿事件以及违约事件触发后的支付顺序）；（二）基础资产现金流恶化或其它可能影响投资者利益等情况的应对措施；（三）优先档证券发生违约后的债权及权益保障及清偿安排；（四）发生基础资产权属争议时的解决机制；（五）持有人大会的召开条件、议事程序等安排；（六）其他投资者保护措施或相关安排。

第三章　发行环节信息披露

第十七条　【发行文件】受托机构和发起机构应至少于发行日前五个工作日，披露信托公告、发行说明书、评级报告、募集办法和承销团成员名单等文件。发行说明书包括但不限于以下内容：（一）本次发行个人住房抵押贷款资产支持证券名称、受托机构、发起机构以及其他为证券化提供服务的机构名称、分档情况等发行基本信息；（二）风险提示及风险披露；（三）交易结构信息；（四）个人住房抵押贷款入池资产总体特征；（五）个人住房抵押贷款入池资产分布信息；（六）证券基础信息；（七）其他为证券化提供服务的机构的专业意见；（八）跟踪评级及后续信息披露安排。

第十八条　【风险提示】受托机构应在发行说明书显著位置提示投资者：投资者购买本期个人住房抵押贷款资产支持证券，应当认真阅读本文件及有关的信息披露文件，进行独立的投资判断。主管部门对本期证券发行的备案，并不表明对本期证券的投资价值作出了任何评价，也不表明对本期证券的投资风险作出了任何判断。受托机构需在发行说明书显著位置提示投资者：本期个人住房抵押贷款资产支持证券仅代表特定目的信托受益权的相应份额，不是发起机构、特定目的信托受托机构或任何其他机构的负债，投资机构的追索权仅限于信托财产。

第十九条　【风险披露】受托机构应在发行说明书中充分披露本次发行个人住房抵押贷款资产支持证券的投资风险，包括但不限于：信用风险、交易结构风险、集中度风险、流动性风险、利率风险、不动产抵押物价值波动风险、国家房地产政策调控风险、操作风险、法律风险、交易对手方的违约风险和发生重大不利变化风险等。

第二十条　【交易结构】受托机构应在发行说明书中披露本期发行个人住房抵押贷款资产支持证券的交易结构信息，包括但不限于本期发行交易结构示意图、受托机构、发起机构以及其他为证券化提供服务的机构简介、受托机构、发起机构以及其他为证券化提供服务的机构权利与义务、本次发行现金流分配机制、本期发行信用增进措施、资产支持证券持有人大会的组织形式与权利等。

第二十一条　【基础资产总体信息】受托机构应在发行说明书中披露本次发行个人住房抵押贷款资产支持证券的基础资产总体信息，包括但不限于入池资产笔数与金额特征、入池资产期限特征、利率特征、抵押物特征、借款人特征等。受托机构应从个人住房抵押贷款资产支持证券基础资产特性出发，重点披露入池抵押住房初始评估价值合计、加权平均初始贷款价值比、入池抵押住房一二线城市占比、资产池抵押新房占比等信息。

第二十二条 【基础资产分布信息】受托机构应在发行说明书中披露本期发行个人住房抵押贷款资产支持证券的入池个人住房抵押贷款资产分布信息，包括但不限于贷款分布、借款人分布、抵押物分布。受托机构应从个人住房抵押贷款资产支持证券基础资产特性出发，重点披露入池个人住房抵押贷款的抵押住房初始贷款价值比分布、抵押住房地区分布、新房二手房分布等信息。

第二十三条 【发行结果信息披露】受托机构应在每期个人住房抵押贷款资产支持证券发行结束的当日或次一工作日公布资产支持证券发行情况。

第二十四条 【发行环节信息披露查阅途径】受托机构需在发行说明书显著位置载明投资者在个人住房抵押贷款资产支持证券发行期间和存续期内查阅基础资产池具体信息的途径和方法。

第四章 存续期定期信息披露

第二十五条 【定期披露】在个人住房抵押贷款资产支持证券存续期内，受托机构应依据贷款服务机构和资金保管机构提供的贷款服务报告和资金保管报告，按照本指引及相关表格体系的要求，在每期资产支持证券本息兑付日的三个工作日前披露受托机构报告；每年4月30日前披露经具有从事证券期货相关业务资格的会计师审计的上年度受托机构报告。对于信托设立不足二个月的，受托机构可以不编制年度受托机构报告。

第二十六条 【受托机构报告】受托机构报告应当包括但不限于以下内容：（一）受托机构和证券化服务机构的名称、地址；（二）资产支持证券基本信息；（三）各档次证券的本息兑付及税费支付情况；（四）本期资产池表现情况，包括资产池整体表现、累计违约率、现金流归集表、资产池现金流入情况等；（五）基础资产存续期总体信息，包括入池资产笔数与金额特征、期限特征、利率特征等；（六）内外部信用增进情况说明；（七）资产池中进入法律诉讼程序的个人住房抵押贷款情况，法律诉讼程序进展等。

第二十七条 　【跟踪评级】受托机构应与信用评级机构就个人住房抵押贷款资产支持证券跟踪评级的有关安排作出约定，并应于资产支持证券存续期内每年的 7 月 31 日前向投资者披露上年度的跟踪评级报告。

第五章　存续期重大事件信息披露

第二十八条 　【重大事件信息披露】在发生可能对个人住房抵押贷款资产支持证券投资价值有实质性影响的临时性重大事件时，受托机构应在事发后三个工作日内披露相关信息，并向交易商协会报告。前款所称重大事件包括但不限于以下事项：（一）发生或预期将发生受托机构不能按时兑付个人住房抵 押贷款资产支持证券本息等影响投资者利益的事项；（二）受托机构和证券化服务机构发生影响个人住房抵押贷款资产支持证券投资价值的违法、违规或违约事件；（三）个人住房抵押贷款资产支持证券受托机构及其他为证券化提供服务的机构发生变更；（四）个人住房抵押贷款资产支持证券的信用评级发生不利变化；（五）受托机构和其他为证券化提供服务的机构或者基础资 产涉及法律纠纷，可能影响按时分配收益。（六）受托机构、发起机构或其他为证券化提供服务的机构的经营情况发生重大变化，或者作出减资、合并、分立、解散、申请破产等决定，可能降低其从事证券化业务水平，对个人住房 抵押贷款资产支持证券投资者利益造成严重不利影响的；（七）信托合同规定应公告的其他事项；（八）中国人民银行和中国银行业监督管理委员会等监管部门规定应公告的其他事项；（九）法律、行政法规规定应公告的其他事项。

第二十九条 　【其他重大事件】本指引前条列举的重大事件是重大事件信息披露的最低要求，可能影响各档次证券本息兑付的其他重大事件，受托机构也应依据本指引在事发后三个工作日内予以及时披露。

第三十条 　【重大事件进展持续披露机制】受托机构披露重大事件后，已披露的重大事件出现可能对个人住房抵押贷款资产支持证券的投资价值产生较大影响的进展或者变化的，应当在上述 进展或者变化出现之日起三个工作日内披露进展或者变化情况。

第三十一条 　【持有人大会信息披露】召开资产支持证券持有人大会，召集人应至少提前三十日公布资产支持证券持有人大会的召开时间、地点、会议形式、审议事项、议事程序和表决方式等事项，并于大会结束后十日内披露大会决议。

第六章　信息披露反馈与评价及违规处理机制

第三十二条　【投资者信息披露反馈机制】交易商协会建立信息披露的市场意见征集和反馈机制，跟踪监测个人住房抵押贷款资产支持证券信息披露情况。

第三十三条　【信息披露评价机制】交易商协会根据个人住房抵押贷款资产支持证券信息披露情况和市场成员的反馈意见，遵循公平、公正、公开原则，组织市场成员对信息披露质量进行评价。

第三十四条　【评价结果运用】交易商协会及时向市场公布信息披露评价结果，并及时向中国人民银行报告。

第三十五条　【不合规情况报告和自律处分】交易商协会在对信息披露情况跟踪监测和评价过程中，对不能按相关规定进行信息披露的情况，及时向中国人民银行报告。对于未按本指引履行相应职责的受托机构、发起机构及其他为证券化提供服务的机构，经调查核实后，交易商协会视情节轻重可给予有关自律处分。涉嫌违反相关法律法规的，交易商协会将移交有关部门处理。

第六章　附　则

第三十六条　【解释权】本指引由交易商协会秘书处负责解释。
第三十七条　【生效时间】本指引自发布之日起施行。

关于发布《个人消费贷款资产
支持证券信息披露指引（试行）》的公告

为规范个人消费贷款资产支持证券信息披露行为，维护投资者合法权益，促进信贷资产证券化业务规范化、常态化，推动债券市场规范健康发展，更好地支持实体经济发展，根据《中国人民银行关于信贷资产支持证券发行管理有关事宜的公告》（中国人民银行公告〔2015〕第7号）及相关法律法规，中国银行间市场交易商协会组织市场成员制定了《个人消费贷款资产支持证券信息披露指引（试行）》，经交易商协会第三届债券市场专业委员会第六次会议审议通过，并经人民银行同意，现予发布施行。

附件：个人消费贷款资产支持证券信息披露指引（试行）

第一章　总则

第一条　【制定依据与适用范围】为规范个人消费贷款资产支持证券信息披露行为，维护投资者合法权益，促进信贷资产证券化市场规范健康发展，根据《中国人民银行关于信贷资产支持证券发行管理有关事宜的公告》（中国人民银行公告〔2015〕第7号）等有关规定和自律规范，制定本指引。以注册方式发行的个人消费贷款资产支持证券的信息披露适用本指引，以其他方式发行的个人消费贷款资产支持证券的信息披露参照本指引执行。

第二条　【产品定义】本指引所称个人消费贷款资产支持证券，是指在中国境内，商业银行、消费金融公司等金融机构作为发起机构，将非循环资产类型的个人消费贷款信托给受托机构，由受托机构以资产支持证券的形式向投资机构发行证券，以该个人消费贷款资产池所产生的现金支付资产支持证券本金和收益的证券化融资工具。个人消费贷款应当符合法律法规规定，权属明确，能够产生可预期的现金流。以个人汽车贷款、个人住房抵押贷款为基础资产的资产支持证券，如涉及持续购买基础资产的有关安排，而相关信息披露规则对持续购买基础资产的信息披露无特殊规定的，参照本指引的相关规定执行。本指引所称"持续购买"，系指受托机构在信托设立后的存续期间内，将本金回收款（可以包括超额收益）根据交易合同规定的标准再次或多次购买新的合格基础资产纳入资产池，不包括基础资产本身为循环资产的情形。本指引所称"循环资产"，系指基于特定账户、授信合同或类似授信安排项下可循环使用的信用额度所产生的信贷资产，根据基础资产入池标准或安排，该特定账户、授信合同或类似授信安排一旦被确定，其项下现存及未来产生的信贷资产将在其产生后被自动纳入资产池；但持续购买该账户、授信合同或授信安排项下已经产生的特定信贷资产的，仍应适用本指引关于持续购买基础资产的相关规定。交易商协会将根据需要另行制定适用于循环资产证券化交易的信息披露规则。

第三条　【自律管理】中国银行间市场交易商协会（以下简称交易商

协会）对个人消费贷款资产支持证券信息披露、标准合同范本执行等行为开展自律管理。受托机构、发起机构及其他相关中介机构应接受交易商协会的自律管理，履行会员义务。交易商协会、债券登记托管结算机构和全国银行间同业拆借中心应当按照中国人民银行有关规定建立信息和数据交流机制，共同做好数据互换、信息共享、市场监测等工作。

第四条 【信息披露责任】受托机构和发起机构应切实履行信息披露职责，保证信息披露真实、准确、完整、及时，不得有虚假记载、误导性陈述和重大遗漏，并承担主体责任。发起机构和接受受托机构委托为证券化提供服务的机构应按照信托合同和服务合同等相关约定，及时向受托机构提供相关报告，并保证所提供信息真实、准确、完整。本指引所称的为证券化提供服务的机构包括但不限于承销机构、贷款服务机构、资金保管机构、信用评级机构、律师事务所、会计师事务所、信用增进机构等。

第五条 【中介机构尽职履责】为证券化提供服务的机构应按合同约定切实履行尽职调查责任，依法披露信息，对所出具的专业报告和专业意见负责。

第六条 【投资者风险自担】投资者应对披露的信息进行独立分析，独立判断个人消费贷款资产支持证券投资价值，自行承担投资风险。

第七条 【信息披露内容】受托机构、发起机构及为证券化提供服务的机构应根据本指引及相关表格体系要求，在注册环节、发行环节及存续期充分披露个人消费贷款资产支持证券相关信息。

第八条 【信息披露渠道】受托机构、发起机构及为证券化提供服务的机构应通过交易商协会信息披露服务系统、中国货币网、中国债券信息网、与交易商协会信息披露服务系统直连模板化披露的北京金融资产交易所官方网站及交易商协会认可的其他方式进行个人消费贷款资产支持证券相关信息披露。信息披露相关服务平台应及时以书面形式将违反信息披露规定的行为向中国人民银行报告，同时告知交易商协会，并向市场公告。信息披露相关服务平台应严格按照银行间市场法律法规及交易商协会相关自律规范文件要求，规范开展信息披露工作，不断完善信息披露基础设施，提高技术支持、信息披露服务和信息安全管理水平。

第九条 【信息保密义务】受托机构、发起机构、为证券化提供服务的机构、全国银行间同业拆借中心、中央国债登记结算有限责任公司、北京金融资产交易所及其他相关知情人在信息披露前不得泄露拟披露的信息。

第十条 【信息披露豁免】因涉及国家秘密、技术性困难或其他客观原因确实无法披露相关信息的，相关信息披露义务人应对无法披露信息的情况及原因进行说明，向投资者披露情况说明书并向中国人民银行报告，同时告知交易商协会。

第二章 注册环节信息披露

第十一条 【注册文件】受托机构、发起机构应在个人消费贷款资产支持证券接受注册后 10 个工作日内，披露注册申请报告等文件。注册申请报告包括但不限于以下内容：（一）个人消费贷款资产支持证券名称、资产类型、是否采用持续购买结构的说明、注册额度、分期发行安排等基本信息；（二）发行方式可选择招标或簿记建档；拟采用簿记建档发行的，应说明采用簿记建档发行的必要性，定价、配售的具体原则和方式，以及防范操作风险和不正当利益输送的措施；（三）风险提示及风险披露；（四）受托机构、发起机构及为证券化提供服务的机构信息，发起机构证券化的信贷资产发放程序、审核标准、担保形式、管理办法、过往表现、违约贷款处置程序及方法等，贷款服务机构管理证券化信贷资产的方法、标准；（五）交易结构及各当事方的主要权利与义务等信息；（六）个人消费贷款入池筛选标准；（七）发起机构个人消费贷款历史数据信息；（八）发行及存续期的信息披露安排。如采用持续购买结构的，还需在注册基本信息、参与机构信息、交易条款信息、基础资产筛选标准、历史数据信息等部分，按照附件表格体系的要求披露持续购买的相关信息。

第十二条 【风险提示】受托机构应在注册申请报告显著位置提示投资者：投资者购买本期个人消费贷款资产支持证券，应当认真阅读本文件及有关的信息披露文件，进行独立的投资判断。主管部门对本期证券发行的注册，并不表明对本期证券的投资价值作出了任何评价，也不表明对本期证券的投资风险作出了任何判断。

第十三条 【风险披露】受托机构应在注册申请报告中充分披露个人消费贷款资产支持证券可能存在的投资风险，包括但不限于早偿风险、信用风险、流动性风险、法律风险等。

第十四条 【历史数据信息】受托机构应在注册申请报告中披露发起机构个人消费贷款资产的历史数据信息，包括但不限于动态数据信息、静态数据信息等。受托机构应披露发起机构个人消费贷款至少 5 年的完整数据，经营不足 5 年的，应提供自开始经营时起的完整数据。

第十五条 【信息披露精简原则】在注册环节已披露的信息，如受托机构、发起机构及为证券化提供服务的机构信息、交易条款信息等，在发行环节及存续期内可免于披露，鼓励在注册环节披露更多信息。若注册环节已披露的前述信息发生变化或需要变更的，应在发行环节披露变更后的信息，并向中国人民银行报告，同时告知交易商协会。

第十六条 【投资者保护机制】受托机构应在注册申请报告或发行说明书中披露各档投资者保护机制，包括但不限于：（一）各档证券的支付顺序变化（如类似加速清偿事件以及违约事件触发后的支付顺序）；（二）基础资产现金流恶化或其它可能影响投资者利益等情况的应对措施；（三）优先档证券发生违约后的债权及权益保障及清偿安排；（四）发生基础资产权属争议时的解决机制；（五）持有人大会的召开条件、议事程序等安排；（六）其他投资者保护措施或相关安排。

第三章 发行环节信息披露

第十七条 【发行文件】受托机构和发起机构应至少于发行日 前 5 个工作日，披露信托公告、发行说明书、评级报告、募集办 法和承销团成员名单等文件。发行说明书包括但不限于以下内容：（一）本次发行个人消费贷款资产支持证券名称、受托机构、发起机构以及为证券化提供服务的机构名称、分档情况等发行基本信息； （二）风险提示及风险披露；（三）交易结构信息；（四）个人消费贷款入池资产总体信息；（五）个人消费贷款入池资产分布信息；（六）证券基础信息；（七）为证券化提供服务的机构的专业意见；（八）跟踪评级及后续信息披露安排。如采用持续购买结构的，还需在交易结构信息、基础资产总 体信息、基础资产分布信息、证券基础信息等部分，按照附件表格体系的要求披露持续购买的相关信息。

第十八条 【风险提示】受托机构应在发行说明书显著位置提示投资者：投资者购买本期个人消费贷款资产支持证券，应当认真阅读本文件及有关的信息披露文件，进行独立的投资判断。主管部门对本期证券发行的备案、核准或注册，并不表明对本期证券的投资价值作出了任何评价，也不表明对本期证券的投资风险作出了任何判断。受托机构需在发行说明书显著位置提示投资者：本期个人消费贷款资产支持证券仅代表特定目的信托受益权的相应份额，不是发起机构、特定目的信托受托机构或任何其他机构的负债，投资机构的追索权仅限于信托财产。

第十九条 【风险披露】受托机构应在发行说明书中充分披露本期发行个人消费贷款资产支持证券的投资风险，包括但不限于：信用风险、交易结构风险、早偿风险、集中度风险、流动性风险、利率风险、操作风险、法律风险、交易对手方的违约风险 和发生重大不利变化风险等。

第二十条 【交易结构】受托机构应在发行说明书中披露本期发行个人消费贷款资产支持证券的交易结构信息，包括但不限于本期发行交易结构示意图、受托机构、发起机构以及为证券化提 供服务的机构简介、受托机构、发起机构以及为证券化提供服务 的机构权利与义务、本期发行的现金流分配机制、本期发行信用 增进措施、资产支持证券持有人大会的组织形式与权利等。

第二十一条 【基础资产总体信息】受托机构应在发行说明书中披露本期发行个人消费贷款资产支持证券的基础资产总体信息，包括但不限于入池资产笔数与金额特征、入池资产期限特征、利率特征、借款人特征、抵（质）押物特征（如有）、入池资产贷款用途等。个人消费贷款入池资产如设置抵（质）押的，还需重点披露 入池资产抵（质）押物的初始评估价值合计、加权平均初始贷款价值比等信息。

第二十二条 【基础资产分布信息】受托机构应在发行说明书中披露本期发行个人消费贷款资产支持证券的入池个人消费贷款资产分布信息，包括但不限于贷款分布、借款人分布、抵（质）押物分布（如有）。个人消费贷款入池资产如设置抵（质）押的，还需重点披露入池资产抵（质）押物的初始贷款价值比分布等信息。

第二十三条 【发行结果信息披露】受托机构应在每期个人消费贷款资产支持证券发行结束的当日或次一工作日公布资产支持证券发行情况。

第二十四条 【发行环节信息披露查阅途径】受托机构需在发行说明书显著位置载明投资者在个人消费贷款资产支持证券发行期间和存续期内查阅基础资产池具体信息的途径和方法。对标准化程度较高的信息，鼓励受托机构通过交易商协会指定的信息 披露服务平台向投资者提供。

第四章 存续期定期信息披露

第二十五条 【定期披露】在个人消费贷款资产支持证券存续期内，受托机构应依据贷款服务机构和资金保管机构提供的贷款服务报告和资金保管报告，按照本指引及相关表格体系的要求，按月披露受托机构报告，具体披露时间为每期资产支持证券本息兑付日的 3 个工作日前；每年 4 月 30 日前披露经具有从事证券 期货相关业务资格的会计师审计的上年度受托机构报告。对于信托设立不足 2 个月的，受托机构可以不编制年度受托机构报告。

第二十六条 【受托机构报告】受托机构报告应当包括但不限于以下内容：（一）受托机构和为证券化提供服务机构的名称、地址；（二）资产支持证券基本信息； （三）各档次证券的本息兑付及税费支付情况；（四）本期资产池表现情况，包括资产池整体表现、累计违 约率、现金流归集表、资产池现金流入情况等；（五）基础资产存续期总体信息，包括入池资产笔数与金额 特征、期限特征、利率特征、抵（质）押物特征、借款人特征、贷款用途等；（六）内外部信用增进情况说明；（七）资产池中进入法律诉讼程序的个人消费贷款情况，法律诉讼程序进展等。如采用持续购买结构的，还需按照附件表格体系的要求披露基础资产存续期分布信息、存续期基础资产持续购买情况及持续 购买分布等信息。

第二十七条 【跟踪评级】受托机构应与信用评级机构就个人消费贷款资产支持证券跟踪评级的有关安排作出约定，并应于资产支持证券存续期内的每年 7 月 31 日前向投资者披露上年度的跟踪评级报告。

第五章　存续期重大事件信息披露

第二十八条 【重大事件信息披露】在发生可能对个人消费贷款资产支持证券投资价值有实质性影响的临时性重大事件时，受托机构应在事发后 3 个工作日内披露相关信息，并向交易商协会报告。前款所称重大事件包括但不限于以下事项：（一）发生或预期将发生受托机构不能按时兑付个人消费贷款资产支持证券本息等影响投资者利益的事项；（二）受托机构和为证券化提供服务的机构发生影响个人消费贷款资产支持证券投资价值的违法、违规或违约事件；（三）个人消费贷款资产支持证券受托机构及为证券化提供 服务的机构发生变更；（四）个人消费贷款资产支持证券的信用评级发生不利变化；（五）受托机构和为证券化提供服务的机构或者基础资产涉及法律纠纷，可能影响交易文件约定的正常分配收益；（六）受托机构、发起机构或为证券化提供服务的机构的经营情况发生重大变化，或者作出减资、合并、分立、解散、申请 破产等决定，可能降低其从事证券化业务水平，对个人消费贷款 资产支持证券投资者利益造成严重不利影响的；（七）信托合同规定应公告的其他事项；（八）中国人民银行和中国银行业监督管理委员会等监管部门规定应公告的其他事项；（九）法律、行政法规规定应公告的其他事项。

第二十九条 【其他重大事件】本指引前条列举的重大事件是重大事件信息披露的最低要求，可能影响各档次证券本息兑付的其他重大事件，受托机构也应依据本指引在事发后 3 个工作日内予以及时披露。

第三十条 【重大事件进展持续披露机制】受托机构披露重大事件后，已披露的重大事件出现可能对个人消费贷款资产支持证券的投资价值产生较大影响的进展或者变化的，应当在上述进展或者变化出现之日起 3 个工作日内披露进展或者变化情况。

第三十一条 【持有人大会信息披露】召开资产支持证券持有人大会，召集人应至少提前 10 日公布资产支持证券持有人大会的召开时间、地点、会议形式、审议事项、议事程序和表决方式等事项，并于大会结束后 10 日内披露大会决议。

第六章 信息披露评价与反馈机制

第三十二条【信息披露跟踪监测】交易商协会建立专门邮箱、电话、传真等信息披露的市场意见征集和反馈机制，跟踪监测个人消费贷款资产支持证券信息披露工作情况。

第三十三条 【相关机构报告义务】发起机构、受托机构及为证券化提供服务的机构发现相关信息披露义务人未及时履行披露义务或存在违反法律、法规或自律规则行为的，应及时向交易商协会报告。

第三十四条 【信息披露评价机制】交易商协会根据个人消费贷款资产支持证券信息披露情况和市场成员的反馈意见，遵循公平、公正、公开原则，定期或不定期组织投资机构、发起机构、受托机构及为证券化提供服务的机构等市场成员代表对信息披露工作进行评价。

第三十五条 【评价结果运用】交易商协会及时向市场公布信息披露评价结果，并及时向中国人民银行报告。

第三十六条 【不合规情况报告和自律处分】交易商协会在信息披露情况跟踪监测和评价过程中，对不能按相关规定进行信息披露的情况，及时向中国人民银行报告。对于未按本指引履行相应职责的受托机构、发起机构及为证券化提供服务的机构，经调查核实后，交易商协会视情节轻重可给予有关自律处分。涉嫌违反相关法律法规的，交易商协会将移交中国人民银行等有关部门处理。

<h2 align="center">第七章 附则</h2>

第三十七条 【解释权】本指引由交易商协会秘书处负责解释。

第三十八条 【生效时间】本指引自发布之日起施行。